DR. OETKER
KALTE KÜCHE
VON A–Z

DR. OETKER
KALTE KÜCHE VON A–Z

Dr. Oetker Verlag

Abkürzungen und Hinweise

EL	=	Esslöffel
TL	=	Teelöffel
Msp.	=	Messerspitze
Pck.	=	Packung/Päckchen
g	=	Gramm
kg	=	Kilogramm
ml	=	Milliliter
l	=	Liter
evtl.	=	eventuell
geh.	=	gehäuft
gem.	=	gemahlen
ger.	=	gerieben
gestr.	=	gestrichen
TK	=	Tiefkühlprodukt
°C	=	Grad Celsius
Ø	=	Durchmesser

Kalorien-/Nährwertangaben

E	=	Eiweiß
F	=	Fett
Kh	=	Kohlenhydrate
kJ	=	Kilojoule
kcal	=	Kilokalorie
BE	=	Broteinheiten

Bei den Nährwertangaben in den Rezepten handelt es sich um auf- bzw. abgerundete ganze Werte. Lediglich die Broteinheiten werden mit einer Stelle nach dem Komma angegeben.

Aufgrund von ständigen Rohstoffschwankungen und/oder Rezepturveränderungen bei Lebensmitteln, kann es zu Abweichungen kommen. Die Nährwertangaben dienen daher lediglich Ihrer Orientierung und eignen sich nur bedingt für die Berechnung eines Diätplans, zum Beispiel bei Krankheiten wie Diabetes.

Bei krankheitsbedingten Diäten richten Sie sich daher bitte nach den Anweisungen Ihres Diätassistenten bzw. Ihres Arztes.

Hinweise zu den Rezepten

Lesen Sie vor der Zubereitung – besser noch vor dem Einkauf – das Rezept einmal vollständig durch. So werden Arbeitsabläufe oder -zusammenhänge verständlicher.

Zutatenliste

Die Zutaten sind in der Reihenfolge ihrer Verarbeitung aufgeführt.

Arbeitsschritte

Die Arbeitsschritte sind einzeln hervorgehoben, in der Reihenfolge, in der sie von uns ausprobiert wurden.

Zubereitungszeiten

Die Zubereitungszeit ist ein Anhaltswert für die Dauer der Vorbereitung und die eigentliche Zubereitung. Längere Wartezeiten wie Kühl- oder Abkühlzeiten, Auftau- und Durchziehzeiten sind, sofern parallel keine weitere Tätigkeit erfolgt, nicht in der Zubereitungszeit enthalten. Die Gar- und Backzeiten werden in der Regel gesondert ausgewiesen.

Backofeneinstellung und Back- und Garzeiten

Die in den Rezepten angegebenen Backofentemperaturen, Back- und Garzeiten sind Richtwerte, die je nach individueller Hitzeleistung des Backofens über- oder unterschritten werden können. Die Temperaturangaben in diesem Buch beziehen sich auf Elektrobacköfen. Die Möglichkeiten der Temperatureinstellung für Gasbacköfen variieren je nach Hersteller, sodass wir keine allgemeingültigen Angaben machen können. Bitte beachten Sie deshalb bei der Einstellung des Backofens die Gebrauchsanleitung des Herstellers. Ein Backofenthermometer eignet sich dabei gut, um die Backofentemperatur im Blick zu haben.

Vorwort

Sie erwarten liebe Gäste zu einer Party oder zum Fußballabend? Sie suchen nach neuen Rezepten für die Pause zwischendurch? Sie brauchen Proviant für ein Picknick? Dann werden Sie unsere party-, pausen- und picknicktauglichen Rezepte auf keinen Fall kalt lassen.

Das Beste daran: Stress kommt gar nicht erst auf, denn alles wird kalt serviert und lässt sich wunderbar vorbereiten – vieles schon ein oder zwei Tage vorher. In kleinen, mundgerechten Portionen angerichtet, können Sie aus den abwechslungsreichen Rezepten schnell ein Buffet zaubern, das keine Wünsche offen lässt.

Wie wäre es mit einem Garnelen-Sesam-Salat auf die Hand? In Reispapier gewickelt wird er leicht zum praktischen Fingerfood-Snack. Schnell gemacht und noch schneller weggeknabbert sind die langen, schlanken Knuspersticks aus hauchdünnem Frühlingsrollenteig mit fruchtiger Mango-Feta-Füllung. Kalte Schnitzelchen dürfen natürlich nicht fehlen, aber bitte mit neuen Ideen: Probieren Sie Kaffee-Macadamia- oder Schnitzelchen mit Cornflakes-Tortilla-Chips-Panade. Dazu eine Papaya-Guacamole – perfekt!

Gewöhnliche Hackfleischtaler werden zum imposanten Türmchen aufgestapelt, dazwischen lockt eine bunte Gemüse-Käse-Füllung. Hübsch garniert mit Sprossen und Shisokresse ist schon der Anblick Genuss pur. Wenn's im Sommer dann so richtig heiß wird, stillt ein Gläschen Wassermelonen-Gurken-Suppe nicht nur den Hunger, sondern löscht auch den Durst.

Wunderbar handlich und klein sind die Sandwich-Variationen. Da muss sich niemand zwischen Ricotta-Rucola-, Gorgonzola-Birnen-, Mango-Putenbrust- und Roastbeef-Sandwich entscheiden. Man probiert einfach alle! Was Süßes zum Schluss darf natürlich auch nicht fehlen: Edle Schoko-Tarteletts bereiten ein wahrlich sinnliches Vergnügen.

Alle Rezepte wurden von uns ausprobiert und sind so beschrieben, dass sie garantiert gelingen.

Ananas-Mandarinen-Salat mit Blätterteigstangen I

Exotisch – schnell

4 Portionen

Pro Portion: E: 5 g, F: 11 g, Kh: 50 g, kJ: 1385, kcal: 330, BE: 4,0

Für die Blätterteigstangen:

100 g Blätterteig (aus dem Kühlregal)
1 Eigelb
1 EL Sesamsamen geschält
1 EL Zucker

Für den Salat:

500 g Ananasfruchtfleisch
4 Mandarinen

Für die Fruchtsauce:

5–6 frische Minzeblätter
4 Passionsfrüchte (je etwa 50 g)
75 g heller Zuckerrübensirup (ersatzweise flüssiger Honig oder Ahornsirup)
2 EL Limettensaft
2 EL Butter

Zubereitungszeit: 30 Minuten
Backzeit: etwa 10 Minuten

1. Den Backofen vorheizen.
Ober-/Unterhitze: etwa 220 °C
Heißluft: etwa 200 °C

2. Den Blätterteig auf der Arbeitsfläche ausbreiten und in etwa 12 gleich breite Streifen schneiden. Das Eigelb verschlagen und die Streifen damit bestreichen. Die Teigstreifen mehrmals mit einer Gabel einstechen, mit Sesam und Zucker bestreuen. Die Streifen mit etwas Abstand auf ein Backblech (mit Backpapier belegt) legen.

3. Das Backblech in den vorgeheizten Backofen schieben. Die Blätterteigstangen **etwa 10 Minuten backen.** Dann das Backblech auf einen Kuchenrost stellen und die Blätterteigstangen abkühlen lassen.

4. Für den Salat in der Zwischenzeit das Ananasfruchtfleisch zuerst in Scheiben und dann in Stücke schneiden. Mandarinen schälen und in Stücke (Segmente) teilen.

5. Für die Fruchtsauce die Minzeblätter abspülen, trocken tupfen und fein schneiden. Die Passionsfrüchte halbieren. Das Fruchtfleisch herauslösen, mit Zuckerrübensirup, Limettensaft und Minze verrühren.

6. Butter in einer Pfanne zerlassen. Die Ananasstücke darin unter Rühren etwa 3 Minuten dünsten, aus der Pfanne nehmen und noch heiß mit den Mandarinen und der Fruchtsauce mischen. Den Salat mit den Blätterteigstangen servieren.

Tipp: Aus dem restlichen Blätterteig **einfache Käsestangen** backen. Dazu den Blätterteig in etwa 20 Teigstreifen schneiden. 1 Eigelb mit 1 Esslöffel Milch verschlagen, die Stangen damit bestreichen und mit einer Gabel einstechen. Etwa 50 g geriebenen Käse mit etwas Paprikapulver mischen und die Streifen damit bestreuen. Die Streifen auf ein mit Backpapier belegtes Backblech ziehen und wie im Rezept angegeben backen.

Antipasti-Teller I

Klassisch – dauert etwas länger

12 Portionen

Pro Portion: E: 20 g, F: 25 g, Kh: 35 g, kJ: 1875, kcal: 447, BE: 2,0

Für die Bruschettas:

12 Tomaten (etwa 1,2 kg)
2 Bund Basilikum
3 Knoblauchzehen
4 EL Olivenöl
Salz, gem. Pfeffer

24 Scheiben geröstetes Ciabatta

Für die Champignonköpfe:

24 große Champignons
2 EL Olivenöl
1 große Zwiebel
1 Tomate
1 Zucchini (etwa 200 g)
1 EL Olivenöl
1/4 TL gerebelter Thymian

Für die Artischockenböden:

2 große Zwiebeln
200 g Champignons
2 grüne Paprikaschoten (je etwa 150 g)
3 EL Speiseöl
1 1/2 kg abgetropfte Artischockenböden (aus der Dose)

Für die Mozzarella-Tomaten:

1 kg Tomaten
2 Bund Basilikum
625 g Mozzarella
3 EL Balsamico-Essig
6 EL Olivenöl

Zubereitungszeit: 2 1/2 Stunden

1. Für die **Bruschettas** die Tomaten kreuzweise einschneiden und mit kochendem Wasser übergießen. Nach 1–2 Minuten herausnehmen und mit kaltem Wasser abschrecken. Tomaten enthäuten, halbieren und die Stängelansätze herausschneiden. Das Fruchtfleisch in kleine Würfel schneiden.

2. Basilikum abspülen und trocken tupfen. Die Blättchen von den Stängeln zupfen und grob hacken.

3. Knoblauch abziehen und fein hacken, mit Tomatenwürfeln und Basilikum mischen. Das Olivenöl untermengen. Die Tomaten mit Salz und Pfeffer würzen und auf den Ciabattascheiben verteilen.

4. Für die **Champignonköpfe** Champignons putzen, evtl. kurz abspülen und trocken tupfen. Die Stiele vorsichtig herausdrehen und fein würfeln. Olivenöl in einer Pfanne erhitzen. Die Champignonköpfe darin braten.

5. Die Zwiebel abziehen, halbieren und fein würfeln. Tomate und Zucchini abspülen und abtrocknen. Die Tomate halbieren, die Stängelansätze herausschneiden. Die Tomate entkernen und fein würfeln. Von der Zucchini die Enden abschneiden. Zucchini ebenfalls fein würfeln.

6. Olivenöl in einer Pfanne erhitzen. Gewürfelte Champignonstiele, Zwiebel-, Tomaten- und Zucchiniwürfel darin bissfest dünsten, mit Salz, Pfeffer und Thymian würzen. Die Gemüsemischung mit einem Teelöffel in die Champignonköpfe füllen.

7. Für die **Artischockenböden** die Zwiebeln abziehen, halbieren und fein würfeln. Champignons putzen, evtl. kurz abspülen, trocken tupfen und fein würfeln.

8. Paprikaschoten halbieren, entstielen, entkernen und die weißen Scheidewände entfernen, Schoten abspülen, abtropfen lassen und in kleine Würfel schneiden. Das Speiseöl in einer Pfanne erhitzen. Zwiebel-, Champignon- und Paprikawürfel darin anbraten, mit Salz und Pfeffer würzen. Die Gemüsemischung mit einem Teelöffel in die Artischockenböden füllen.

9. Für die **Mozzarella-Tomaten** Tomaten abspülen, abtrocknen und die Stängelansätze herausschneiden. Tomaten in Scheiben schneiden. Basilikum abspülen, trocken tupfen und die Blättchen von den Stängeln zupfen. Mozzarella in Scheiben schneiden.

10. Die Tomaten nebeneinander auf eine große Platte legen, mit jeweils 1 Mozzarellascheibe belegen. Die Mozzarella-Tomaten mit Essig und Olivenöl beträufeln, mit Pfeffer bestreuen und mit Basilikumblättchen garnieren. Bruschetta, Champignonköpfe und Artischockenböden ebenfalls auf der Platte anrichten.

Apfel-Meerrettich-Schnittlauch-Sauce I

Raffiniert

etwa 250 ml

Insgesamt: E: 3 g, F: 70 g, Kh: 29 g, kJ: 3180, kcal: 759, BE: 2,5

1 rotschaliger Apfel (etwa 160 g), z. B. Pink Lady
3 EL Zitronensaft
1 Bund Schnittlauch
4 EL Sahnemeerrettich
1 EL Weißweinessig
4 EL Speiseöl
3 EL kaltes Wasser
Salz
gem. Pfeffer
1 Prise Zucker

Zubereitungszeit: 20 Minuten, ohne Durchziehzeit

1. Den Apfel heiß abspülen, abtrocknen, vierteln, entkernen und mit Schale in kleine Würfel schneiden. Die Apfelwürfel sofort mit Zitronensaft beträufeln.

2. Schnittlauch abspülen, trocken tupfen. 2–3 Halme zum Garnieren beiseitelegen. Die restlichen Halme in kleine Röllchen schneiden.

3. Den Meerrettich mit Essig, Speiseöl und Wasser in einer Schüssel glatt rühren. Die Meerrettich-Essig-Öl-Mischung mit Salz, Pfeffer und Zucker würzen, die Apfelwürfel unterrühren.

4. Apfel-Meerrettich-Schnittlauch-Sauce etwa 10 Minuten durchziehen lassen, dann in eine Schale geben. Die beiseitegelegten Schnittlauchhalme in kleine Röllchen schneiden und auf die Apfel-Meerrettich-Schnittlauch-Sauce streuen.

Tipp: Die Apfel-Meerrettich-Schnittlauch-Sauce passt hervorragend zu Fisch und Fleisch.

Apfel-Minis I

Für Kinder – gut vorzubereiten

8–10 Stück

Pro Stück: E: 5 g, F: 13 g, Kh: 40 g, kJ: 1241, kcal: 297, BE: 3,5

2 Äpfel
2 EL Zitronensaft

Für den Teig:

250 g Weizenmehl
3 gestr. TL Dr. Oetker Backin
125 g Zucker
1 Pck. Dr. Oetker Vanillin-Zucker
2 Eier (Größe M)
75 ml Speiseöl, z. B. Sonnenblumenöl
125 ml (1/8 l) Buttermilch

Außerdem:

10 Sturz-Form-Gläser (je 160 ml Inhalt) oder 8 Sturz-Form-Gläser (je 250 ml Inhalt)
Semmelbrösel zum Ausstreuen der Gläser

Zubereitungszeit: 25 Minuten
Backzeit: 30–40 Minuten

1. Die Äpfel schälen, vierteln, entkernen, grob reiben und mit Zitronensaft beträufeln.

2. Den Backofen vorheizen.
Ober-/Unterhitze: etwa 180 °C
Heißluft: etwa 160 °C

3. Für den Teig das Mehl mit Backpulver in eine Rührschüssel geben. Zucker, Vanillin-Zucker, Eier, Speiseöl und Buttermilch hinzufügen.

4. Die Zutaten mit Handrührgerät mit Knethaken zunächst kurz auf niedrigster, dann auf höchster Stufe zu einem glatten Teig verarbeiten. Die Apfelraspel unter den Teig heben. Den Teig in 10 bzw. 8 Gläser (gefettet, mit Semmelbröseln ausgestreut) füllen. Dabei darauf achten, dass die Gläser maximal bis zu zwei Dritteln mit Teig gefüllt sind.

5. Die Ränder der Gläser säubern. Den Rost auf mittlerer Schiene in den vorgeheizten Backofen einschieben. Die Gläser auf den Rost stellen. Die Apfel-Minis **30–40 Minuten backen.**

6. Nach dem Backen ein Glas mit Topflappen aus dem Backofen nehmen und verschließen. Dazu den vorbereiteten feuchten Gummiring auf die Innenseite eines Glasdeckels legen. Das Glas sofort mit dem Deckel und 4 Klammern verschließen. Restliche Gläser auf die gleiche Weise verschließen. Nach jedem Glas, das aus dem Backofen genommen wird, den Backofen wieder schließen.

7. Die Gläser auf einen Kuchenrost stellen und vollständig erkalten lassen (am besten über Nacht). Dann die Klammern lösen und die Gläser kühl gestellt aufbewahren.

Tipps: In den Gläsern halten sich die Apfel-Minis etwa 1 Monat. Dazu schmeckt geschlagene Sahne.

Argentinischer Kartoffelsalat mit Chorizo | Würzig

4–6 Portionen

Pro Portion: E: 19 g, F: 34 g, Kh: 30 g, kJ: 2139, kcal: 511, BE: 2,0

700 g kleine, festkochende Kartoffeln
je 3 rote und grüne Chilischoten (etwa 300 g)
1 Bund Frühlingszwiebeln
einige Stängel Minze
1 Bund glatte Petersilie
4 abgetropfte Sardellenfilets, in Öl oder Salz
300 g Chorizo (spanische Paprikawurst)
4 EL Olivenöl

Für das Ajvar-Dressing:
200 g Ajvar (Paprikamus, aus dem Glas)
2 EL Rotweinessig
Salz, gem. Pfeffer

Zubereitungszeit: 60 Minuten, ohne Abkühl- und Durchziehzeit
Garzeit: etwa 20 Minuten

1. Die Kartoffeln unter fließendem Wasser abbürsten, knapp mit Wasser bedeckt, zugedeckt zum Kochen bringen und in etwa 20 Minuten gar kochen. Die Kartoffeln abgießen, mit kaltem Wasser abschrecken, abtropfen lassen. Kartoffeln noch warm pellen und lauwarm abkühlen lassen. Die Kartoffeln in Scheiben schneiden und in eine große Schüssel geben.

2. Die Chilischoten abspülen und abtrocknen. Chilischoten längs halbieren, entkernen und in kleine Würfel schneiden. Frühlingszwiebeln putzen, abspülen, abtropfen lassen und in feine Scheiben schneiden.

3. Minze und Petersilie abspülen, trocken tupfen und die Blättchen von den Stängeln zupfen. Einige Minzeblättchen zum Garnieren beiseitelegen. Die Petersilien- und restlichen Minzeblättchen in feine Streifen schneiden.

4. Sardellenfilets kurz unter fließendem kalten Wasser abspülen und trocken tupfen. Die Sardellenfilets sehr klein schneiden oder hacken. Chorizo ebenfalls in kleine Würfel schneiden bzw. bei einer dünnen Wurst in dünne Scheiben schneiden. Einige Chorizowürfel oder -scheiben zum Garnieren beiseitelegen.

5. Etwas von dem Olivenöl in einer Pfanne erhitzen. Chorizowürfel oder -scheiben darin von allen Seiten anbraten, herausnehmen und erkalten lassen.

6. Chiliwürfel, Frühlingszwiebelscheiben und Chorizowürfel oder -scheiben zu den Kartoffeln geben. Die Zutaten gut vermischen.

7. Für das Dressing Ajvar mit Essig verrühren, restliches Olivenöl unterschlagen. Sardellenstückchen, Minze- und Petersilienstreifen unterrühren. Das Dressing mit Salz und Pfeffer abschmecken.

8. Das Dressing zu den Salatzutaten geben und untermengen. Den Kartoffelsalat zugedeckt etwa 60 Minuten kalt stellen und durchziehen lassen.

9. Den Kartoffelsalat mit den beiseitegelegten Chorizowürfeln oder -scheiben und Minzeblättchen garnieren.

Auberginenpaste auf Mini-Fladen | Mediterran

32 Stück

Pro Stück (mit Paste): E: 4 g, F: 5 g, Kh: 18 g, kJ: 565, kcal: 135, BE: 1,5

Für die Mini-Fladen:

150 g Joghurt (3,5 % Fett)
200 ml Milch (3,5 % Fett)
450 g Weizenmehl (Type 405)
300 g Weizenmehl (Type 1050)
3 gestr. TL Dr. Oetker Backin
1 Pck. Dr. Oetker Trockenbackhefe
2 gestr. TL Salz
1 gestr. TL Zucker
50 g weiche Butter oder Margarine
2 Eier (Größe M)

1–2 EL Butter

Für die Auberginenpaste:

1 mittelgroße Aubergine
100 g Schafskäse
3 Knoblauchzehen
4 EL Olivenöl
1–2 EL Zitronensaft
Salz
gem., schwarzer Pfeffer
½ Bund Basilikum

Zubereitungszeit: 40 Minuten, ohne Teiggehzeit
Backzeit: etwa 15 Minuten je Backblech
Garzeit: etwa 35 Minuten

1. Für die Mini-Fladen Joghurt mit Milch erwärmen. Die beiden Mehlsorten in einer Rührschüssel mit Backpulver, Hefe, Salz und Zucker sorgfältig mischen. Die restlichen Zutaten und die warme Joghurt-Milch hinzufügen.

2. Die Zutaten mit Handrührgerät mit Knethaken zunächst kurz auf niedrigster, dann auf höchster Stufe zu einem glatten Teig verarbeiten. Den Teig zugedeckt so lange an einem warmen Ort gehen lassen, bis er sich sichtbar vergrößert hat (etwa 30 Minuten).

3. Den Backofen vorheizen.
Ober-/Unterhitze: etwa 220 °C
Heißluft: etwa 200 °C

4. Den Teig auf einer leicht bemehlten Arbeitsfläche nochmals gut durchkneten, dann in 2 Portionen teilen. Jede Teigportion zu einer 25 cm langen Rolle formen und jeweils in 16 gleich große Stücke schneiden. Die Teigstücke auf der leicht bemehlten Arbeitsfläche zu ovalen, flachen Fladen ausrollen (Ø etwa 10 cm). Die Fladen auf Backbleche (mit Backpapier belegt) legen.

5. Die Butter zerlassen. Die Fladen damit bestreichen, mit einem scharfen Messer diagonal-kreuzweise einritzen und zugedeckt an einem warmen Ort nochmals so lange gehen lassen, bis sie sich sichtbar vergrößert haben.

6. Für die Auberginenpaste in der Zwischenzeit die Aubergine auf ein Backblech (mit Backpapier belegt) legen. Das Backblech in den vorgeheizten Backofen schieben. Die Aubergine **etwa 35 Minuten garen.**

7. Das Backblech auf einen Kuchenrost stellen, ein feuchtes Küchentuch darauflegen und die Aubergine abkühlen lassen. Die Backbleche mit den Fladen nacheinander (bei Heißluft zusammen) in den heißen Backofen schieben. Fladen **bei gleicher Backofentemperatur etwa 15 Minuten je Backblech backen.**

8. Die Fladen mit dem Backpapier von den Backblechen auf Kuchenroste ziehen und erkalten lassen.

9. Aubergine halbieren und das Fruchtfleisch herausschaben, dabei evtl. die Kerne entfernen. Schafskäse zerkleinern und mit dem Fruchtfleisch pürieren. Knoblauch abziehen, durch eine Knoblauchpresse drücken und zusammen mit dem Olivenöl und dem Zitronensaft unter die Auberginenpaste rühren. Auberginenpaste mit Salz und Pfeffer würzen.

10. Basilikum abspülen, trocken tupfen und die Blättchen von den Stängeln zupfen. Blättchen fein schneiden und ebenfalls unter die Auberginenpaste rühren.

11. Die Fladen mit Auberginenpaste bereichen und anrichten.

Austernpilz-Avocado-Carpaccio I

Vegetarisch – einfach

4 Portionen

Pro Portion: E: 9 g, F: 46 g, Kh: 4 g, kJ: 1901, kcal: 454, BE: 0,0

50 g Pinienkerne
3 Tomaten
Saft von
½ Limette
Salz, gem. Pfeffer
3 EL kalt gepresstes Speiseöl
2 reife Avocados
1 Zwiebel
1 Knoblauchzehe
400 g Austernpilze
2 EL Speiseöl
½ Bund Basilikum

Zubereitungszeit: 30 Minuten, ohne Abkühlzeit

1. Die Pinienkerne in einer Pfanne ohne Fett unter Wenden goldbraun rösten und auf einen Teller geben.

2. Die Tomaten abspülen, abtrocknen, halbieren und die Stängelansätze herausschneiden. Die Tomaten in sehr feine Würfel schneiden. Die Tomatenwürfel mit Limettensaft, Salz, Pfeffer und Speiseöl verrühren.

3. Die Avocados halbieren und die Steine entfernen. Avocados schälen und das Fruchtfleisch in feine Spalten schneiden.

4. Die Avocadospalten fächerförmig auf einen großen Teller legen und mit der Tomaten-Limetten-Mischung beträufeln.

5. Die Zwiebel abziehen, halbieren und fein würfeln. Knoblauch ebenfalls abziehen und durch eine Knoblauchpresse drücken oder sehr fein würfeln.

6. Austernpilze putzen, evtl. kurz abspülen und trocken tupfen. Große Pilze evtl. halbieren oder vierteln.

7. Das Speiseöl in der Pfanne erhitzen. Die Zwiebel- und Knoblauchwürfel darin andünsten. Austernpilze portionsweise darin anbraten, mit Salz und Pfeffer würzen und auf den Avocadospalten verteilen. Das Carpaccio erkalten lassen.

8. Basilikum abspülen, trocken tupfen und die Blättchen von den Stängeln zupfen. Das Carpaccio mit Basilikum und den gerösteten Pinienkernen bestreuen.

Avocado-Salsa | Schnell

etwa 500 g

Insgesamt: E: 5 g, F: 96 g, Kh: 8 g, kJ: 3804, kcal: 909, BE: 0,0

60 g Zwiebeln
1/2 grüne Paprikaschote (etwa 60 g)
100 g Tomaten
200 g Avocado
6 EL Olivenöl
Saft von
1 Limette
Salz, gem. Pfeffer
1/2 Bund Koriander

Zubereitungszeit: 15 Minuten

1. Zwiebeln abziehen, halbieren und in feine Würfel schneiden. Paprikaschotenhälfte entstielen, entkernen und die weißen Scheidewände entfernen. Die Schotenhälfte abspülen, abtropfen lassen und in kleine Würfel schneiden.

2. Die Tomaten abspülen, abtrocknen, halbieren, entkernen und die Stängelansätze herausschneiden. Die Tomaten ebenfalls in kleine Würfel schneiden.

3. Avocado in der Mitte längs durchschneiden und entkernen. Avocadohälften schälen und das Fruchtfleisch in kleine Würfel schneiden.

4. Das Olivenöl mit dem Limettensaft in einer Schüssel gut verrühren. Avocadowürfel sofort unterrühren, mit Salz und Pfeffer abschmecken. Zwiebel-, Paprika- und Tomatenwürfel hinzufügen und gut untermengen.

5. Koriander abspülen, trocken tupfen und die Blättchen von den Stängeln zupfen. Die Blättchen evtl. etwas kleiner schneiden und unter die Avocado-Salsa rühren.

Backhühnchen I

Einfach

4–6 Stück

Pro Stück: E: 49 g, F: 34 g, Kh: 1 g, kJ: 2510, kcal: 600, BE: 1,0

1–2 küchenfertige, junge Hühnchen
Salz
1 Ei (Größe M)
2 EL Weizenmehl
50 g Semmelbrösel

1 l Speiseöl

1 Bio-Zitrone (unbehandelt, ungewachst)
einige Stängel Petersilie

Zubereitungszeit: 25 Minuten, ohne Abkühlzeit

1. Die Hühnchen innen und außen unter fließendem kalten Wasser abspülen, trocken tupfen. Hühnchen in 4–6 Teile zerlegen und mit Salz bestreuen.

2. Das Ei in einer flachen Schale verschlagen. Die Hühnchenteile zuerst in Mehl wenden, dann durch das verschlagene Ei ziehen, am Schalenrand abstreifen und zuletzt in den Semmelbröseln wenden. Die Panade etwas andrücken.

3. Das Speiseöl in einem großen Topf oder in einer Fritteuse auf etwa 180 °C erhitzen. Die Hühnchenteile hineingeben und schwimmend in dem heißen Ausbackfett etwa 15 Minuten goldbraun backen.

4. Die Hühnchenteile mit einem Schaumlöffel herausnehmen, auf Küchenpapier legen, abtropfen und erkalten lassen.

5. Die Zitrone heiß abwaschen, abtrocknen und in Spalten schneiden. Petersilie abspülen, trocken tupfen und die Blättchen von den Stängeln zupfen. Die Petersilie etwas kleiner hacken.

6. Die Backhühnchenteile mit den Zitronenspalten und der Petersilie garniert servieren.

Tipp: Bereiten Sie dazu einen Gurkensalat mit saurer Sahne und Dill zu.

Bagels aus Vollkornmehl **|** **Beliebt**
12 Stück

Pro Stück: E: 6 g, F: 2 g, Kh: 27 g,
kJ: 618, kcal: 148, BE: 2,5

Für den Hefeteig:

500 g Weizenvollkornmehl
1 Pck. Dr. Oetker Trockenbackhefe
2–3 TL brauner Zucker
1 gestr. TL Salz
350 ml lauwarmes Wasser

1 Eigelb

Zubereitungszeit: 60 Minuten, ohne Teiggehzeit
Backzeit: etwa 15 Minuten je Backblech

1. Für den Teig Mehl in eine Rührschüssel geben und mit Trockenbackhefe sorgfältig vermischen. Zucker, Salz und Wasser hinzufügen. Zutaten mit Handrührgerät mit Knethaken zunächst kurz auf niedrigster, dann auf höchster Stufe in etwa 5 Minuten zu einem glatten Teig verarbeiten. Teig zugedeckt so lange an einem warmen Ort gehen lassen, bis er sich sichtbar vergrößert hat (etwa 30 Minuten).

2. Den Teig und die Arbeitsfläche leicht mit Mehl bestäuben. Den Teig auf der Arbeitsfläche nochmals gut durchkneten. Aus dem Teig eine Rolle formen und in 12 Scheiben teilen. Die Scheiben zu Kugeln formen.

3. Die Teigkugeln auf der Arbeitsfläche mit einem feuchten Tuch bedecken. Einen weiten Kochtopf zu zwei Dritteln mit Wasser füllen. Das Wasser zum Kochen bringen.

4. Jede Teigkugel mit dem bemehlten Zeigefinger in der Mitte bis auf die Arbeitsfläche eindrücken. Den Zeigefinger kreisförmig in dem Teigring bewegen, um das Loch zu vergrößern (Ø 2–3 cm). Immer nur 1 Teigkugel bearbeiten, die restlichen unter dem Tuch lassen, damit der Teig geschmeidig bleibt.

5. Den Backofen vorheizen.
Ober-/Unterhitze: etwa 200 °C
Heißluft: etwa 180 °C

6. Mehrere Teigringe in das schwach kochende Wasser geben und etwa 1 Minute im offenen Topf darin ziehen lassen, bis sich die Ringe aufzublähen beginnen (nur so viele Teigringe in das Wasser geben, dass sie darin „schwimmen" können).

7. Die Teigringe mit einem Schaumlöffel herausnehmen, abtropfen lassen und jeweils 6 Ringe auf ein Backblech (mit Backpapier belegt) legen.

8. Das Eigelb verquirlen und die Teigringe damit bestreichen. Die Backbleche nacheinander (bei Heißluft zusammen) in den vorgeheizten Backofen schieben. Die Vollkorn-Bagels **etwa 15 Minuten je Backblech backen.**

9. Die Bagels mit Vollkornmehl mit dem Backpapier von den Backblechen auf Kuchenroste ziehen und erkalten lassen.

Tipp: Bagels waagerecht aufschneiden und Frischkäse auf die Schnittflächen streichen. Die unteren Hälften der Bagels mit bunten Paprikastreifen und in Streifen geschnittenen Petersilienblättchen bestreuen. Die oberen Hälften der Bagels darauflegen und sofort servieren.

Bagels mit Lachs I

Dauert etwas länger

12 Stück

Pro Stück: E: 12 g, F: 13 g, Kh: 37 g, kJ: 1310, kcal: 313, BE: 3,0

Für den Teig:

42 g frische Hefe
250 ml (1/4 l) lauwarmes Wasser
2 TL Zucker
3 Eiweiß (Größe M)
550 g Weizenmehl
50 g weiche Butter
1/2 EL Salz

3 l Wasser
2 TL Salz
1 TL Dr. Oetker Backin

Zum Bestreichen und Bestreuen:

1 Eiweiß
2 EL Wasser
je 2 EL Sesam, Mohn und grobes Meersalz

Für den Belag:

200 g Doppelrahm-Frischkäse
3 EL Milch
Salz
gem. Pfeffer
1 Bund Dill
150 g Räucherlachs, in Scheiben

Zubereitungszeit: 50 Minuten, ohne Teiggeh- und Abkühlzeit
Backzeit: etwa 30 Minuten je Backblech

1. Für den Teig Hefe in einer Rührschüssel zerbröseln. Lauwarmes Wasser und Zucker hinzugeben, die Hefe darin auflösen. Eiweiß und 250 g von dem Mehl dazugeben und mit Handrührgerät mit Knethaken erst kurz auf niedrigster, dann auf höchster Stufe zu einem weichen, glatten Teig verkneten. Den Teig zugedeckt so lange an einem warmen Ort gehen lassen, bis er sich sichtbar vergrößert hat (etwa 1 Stunde).

2. Butter und Salz unterkneten. Das restliche Mehl ebenfalls unterkneten, dabei so lange kneten, bis ein elastischer Teig entstanden ist. Den Teig nochmals zugedeckt etwa 30 Minuten an einem warmen Ort gehen lassen.

3. Den Teig auf der leicht bemehlten Arbeitsfläche zu einer Kugel verkneten. Die Teigkugel zu einer Rolle formen und in 12 gleich große Stücke schneiden.

4. Jede Teigscheibe mit Mehl bestreuen und zu einer glatten Kugel rollen. In die Mitte jeder Kugel ein Loch eindrücken. Das Loch auf Walnussgröße ausziehen.

5. Die Arbeitsfläche mit reichlich Mehl bestreuen und die Teigringe mit genügend Abstand darauflegen. Die Teigringe zugedeckt nochmals so lange gehen lassen, bis sie sich sichtbar vergrößert haben (etwa 30 Minuten).

6. Den Backofen vorheizen.
Ober-/Unterhitze: etwa 200 °C
Heißluft: etwa 180 °C

7. Das Wasser in einem breiten Topf zugedeckt zum Kochen bringen. Salz und Backpulver hinzugeben. Die Teigringe portionsweise in das kochende Wasser geben und von jeder Seite etwa 1 Minute darin köcheln lassen.

8. Die Teigringe anschließend herausnehmen, abtropfen lassen und auf Backbleche (mit Backpapier belegt) legen.

9. Zum Bestreichen und Bestreuen das Eiweiß mit Wasser verschlagen und auf die Teigringe streichen. Die Bagels nach Belieben mit Sesam, Mohn oder Meersalz bestreuen.

10. Die Backbleche nacheinander (bei Heißluft zusammen) in den vorgeheizten Backofen schieben. Die Bagels **in etwa 30 Minuten je Backblech goldbraun backen.**

11. Die Bagels mit dem Backpapier von den Backblechen auf Kuchenroste ziehen und anschließend erkalten lassen.

12. Für den Belag die Bagels zunächst waagerecht durchschneiden. Den Frischkäse mit der Milch glatt rühren, mit Salz und Pfeffer abschmecken. Dill abspülen, trocken tupfen und etwas kleiner zupfen.

13. Jeweils etwas von der Frischkäsemasse auf die Bagel-Unterseiten streichen. Die Lachsscheiben darauf verteilen, mit Dill bestreuen und mit den Bagel-Oberseiten belegen.

Baguettes, dreifach gefüllte I

Für Gäste

je 20–25 Scheiben

Pro Scheibe: E: 8 g, F: 7 g, Kh: 8 g, kJ: 523, kcal: 125, BE: 0,5 (Baguette mit Schinkenfüllung); E: 3 g, F: 9 g, Kh: 9 g, kJ: 571, kcal: 137, BE: 1,0 (Baguette mit Ajvarfüllung); E: 5 g, F: 9 g, Kh: 11 g, kJ: 600, kcal: 144, BE: 1,0 (Baguette mit Frischkäsefüllung)

Für die Baguettes mit Schinkenfüllung:

2 Baguettes (je etwa 400 g)
500 g Kochschinken
2 TL mittelscharfer Senf
150 g Crème fraîche
200 g Doppelrahm-Frischkäse
3 hart gekochte Eier (Größe M)
3 mittelgroße Gewürzgurken
Salz
gem. Pfeffer
Paprikapulver edelsüß

Für die Baguettes mit Ajvarfüllung:

6 Baguettebrötchen
150 g Butter
200 g Doppelrahm-Frischkäse
200 g körniger Frischkäse
200 g Ajvar (Paprikamus, aus dem Glas)
2 gestr. TL Meerrettich
Chilipulver
2 kleine, rote Paprikaschoten

Für die Baguettes mit Frischkäsefüllung:

1 großes Baguette (etwa 500 g)
600 g Kräuter-Frischkäse
250 g Magerquark
150 g Crème fraîche
3 Frühlingszwiebeln
12 grüne, mit Paprika gefüllte Oliven

Zubereitungszeit: 2 Stunden, ohne Kühlzeit

1. Für die **Baguettes mit Schinkenfüllung** die Baguettes in der Mitte senkrecht durchschneiden. Die Baguettehälften vorsichtig aushöhlen. Schinken fein würfeln und in einem hohen Rührbecher pürieren. Senf, Crème fraîche und Frischkäse hinzufügen und nochmals pürieren.

2. Die Eier pellen. Die Eier und Gewürzgurken fein würfeln, unter die Schinken-Frischkäse-Masse rühren, mit Salz, Pfeffer und Paprika würzen.

3. Die Füllung in die ausgehöhlten Baguettehälften geben.

4. Für die **Baguettes mit Ajvarfüllung** von den Baguettebrötchen die äußeren Enden abschneiden. Die Brötchen aushöhlen. Die Butter mit Handrührgerät mit Rührbesen verrühren. Beide Frischkäse-Sorten, Ajvar und Meerrettich unterrühren. Die Ajvarfüllung mit Salz, Pfeffer, Chili- und Paprikapulver würzen.

5. Die Paprikaschoten halbieren, entstielen, entkernen und die weißen Scheidewände entfernen. Schoten abspülen, abtropfen lassen und in kleine Würfel schneiden. Die Paprikawürfel unter die Ajvarfüllung rühren. Die Baguettebrötchen damit füllen.

6. Für die **Baguettes mit Frischkäsefüllung** das Baguette senkrecht halbieren, die Baguettehälften aushöhlen. Frischkäse mit Quark und Crème fraîche glatt rühren. Die Frühlingszwiebeln putzen, abspülen, abtropfen lassen und in feine Scheiben schneiden. Oliven ebenfalls in Scheiben schneiden.

7. Zwiebel- und Olivenscheiben unter die Frischkäsecreme rühren, mit Salz, Pfeffer und Paprika würzen. Die Baguettehälften mit der Frischkäsecreme füllen.

8. Alle Baguettes fest in Alufolie wickeln, 3–4 Stunden in den Kühlschrank legen. Dann die Baguettes aus der Folie nehmen, in Scheiben schneiden und auf einer Platte anrichten.

Tipps: Die Baguettes lassen sich gut mit einem elektrischen Messer schneiden. Besonders dekorativ sieht es aus, wenn Sie die Baguettescheiben mit abgespülter, trocken getupfter Kresse und mit in feine Scheiben geschnittenen Frühlingszwiebeln bestreuen. Zusätzlich können Sie rote und gelbe Paprikaschoten fein würfeln und darüberstreuen.

Barbecue-Hack-Wraps I

Zum Mitnehmen

8–10 Stück

Pro Stück: E: 16 g, F: 12 g, Kh: 27 g, kJ: 1186, kcal: 283, BE: 2,0

1	*Knoblauchzehe*
1	*Zwiebel*
½	*kleine, rote Chilischote*
1	*Aubergine (etwa 250 g)*
1 EL	*Olivenöl*
400 g	*Rindergehacktes*
	Salz
½ TL	*Barbecue-Gewürzmischung*
	gem. Pfeffer
150 g	*Tomatenketchup*
10 EL	*Wasser*
175 g	*Schafskäse*
8–10	*Wraps (Tortilla-Weizenmehl-Fladen)*

Zubereitungszeit: 30 Minuten, ohne Abkühlzeit

1. Knoblauch und Zwiebel abziehen und fein würfeln. Die Chilischote abspülen, trocken tupfen, entkernen und entstielen. Chilischote fein hacken.

2. Aubergine abspülen, abtrocknen und den Stängelansatz abschneiden. Aubergine halbieren und in kleine Stücke schneiden.

3. Das Olivenöl in einem Topf erhitzen. Die Knoblauch- und Zwiebelwürfel darin anbraten. Gehacktes hinzufügen, unter Rühren darin anbraten, dabei die Fleischklümpchen mit einer Gabel zerdrücken.

4. Auberginenstücke und Chili hinzufügen, mit wenig Salz, Gewürzmischung und Pfeffer würzen. Ketchup und Wasser unterrühren. Die Gehacktesmasse bei mittlerer Hitze etwa 15 Minuten köcheln lassen.

5. Schafskäse in Stücke schneiden, mithilfe einer Gabel fein zerdrücken und unter die Hack-Auberginen-Mischung rühren. Die Mischung mit den Gewürzen abschmecken, erkalten lassen, in ein verschließbares Gefäß füllen und in den Kühlschrank stellen.

6. Jeweils etwas von der Mischung auf einen Wrap geben. Die Wraps fest aufrollen, evtl. schräg halbieren und nach Belieben in Butterbrotpapier wickeln.

Tipps: Der Barbecue-Hack-Aufstrich ist auch prima als Füllung für herzhafte Blätterteig- oder Hefeteigtaschen geeignet. Im Kühlschrank ist der Aufstrich 3–4 Tage haltbar.

Blitzsaucen I

Gut vorzubereiten

etwa 1,2 Liter Currysauce,
etwa 400 ml Satésauce

Insgesamt: E: 20 g, F: 5 g, Kh: 227 g, kJ: 4448, kcal: 1063, BE: 18,0 (Currysauce);
E: 18 g, F: 72 g, Kh: 21 g, kJ: 4700, kcal: 1136, BE: 1,5 (Satésauce)

Für die Currysauce:

350 ml Wasser
2 EL indisches Currypulver
1 EL Paprikapulver rosenscharf
2 EL Sambal Oelek
2 EL Zucker
750 ml (3/4 l) Tomatenketchup

Für die Satésauce:

1 Knoblauchzehe
2 EL dunkles Sesamöl
1 TL rote Currypaste
250 ml (1/4 l) Kokosmilch
4 EL Erdnussbutter (Erdnusscreme, crunchy)
Salz
etwas Zucker

Zubereitungszeit: 20 Minuten, ohne Abkühlzeit

1. Für die **Currysauce** Wasser, Currypulver, Paprikapulver, Sambal Oelek und Zucker in einen Topf geben. Die Zutaten unter Rühren einmal aufkochen lassen. Den Topf von der Kochstelle nehmen und den Ketchup einrühren. Die Currysauce erkalten lassen. Die Currysauce in ein verschließbares Gefäß füllen und in den Kühlschrank stellen.

2. Für die **Satésauce** Knoblauch abziehen und durch eine Knoblauchpresse drücken oder sehr fein hacken. Sesamöl in einem Topf erhitzen. Knoblauchwürfel und Currypaste hinzufügen und leicht dünsten, aber keine Farbe nehmen lassen.

3. Die Knoblauch-Curry-Mischung mit der Kokosmilch ablöschen und einmal aufkochen lassen. Den Topf von der Kochstelle nehmen, die Erdnussbutter einrühren. Die Satésauce mit Salz und Zucker würzen und erkalten lassen. Die Satésauce in ein verschließbares Gefäß füllen und in den Kühlschrank stellen.

Tipps: Für die Currysauce zusätzlich 1 kleines Bund Frühlingszwiebeln und 1 große, rote Chilischote abspülen und abtropfen lassen. Die Chilischote entkernen. Frühlingszwiebeln und Chilischote in feine Stücke schneiden und mit den anderen Zutaten aufkochen lassen. Für die Satésauce je nach Geschmack etwas mehr oder weniger Currypaste verwenden. Für eine cremigere Konsistenz, etwas mehr Erdnussbutter einrühren. Beide Saucen schmecken zu Satéspießen. Im Kühlschrank ist die Satésauce gut verschlossen 3–4 Tage und die Currysauce etwa 1 Monat haltbar.

Brokkolikuchen | Für Gäste

15 Stücke

Pro Stück: E: 5 g, F: 8 g, Kh: 8 g, kJ: 540, kcal: 129, BE: 0,5

Zum Vorbereiten:

100 g Butter oder Margarine
350 g Brokkoli
Salz
100 g Kasseler-Aufschnitt, in Scheiben

Für den Teig:

100 g Weizenmehl (Type 550)
40 g Hartweizengrieß
4 gestr. TL Dr. Oetker Backin
50 g ger. Parmesan
gem. Pfeffer
50 ml Milch (3,5 % Fett)
2 Eier (Größe M)

Semmelbrösel zum Ausstreuen für die Form

Zubereitungszeit: 45 Minuten
Backzeit: 40–45 Minuten

1. Zum Vorbereiten die Butter oder Margarine zerlassen und abkühlen lassen.

2. Von dem Brokkoli die Blätter entfernen. Brokkoli in kleine Röschen teilen, abspülen und abtropfen lassen. Von den Brokkolistängeln die Haut abziehen, die Stängel in kleine Würfel schneiden.

3. Etwas Wasser zugedeckt in einem Topf zum Kochen bringen. Salz hinzufügen. Brokkoliröschen und -würfel hineingeben, etwa 2 Minuten darin kochen. Brokkoli mit einer Schaumkelle herausnehmen, in ein Sieb geben, sofort mit kaltem Wasser abschrecken und gut abtropfen lassen.

4. Den Backofen vorheizen.
Ober-/Unterhitze: etwa 180 °C
Heißluft: etwa 160 °C

5. Den Kasseler-Aufschnitt in kleine Würfel schneiden.

6. Für den Teig Mehl mit Grieß, Backpulver, Parmesan und etwas Pfeffer in einer Rührschüssel mischen. Milch, Eier und Butter oder Margarine mit Handrührgerät mit Rührbesen unter die Mehlmasse rühren. Kasselerwürfel und Brokkoliröschen und -würfel mit einem Löffel unterrühren.

7. Teig in eine Kastenform (25 x 11 cm, gefettet, mit Semmelbröseln ausgestreut) füllen und glatt streichen. Die Form auf dem Rost in den vorgeheizten Backofen schieben. Brokkolikuchen **40–45 Minuten backen.**

8. Die Form auf einen Kuchenrost stellen. Den Brokkolikuchen etwa 10 Minuten in der Form stehen lassen, dann auf einen mit Backpapier belegten Kuchenrost stürzen. Den Brokkolikuchen wieder umdrehen und erkalten lassen.

Tipps: Der Teig muss nicht gesalzen werden, da der Aufschnitt genügend Salz enthält. Zum Garnieren 1 Tomate abspülen, abtrocknen, vierteln und den Stängelansatz herrausschneiden. Tomatenviertel entkernen und in feine Würfel schneiden. Die Tomatenwürfel über den aufgeschnittenen Kuchen streuen. Wer es deftig mag, serviert Kräuterquark oder Remouladensauce mit frischem Schnittlauch zum Brokkolikuchen. Der Kuchen schmeckt auch sehr lecker, wenn Sie ihn statt mit Brokkoli mit der gleichen Menge Romanesco oder Blumenkohl zubereiten.

Brötchen mit Trauben und Walnüssen I

Edel – zum Mitnehmen

10 Stück

Pro Stück: E: 13 g, F: 14 g, Kh: 33 g, kJ: 1313, kcal: 313, BE: 1,5

Für den Teig:

50 g Walnusskerne
1–2 Zweige Rosmarin
275 g Weizenmehl (Type 550)
1 1/2 TL Dr. Oetker Trockenbackhefe
1 TL Zucker
175 ml lauwarmes Wasser
1 TL Salz
125 g blaue, kernlose Weintrauben

Zum Belegen:

10 EL Feigensenf
30 große Basilikumblättchen
10 Scheiben Appenzeller, je einmal in der Mitte geteilt

Zubereitungszeit: 45 Minuten, ohne Teiggehzeit
Backzeit: 20–25 Minuten

1. Für den Teig die Walnusskerne grob hacken. Rosmarin abspülen, trocken tupfen und die Nadeln von den Zweigen zupfen. Rosmarinnadeln fein schneiden.

2. 100 g von dem Mehl in einer Rührschüssel mit der Hefe und dem Zucker mischen. Wasser dazugeben, kurz mit einem Holzlöffel mischen und etwa 10 Minuten zugedeckt stehen lassen.

3. Anschließend das restliche Mehl mit dem Salz hinzufügen. Die Zutaten mit den Händen zu einem elastischen Teig verkneten.

4. Zuletzt die Walnüsse und die Rosmarinnadeln unterkneten. Den Teig zugedeckt an einem warmen Ort etwa 60 Minuten gehen lassen.

5. In der Zwischenzeit die Weintrauben abspülen, trocken tupfen und die Trauben von den Rispen zupfen. Die Trauben einmal quer halbieren.

6. Den gegangenen Teig kurz und sanft mit den Traubenhälften verkneten. Den Teig auf der leicht bemehlten Arbeitsfläche zu einer Rolle formen. Die Teigrolle in 10 gleich große Stücke schneiden. Diese zu runden Kugeln formen und mit etwas Mehl bestäuben.

7. Die Teigkugeln auf ein Backblech (mit Backpapier belegt) legen und zugedeckt nochmals so lange an einem warmen Ort gehen lassen, bis sie sich sichtbar vergrößert haben (etwa 30 Minuten).

8. Den Backofen vorheizen.
Ober-/Unterhitze: etwa 220 °C
Heißluft: etwa 200 °C

9. Die Teigkugeln mit einer Küchenschere oder einem Messer einmal über Kreuz etwa 1 cm tief einschneiden. Dafür die Schere bzw. das Messer immer wieder in etwas Mehl tauchen.

10. Das Backblech in den vorgeheizten Backofen (unteres Drittel) schieben. Die Brötchen **20–25 Minuten backen.**

11. Die Brötchen mit dem Backpapier von dem Backblech auf einen Kuchenrost ziehen und erkalten lassen.

12. Die Brötchen kurz vor dem Servieren einmal waagerecht durchschneiden und jede Hälfte mit etwas Feigensenf bestreichen. Die Unterhälften zuerst mit den Basilikumblättchen und dann mit dem Käse belegen. Die oberen Hälften daraufsetzen und leicht andrücken.

Brotchips mit sahnigen Toppings I

Einfach

je etwa 25 Stück

Pro Stück: E: 2 g, F: 4 g, Kh: 3 g, kJ: 250, kcal: 60, BE: 0,5 (Makrelen-Sahne-Topping); E: 2 g, F: 2 g, Kh: 4 g, kJ: 181, kcal: 43, BE: 0,5 (Mais-Quark-Topping)

Für das Makrelen-Sahne-Topping:

200 g geräuchertes Makrelenfilet
200 g Schlagsahne (mind. 30 % Fett)
1–2 EL Schnittlauchröllchen

Für das Mais-Quark-Topping:

140 g abgetropfter Gemüsemais (aus der Dose)
75 g Schlagsahne (mind. 30 % Fett)
1 Pck. Dr. Oetker Sahnesteif
1 EL gehackte Dillspitzen
200 g Speisequark (20 % Fett)
Salz

etwa 50 Brotchips

Zubereitungszeit: 50 Minuten

1. Für das **Makrelen-Sahne-Topping** Makrelenfilets evtl. entgräten, enthäuten, in Stücke schneiden und mit etwa 100 g von der Sahne pürieren. Restliche Sahne steif schlagen und unterheben. Die Schnittlauchröllchen unter die Makrelensahne mischen.

2. Für das **Mais-Quark-Topping** den abgetropften Mais in einem Sieb mit kaltem Wasser abspülen und nochmals gut abtropfen lassen. Sahne mit Sahnesteif steif schlagen. Mais, Sahne und Dillspitzen unter den Quark heben, mit Salz abschmecken.

3. Die beiden Toppings entweder sofort löffelweise auf die Brotchips geben und servieren oder die Toppings in verschließbare Gefäße füllen und in den Kühlschrank stellen.

Tipps: Die Makrelen-Sahne-Brotchips mit Forellenkaviar und Schnittlauchhalmen garnieren. Für das Mais-Quark-Topping zusätzlich noch etwa 50 g abgetropften, klein gezupften Tunfisch (aus der Dose) unterrühren. Die Brotchips mit Maiskörnern und Dillspitzen garnieren. Die Toppings erst kurz vor dem Servieren auf die Brotchips geben, damit die Chips nicht durchweichen. Im Kühlschrank sind beide Toppings etwa 1 Tag haltbar.

Brotwürfel | Raffiniert

je 24 Stück

Pro Stück: E: 5 g, F: 6 g, Kh: 3 g, kJ: 358, kcal: 85, BE: 0,5 (Brotwürfel mit Schafskäse); E: 2 g, F: 7 g, Kh: 4 g, kJ: 369, kcal: 88, BE: 0,0 (Brotwürfel mit Chorizo)

12 Scheiben Weißbrot

Für Brotwürfel mit Schafskäse:

3 EL Olivenöl
Salz
8 Cocktailtomaten
4 Stängel Basilikum
600 g Schafskäse

Für Brotwürfel mit Chorizo:

je 1 rote und gelbe Paprikaschote
1 EL Olivenöl
gem. Pfeffer
100 g weiche Butter
1 TL Paprikapulver rosenscharf
150 g abgetropfte, grüne Oliven (ohne Stein)
50 g abgezogene, kleine Mandeln
24 Scheiben Chorizo (spanische Paprikasalami)

Zubereitungszeit: 1 1/2 Stunden, ohne Abkühlzeit

1. Von den Weißbrotscheiben 6 Stück jeweils in etwa 4 x 4 cm große Würfel schneiden. Die restlichen Weißbrotscheiben entrinden und in jeweils 5 x 5 cm große Würfel schneiden.

2. Für die **Brotwürfel mit Schafskäse** jeweils etwas von dem Olivenöl in einer Pfanne erhitzen. Die kleineren Weißbrotwürfel darin portionsweise von beiden Seiten anbraten, herausnehmen, salzen und auf Küchenpapier abtropfen lassen.

3. Tomaten abspülen, abtrocknen und in gleich große Scheiben schneiden. Evtl. die Stängelansätze herausschneiden. Das Basilikum abspülen, trocken tupfen und 24 kleine Blättchen von den Stängeln zupfen.

4. Den Schafskäse zerbröseln, auf den Weißbrotwürfeln verteilen und mit je 1 Tomatenscheibe und 1 Basilikumblättchen belegen.

5. Für die **Brotwürfel mit Chorizo** Paprikaschoten halbieren, entstielen, entkernen und die weißen Scheidewände entfernen. Die Schoten abspülen, abtropfen lassen und in kleine Würfel schneiden.

6. Olivenöl in einer Pfanne erhitzen. Die Paprikawürfel darin bei mittlerer Hitze unter Rühren weich dünsten, mit Salz und Pfeffer würzen. Paprikawürfel auf einen Teller geben und erkalten lassen.

7. Butter und Paprikapulver mit einem Schneebesen schaumig rühren, Paprikawürfel unterrühren. Die Paprikabutter mit Salz und Pfeffer würzen.

8. Jeweils etwas von der Paprikabutter auf die größeren Weißbrotwürfel streichen. In jede Olive 1 Mandel stecken. Die Oliven dann in jeweils 1 Scheibe Chorizo einwickeln und auf die mit Paprikabutter bestrichenen Brotwürfel legen.

Brunchsalate | Klassisch

10 Portionen Fleischsalat,
15 Portionen Heringssalat

Pro Portion: E: 9 g, F: 31 g, Kh: 4 g, kJ: 1385, kcal: 331, BE: 0,0 (Fleischsalat); E: 23 g, F: 20 g, Kh: 21 g, kJ: 1522, kcal: 263, BE: 1,5 (Heringssalat)

Für den Fleischsalat:

600 g Lyoner Fleischwurst, in Scheiben
720 g abgetropfte Gewürzgurken (aus dem Glas)
1 Bund glatte Petersilie
200 g Salatmayonnaise
200 g Joghurt (3,5 % Fett)
50 ml Gurkensud (aus dem Glas)
Salz
gem. Pfeffer

Für den Heringssalat:

800 g Kartoffeln
7 abgetropfte, doppelte Bismarck-Heringsfilets (je 250 g)
600 g gegarte Rote Bete (vakuumverpackt)
5 Äpfel, z. B. Holsteiner Cox
720 g abgetropfte Gewürzgurken (aus dem Glas)
5 rote Zwiebeln
1 Bund Dill
5 EL Salatmayonnaise
200 g Joghurt (3,5 % Fett)
5 EL Gurkensud (aus dem Glas)
2 EL geriebener Meerrettich
2 TL mittelscharfer Senf
1 gestr. TL Salz
1 EL Zucker
4 hart gekochte Eier (Größe M)

Zubereitungszeit: 70 Minuten, ohne Abkühl- und Einlegezeit
Garzeit: etwa 20 Minuten

1. Für den **Fleischsalat** die Fleischwurstscheiben halbieren und in feine Streifen schneiden. Von den Gewürzgurken den Sud auffangen, 50 ml abmessen und beiseitestellen. Die Gurken zunächst längs in Scheiben, dann in Streifen schneiden. Petersilie abspülen, trocken tupfen und die Blättchen von den Stängeln zupfen. Blättchen klein schneiden.

2. Mayonnaise mit Joghurt und Gurkensud in einer Salatschüssel gut verrühren. Die Marinade mit Salz und Pfeffer würzen.

3. Fleischwurst-, Gurkenstreifen und Petersilie zu der Marinade in die Schüssel geben. Die Zutaten gut verrühren. Den Fleischsalat nochmals mit den Gewürzen abschmecken.

4. Für den **Heringssalat** die Kartoffeln unter fließendem Wasser abbürsten, knapp mit Wasser bedeckt, zugedeckt zum Kochen bringen und in etwa 20 Minuten gar kochen. Kartoffeln abgießen, mit kaltem Wasser abschrecken, abtropfen lassen. Kartoffeln noch warm pellen, abkühlen lassen, in Würfel schneiden.

5. Heringsfilets etwa 30 Minuten in kaltes Wasser legen. Dann herausnehmen, abtropfen lassen und in Streifen schneiden.

6. Die Rote Bete in Würfel schneiden. Äpfel schälen, vierteln, entkernen und in Stücke schneiden. Von den Gewürzgurken den Sud auffangen, 5 Esslöffel abmessen und für die Marinade beiseitestellen. Gurken in Würfel schneiden. Zwiebeln abziehen, halbieren und in feine Streifen schneiden.

7. Die Kartoffelwürfel, Heringsfiletstreifen, Rote-Bete-Würfel, Apfelstücke, Gurkenwürfel und Zwiebelstreifen in einer großen Schüssel mischen. Dill abspülen, trocken tupfen und die Spitzen von den Stängeln zupfen. Einige Spitzen zum Garnieren beiseitelegen. Restliche Spitzen fein hacken und unter die Salatzutaten heben.

8. Mayonnaise mit Joghurt, Gurkensud, Meerrettich und Senf gut verrühren. Die Marinade mit Salz, Pfeffer und Zucker würzen, dann unter den Salat heben. Die Eier pellen, vierteln und unterheben. Den Heringssalat mit den beiseitegelegten Dillspitzen garnieren.

Bulgursalat | Vegetarisch – arabisch

4 Portionen

Pro Portion: E: 8 g, F: 19 g, Kh: 47 g, kJ: 1634, kcal: 390, BE: 3,0

200 g grober Bulgur (Weizengrütze)
400 ml Gemüsebrühe
1 Salatgurke
2 Fleischtomaten
1 gelbe Paprikaschote
1 Bund Frühlingszwiebeln
1 Bund glatte Petersilie
4 Stängel Minze

Für die Salatsauce:
4 EL Zitronensaft
Salz
gem. Pfeffer
etwas Zucker
gem. Kreuzkümmel (Cumin)
6–8 EL Olivenöl

Zubereitungszeit: 30 Minuten, ohne Abkühl- und Durchziehzeit

1. Bulgur in einem heißen Topf ohne Fett unter Rühren etwa 1 Minute anrösten. Dann die Brühe hinzugießen, alles aufkochen und bei schwacher Hitze zugedeckt in etwa 15 Minuten ausquellen lassen. Den Bulgur abkühlen lassen, dabei ab und zu durchrühren.

2. In der Zwischenzeit die Gurke abspülen, abtrocknen, die Enden abschneiden und die Gurke in kleine Würfel schneiden. Die Tomaten abspülen, abtrocknen, halbieren und die Stängelansätze herausschneiden. Tomaten in kleine Würfel schneiden.

3. Die Paprikaschote halbieren, entstielen, entkernen und die weißen Scheidewände entfernen. Die Schotenhälften abspülen, abtropfen lassen und in feine Würfel schneiden. Frühlingszwiebeln putzen, abspülen, abtropfen lassen und in feine Scheiben schneiden.

4. Petersilie und Minze abspülen, trocken tupfen und die Blättchen von den Stängeln zupfen. Blättchen fein schneiden.

5. Für die Sauce Zitronensaft mit Salz, Pfeffer, Zucker und Kreuzkümmel verrühren, das Olivenöl unterschlagen. Die vorbereiteten Zutaten mit der Sauce vermischen. Den Bulgursalat etwa 1 Stunde durchziehen lassen.

Tipp: Bulgur gibt es auch als Instant-Produkt. Dann den Bulgur nach Packungsanleitung zubereiten.

Bunte Vollkornschnitte I

Zum Frühstück – fettarm

4 Portionen

Pro Portion: E: 9 g, F: 2 g, Kh: 21 g, kJ: 580, kcal: 138, BE: 2,0

4 Scheiben Vollkornbrot (je 50 g)
2 TL mittelscharfer Senf
4 Scheiben Rindfleischsülze oder Corned Beef (je 20 g)
2 Möhren (100 g)
200 g abgetropfte Gewürzgurken (aus dem Glas)

Zubereitungszeit: 10 Minuten

1. Die Brotscheiben dünn mit Senf bestreichen und mit Sülzescheiben oder Corned Beef belegen.

2. Möhren putzen, schälen, abspülen und abtropfen lassen. Möhren längs in dünne Streifen schneiden.

3. Gurken nach Belieben halbieren oder in Fächer schneiden und mit den Möhrenstreifen auf den Brotscheiben anrichten.

Tipp: Pressen Sie sich dazu einen frischen Orangensaft aus (pro Glas etwa 2 Orangen).

Bunter Fischsalat | Einfach

6 Portionen

Pro Portion: E: 19 g, F: 7 g, Kh: 7 g, kJ: 683, kcal: 162, BE: 0,5

500 g Rotbarschfilet
500 ml (1/2 l) Wasser
1 gestr. TL Salz
1 kleines Lorbeerblatt
6 Pfefferkörner
einige Senfkörner
1 Msp. gem. Pfeffer
1 Scheibe von
1 Bio-Zitrone (unbehandelt, ungewachst)

250 g abgetropfte Erbsen (aus der Dose)
250 g abgetropfte Möhrenwürfel (aus der Dose)
1 Zwiebel
1 EL fein geschnittene Schnittlauchröllchen

Für die Salatsauce:

2 EL Gemüseflüssigkeit (aus der Dose)
2–3 EL Kräuteressig
Salz, gem. Pfeffer, Zucker
1 TL mittelscharfer Senf
2 EL Speiseöl

Zubereitungszeit: 25 Minuten, ohne Abkühl- und Durchziehzeit
Garzeit: etwa 10 Minuten

1. Fischfilet unter fließendem kalten Wasser abspülen und trocken tupfen. Wasser in einem Topf zum Kochen bringen. Das Fischfilet, Salz, Lorbeerblatt, Pfefferkörner, Senfkörner, Pfeffer und Zitronenscheibe hinzufügen. Das Fischfilet bei geringer Hitze in etwa 10 Minuten gar ziehen lassen.

2. Fischfilet mit einer Schaumkelle herausnehmen, auf eine Platte legen und erkalten lassen. Das Fischfilet in Stücke zupfen.

3. Von den Erbsen und Möhrenwürfeln die Flüssigkeit auffangen, 2 Esslöffel davon abmessen und für die Salatsauce beiseitestellen. Zwiebel abziehen, halbieren und in kleine Würfel schneiden.

4. Die Fischfiletstücke mit Erbsen, Möhren-, Zwiebelwürfeln und vorbereiteten Schnittlauchröllchen in einer Schüssel mischen.

5. Für die Sauce die aufgefangene Gemüseflüssigkeit mit Essig, Salz, Pfeffer, Zucker und Senf verrühren. Das Speiseöl unterschlagen. Die Sauce mit den Salatzutaten vermischen. Den Salat zugedeckt im Kühlschrank mindestens 30 Minuten durchziehen lassen. Den Salat nochmals mit Salz und Essig abschmecken.

Tipps: Schneller geht es, wenn Sie den Salat mit Räucherfisch, z. B. Forellenfilets, zubereiten. Mischen Sie zusätzlich etwa 250 g gegarte, gepellte und gewürfelte Pellkartoffeln mit unter den Fischsalat.

Bunter Paprikakuchen | Für die Party

20 Stücke

Pro Stück: E: 5 g, F: 10 g, Kh: 19 g, kJ: 802, kcal: 192, BE: 1,0

Für den Belag:

200 g Zwiebeln
2 Knoblauchzehen
1 ½ kg Paprikaschoten (rot, grün und gelb)
3 EL Olivenöl
2 TL gerebelter Thymian
Salz, gem. Pfeffer
Paprikapulver rosenscharf

Für den Hefeteig:

375 g Weizenmehl
1 Pck. Dr. Oetker Hefeteig Garant
1 TL flüssiger Honig
1 gestr. TL Salz
4 EL Speiseöl, z. B. Olivenöl
200 ml Wasser

Für den Guss und zum Bestreuen:

250 g Schlagsahne (mind. 30 % Fett)
4 Eier (Größe M)
50 g Kürbiskerne

Zubereitungszeit: 40 Minuten
Backzeit: etwa 40 Minuten

1. Für den Belag Zwiebeln abziehen, halbieren und in Scheiben schneiden. Knoblauch abziehen und durch eine Knoblauchpresse drücken oder fein hacken.

2. Die Paprikaschoten halbieren, entstielen, entkernen und die weißen Scheidewände entfernen. Die Schoten abspülen, abtropfen lassen, vierteln und quer in etwa 1 cm breite Streifen schneiden.

3. Olivenöl in einem großen, breiten Topf erhitzen. Die Zwiebeln und den Knoblauch darin unter Rühren etwa 5 Minuten dünsten. Paprika und Thymian dazugeben und im geschlossenen Topf 5–8 Minuten dünsten. Das Paprikagemüse mit Salz, Pfeffer und Paprikapulver würzen und etwa 20 Minuten abkühlen lassen.

4. Für den Teig in der Zwischenzeit Mehl mit Hefeteig Garant, Honig, Salz, Speiseöl und Wasser in eine Rührschüssel geben. Die Zutaten mit Handrührgerät mit Knethaken zunächst kurz auf niedrigster, danach auf höchster Stufe in etwa 2 Minuten zu einem glatten Teig verarbeiten.

5. Den Backofen vorheizen.
Ober-/Unterhitze: etwa 200 °C
Heißluft: etwa 180 °C

6. Den Teig auf einer leicht bemehlten Arbeitsfläche kurz zu einer Rolle verkneten. Die Teigrolle auf einem Backblech (30 x 40 cm, gefettet) ausrollen und an den Seiten etwas hochdrücken.

7. Für den Guss Sahne mit Eiern verquirlen und unter das Paprikagemüse rühren. Das Paprikagemüse nochmals gut mit Salz, Pfeffer und Paprikapulver abschmecken. Den Belag auf den Teig geben und glatt streichen.

8. Die Kürbiskerne auf den Belag streuen. Das Backblech in den vorgeheizten Backofen schieben. Den Paprikakuchen **etwa 40 Minuten backen.**

9. Das Backblech auf einen Kuchenrost stellen. Den Paprikakuchen erkalten lassen.

Bunter Spirelli-Schichtsalat I

Für Gäste

4–6 Portionen

Pro Portion: E: 19 g, F: 18 g, Kh: 44 g, kJ: 1762, kcal: 420, BE: 3,0

2 ½ l Wasser
2 ½ gestr. TL Salz
250 g bunte Nudeln, z. B. Spirelli
300 g TK-Mix-Gemüse, z. B. Romanesco- oder Brokkoli- oder Blumenkohl-Mix
4 mittelgroße Fleischtomaten

Für das Dressing:

1 Zwiebel
200 g Joghurt (3,5 % Fett)
200 g Kräuter-Frischkäse
50 ml Kochwasser (von Nudeln und Gemüse)
Salz, gem. Pfeffer

150 g abgetropfte Schafskäse- oder Fetawürfel, in Öl eingelegt
½ Bund frisches Basilikum

Zubereitungszeit: 30 Minuten, ohne Abkühlzeit

1. Das Wasser in einem großen Topf zugedeckt zum Kochen bringen. Danach Salz und Nudeln dazugeben. Die Nudeln im geöffneten Topf bei mittlerer Hitze nach Packungsanleitung bissfest kochen, dabei gelegentlich umrühren.

2. TK-Gemüse etwa 5 Minuten vor Garzeitende hinzugeben und mit den Nudeln garen lassen. Die Nudel-Gemüse-Mischung in ein Sieb geben, dabei das Kochwasser auffangen und 50 ml davon abmessen. Nudel-Gemüse-Mischung mit kaltem Wasser abspülen, gut abtropfen und erkalten lassen.

3. In der Zwischenzeit Tomaten abspülen, abtrocknen, halbieren und die Stängelansätze herausschneiden. Tomatenhälften in Scheiben schneiden.

4. Für das Dressing Zwiebel abziehen, halbieren und fein würfeln oder mit einem Blitzhacker klein hacken. Den Joghurt mit Frischkäse, Zwiebelwürfeln und dem aufgefangenen Kochwasser glatt rühren, mit Salz und Pfeffer abschmecken.

5. Die vorbereiteten Salatzutaten und die Käsewürfel abwechselnd in Portionsgläser oder in eine große, hohe Glasschüssel schichten. Dabei auf jede Schicht etwas Dressing geben. Die letzte Schicht sollte aus Dressing und Käsewürfeln bestehen.

6. Basilikum abspülen, trocken tupfen und die Blättchen von den Stängeln zupfen. Die Blättchen in feine Streifen schneiden. Den Schichtsalat mit Basilikumstreifen bestreuen.

Buttermilchsülze mit Gemüse-Vinaigrette I

Raffiniert

8 Portionen

Pro Portion: E: 10 g, F: 10 g, Kh: 4 g, kJ: 609, kcal: 146, BE: 0,0

Für die Buttermilchsülze:

250 g Räucherlachs, in Scheiben
8 Blatt weiße Gelatine
500 ml (1/2 l) Buttermilch
2 EL fein geschnittener Dill
Salz, gem. Pfeffer
etwas Zitronensaft

Für die Gemüse-Vinaigrette:

120 g Möhren
100 g Knollensellerie
70 g Porree (Lauch)
2–3 EL weißer Balsamico-Essig
5 EL Geflügelbrühe
6 EL Olivenöl

einige vorbereitete Stängel Dill

Zubereitungszeit: 35 Minuten, ohne Kühlzeit

1. Für die Buttermilchsülze die Räucherlachsscheiben mit Küchenpapier trocken tupfen.

2. Gelatine nach Packungsanleitung einweichen. Die Gelatine leicht ausdrücken. Etwas von der Buttermilch in einem kleinen Topf erwärmen, Gelatine hinzugeben und darin bei schwacher Hitze unter Rühren auflösen. Den Topf von der Kochstelle nehmen.

3. Die restliche Buttermilch nach und nach unter die aufgelöste Gelatine rühren. Den Dill unterrühren. Die Buttermilch-Gelatine-Flüssigkeit mit Salz, Pfeffer und Zitronensaft abschmecken.

4. Etwas von der Buttermilch-Gelatine-Flüssigkeit vorsichtig in eine Terrinenform (etwa 23 x 11 cm, mit Frischhaltefolie ausgelegt) gießen, sodass der Boden bedeckt ist. Die Terrinenform zugedeckt in den Kühlschrank stellen und die Buttermilch-Gelatine-Flüssigkeit fest werden lassen. Dann einige Räucherlachsscheiben auf den Buttermilchspiegel legen.

5. Wieder etwas von der Buttermilch-Gelatine-Flüssigkeit auf die Räucherlachsscheiben geben. Die Form wieder in den Kühlschrank stellen und die Oberfläche der Flüssigkeit fest werden lassen. Restliche Lachsscheiben und Buttermilch-Gelatine-Flüssigkeit in gleicher Weise einschichten. Danach die Buttermilchsülze zugedeckt etwa 6 Stunden oder über Nacht in den Kühlschrank stellen.

6. Für die Vinaigrette Möhren und Sellerie schälen, abspülen, abtropfen lassen und in sehr kleine Würfel schneiden. Porree putzen, längs halbieren, gründlich waschen, abtropfen lassen und in sehr kleine Stücke schneiden. Die vorbereiteten Gemüsezutaten kurz in kochendem Wasser blanchieren, in ein Sieb abgießen, mit kaltem Wasser abschrecken und abtropfen lassen.

7. Den Essig mit der Brühe verrühren, mit Salz und Pfeffer würzen. Olivenöl langsam mit einem Schneebesen unterrühren. Die Möhren-, Selleriewürfel und Porreestückchen untermischen.

8. Sülze aus der Form stürzen, aufschneiden, mit der Gemüse-Vinaigrette anrichten und mit Dill garnieren.

Buttervariationen I

Für die Party

je 250–300 g

Insgesamt: E: 1 g, F: 208 g, Kh: 3 g, kJ: 7936, kcal: 1897, BE: 0,0 (Butter mit dreierlei Pfeffer); E: 2 g, F: 216 g, Kh: 5 g, kJ: 8275, kcal: 1977, BE: 0,0 (Tomatenbutter)

Für die Butter mit dreierlei Pfeffer:

250 g weiche Butter
1 TL abgetropfte, grüne Pfefferkörner, in Salzlake
1 TL rosa Pfefferbeeren
1 TL gem. Pfeffer
Salz

Für die Tomatenbutter:

250 g weiche Butter
½ Zwiebel
1 Knoblauchzehe
2 TL Olivenöl
1 mittelgroße, reife Tomate
1 TL Tomatenmark
etwas frisch gehackter Liebstöckel
Kräutersalz
gem. Pfeffer

Zubereitungszeit: 35 Minuten

1. Für die **Butter mit dreierlei Pfeffer** die Butter in eine Rührschüssel geben, mit Handrührgerät mit Rührbesen so lange schlagen, bis sich ihr Volumen verdoppelt hat und die Butter leicht weißlich geworden ist.

2. Pfefferkörner, Pfefferbeeren und den gemahlenen Pfeffer gut unterrühren, mit Salz abschmecken. Die Buttermasse auf ein Stück Backpapier legen und zu einer Rolle formen. Die Enden zusammendrehen und fixieren. Butter im Kühlschrank fest werden lassen.

3. Für die **Tomatenbutter** die Butter in eine Rührschüssel geben, mit Handrührgerät mit Rührbesen schaumig schlagen. Zwiebel und Knoblauch abziehen, fein würfeln. Olivenöl in einer Pfanne erhitzen. Die Zwiebel- und Knoblauchwürfel darin glasig dünsten.

4. Tomate kreuzweise einschneiden und mit kochendem Wasser übergießen. Nach 1–2 Minuten herausnehmen und mit kaltem Wasser abschrecken. Tomate enthäuten, halbieren und entkernen. Den Stängelansatz herausschneiden, das Fruchtfleisch fein würfeln.

5. Tomaten- mit Zwiebel- und Knoblauchwürfeln pürieren, unter die Buttermasse rühren, mit Tomatenmark, Liebstöckel, Kräutersalz und Pfeffer abschmecken. Die Butter wie im oberen Rezept beschrieben weiterverarbeiten und kühlen.

Abwandlungen: Für **Koriander-Orangen-Butter** 250 g Butter wie unter Punkt 1 beschrieben aufschlagen. Abgeriebene Schale von 1 Bio-Orange (unbehandelt, ungewachst) und 2 Esslöffel frisch gehackten Koriander gut unterrühren. Butter mit Salz und Pfeffer abschmecken, wie unter Punkt 2 beschrieben zu einer Rolle formen, einpacken und kühlen. Für **Champignonbutter** 250 g weiche Butter, ½ Zwiebel, 1 Knoblauchzehe und 2 Teelöffel Olivenöl wie unter Punkt 3 beschrieben verarbeiten. Etwa 70 g Champignons putzen und in Stücke schneiden. Champignonstücke in die Pfanne geben und kurz anbraten. Champignonstücke pürieren und erkalten lassen. Püree unter die Buttermasse rühren, mit einem Spritzer Zitronensaft, Salz und Pfeffer kräftig abschmecken.

California Rolls mit Salat und Gurke I

Etwas Besonderes
24 Stück

Pro Stück: E: 2 g, F: 3 g, Kh: 11 g, kJ: 322, kcal: 77, BE: 1,0

300 g Sushireis
Salz
450 ml Wasser
4 EL Reisessig
1 gestr. TL Zucker

4 EL Wasabipaste
55 g Delikatess-Mayonnaise
175 g Salatgurke
70 g Römersalat
3 Stängel Koriander
3 Noriblätter
45 g Tobiko-Wasabi-Kaviar aus Fliegenfisch-Rogen

100 ml Sojasauce
100 g eingelegter Ingwer (aus dem Glas)

Zubereitungszeit: 65 Minuten, ohne Zieh- und Abkühlzeit
Garzeit: etwa 20 Minuten

1. Den Sushireis in ein Sieb geben und unter fließendem kalten Wasser so lange abspülen, bis das Wasser klar abläuft. Sushireis sehr gut abtropfen lassen.

2. Anschließend mit etwas Salz und dem Wasser in einem Topf zum Kochen bringen. Den Reis zugedeckt etwa 20 Minuten bei schwacher Hitze garen.

3. Topf von der Kochstelle nehmen. Reis weitere etwa 10 Minuten im geschlossenen Topf ziehen lassen.

4. Den Reisessig erwärmen. 1 gestrichenen Teelöffel Salz und den Zucker darin unter Rühren auflösen. Die Essiglösung möglichst ohne Rühren locker unter den heißen Reis mischen. Den Reis mit einem feuchten Tuch abdecken und fast vollständig erkalten lassen.

5. Von der Wasabipaste 2 Esslöffel abnehmen und mit der Mayonnaise verrühren. Die Gurke schälen, längs vierteln, entkernen und jedes Viertel nochmals der Länge nach halbieren.

6. Salat putzen, abspülen, gut abtropfen lassen oder trocken schleudern. Die Salatblätter der Länge nach in etwa 2 cm breite Streifen schneiden. Den Koriander abspülen, trocken tupfen und die Blättchen von den Stängeln zupfen.

7. Eine Sushimatte zunächst mit Frischhaltefolie, dann mit einem Noriblatt belegen. Darauf eine etwa ½ cm dicke Reisschicht so verteilen, dass an den Rändern jeweils etwa 1 cm frei bleibt. Reisschicht mit einem weiteren Stück Frischhaltefolie belegen. Mithilfe der Frischhaltefolie alles einmal wenden, sodass die Seite mit dem Noriblatt oben liegt.

8. Das Noriblatt dünn mit einem Drittel der Wasabi-Mayonnaise bestreichen. Dann jeweils ein Drittel der Gurken, Salatstreifen und Korianderblätter der Breite nach passend zurechtgeschnitten darauflegen. Mithilfe der Sushimatte alles zu einer Rolle aufrollen und dabei leicht andrücken. Die California Roll vorsichtig aus der Sushimatte lösen und im Wasabi-Kaviar wälzen. Auf diese Weise 2 weitere California Rolls herstellen.

9. Jede Rolle mit einem scharfen Messer – in kaltes Wasser getaucht – in 8 gleich große Scheiben schneiden. Californa Rolls mit Sojasauce, restlichem Wasabi und Ingwer servieren.

Tipp: Sie können den Tobiko-Wasabi-Kaviar durch 3 Esslöffel geschälten Sesamsamen ersetzen.

California Rolls mit Tunfisch und Avocado | Dauert etwas länger

24 Stück

Pro Stück: E: 3 g, F: 6 g, Kh: 11 g, kJ: 472, kcal: 112, BE: 1,0

300 g Sushireis
Salz
450 ml Wasser
4 EL Reisessig
1 gestr. TL Zucker

1 Bio-Limette (unbehandelt, ungewachst)
55 g Delikatess-Mayonnaise
2–4 EL Sesamsamen, geschält
175 g ganz frisches Tunfischfilet
200 g Avocado
3 Noriblätter
4 EL Wasabipaste

100 ml Sojasauce
100 g eingelegter Ingwer (aus dem Glas)

Zubereitungszeit: 65 Minuten, ohne Zieh- und Abkühlzeit
Garzeit: etwa 20 Minuten

1. Den Sushireis in ein Sieb geben und unter fließendem kalten Wasser so lange abspülen, bis das Wasser klar abläuft. Sushireis sehr gut abtropfen lassen. Anschließend mit etwas Salz und dem Wasser in einem Topf zum Kochen bringen. Den Reis zugedeckt etwa 20 Minuten bei schwacher Hitze garen. Den Topf von der Kochstelle nehmen. Den Reis weitere etwa 10 Minuten im geschlossenen Topf ziehen lassen.

2. Den Reisessig erwärmen. 1 gestrichenen Teelöffel Salz und den Zucker darin unter Rühren auflösen. Die Essiglösung möglichst ohne Rühren locker unter den heißen Reis mischen. Den Reis mit einem feuchten Tuch abdecken und fast vollständig erkalten lassen.

3. Die Limette heiß abwaschen, abtrocknen und die Schale fein abreiben. Limette halbieren und den Saft auspressen. Die Limettenschale und 1 Esslöffel von dem Limettensaft mit der Mayonnaise verrühren.

4. Sesam in einer Pfanne ohne Fett unter Wenden goldbraun rösten und auf einem Teller erkalten lassen. Den Tunfisch unter fließendem kalten Wasser abspülen, trocken tupfen und in etwa 1 cm dicke Stifte schneiden.

5. Avocado schälen, halbieren, den Stein entfernen. Avocado in etwa 1 cm dicke Stifte schneiden. Restlichen Limettensaft mit der Avocado mischen.

6. Eine Sushimatte zunächst mit Frischhaltefolie, dann mit einem Noriblatt belegen. Darauf eine etwa ½ cm dicke Reisschicht so verteilen, dass an den Rändern jeweils etwa 1 cm frei bleibt. Die Reisschicht mit einem weiteren Stück Frischhaltefolie belegen. Mithilfe der Frischhaltefolie alles einmal wenden, sodass die Seite mit dem Noriblatt oben liegt.

7. Das Noriblatt im unteren Drittel der Breite nach mit 1 Teelöffel Wasabi bestreichen, dann das ganze Noriblatt mit einem Drittel der Limetten-Mayonnaise bestreichen. Jeweils ein Drittel Tunfisch- und Avocadostifte der Breite nach passend zurechtgeschnitten darauflegen. Mithilfe der Sushimatte alles zu einer Rolle aufrollen und dabei leicht andrücken.

8. Die California Roll vorsichtig aus der Sushimatte lösen und im Sesam wälzen. Auf diese Art 2 weitere California Rolls herstellen.

9. Jede Rolle mit einem scharfen Messer – in kaltes Wasser getaucht – in 8 gleich große Scheiben schneiden. Die California Rolls mit Sojasauce, restlichem Wasabi und eingelegtem Ingwer servieren.

Tipps: Bei der Verarbeitung von Sushireis, die Hände immer wieder in kaltes Wasser tauchen, damit der Reis nicht so klebt. Für eine europäische Variante können Sie statt Sushireis auch Milchreis – unbedingt sehr gut abspülen – und statt Reisessig weißen Balsamico-Essig verwenden. Die Noriblätter lassen sich durch blanchierte, trocken getupfte Mangoldblätter und die Wasabipaste durch Meerrettich (aus dem Glas) ersetzen.

Canapés mit Hühnerlebercreme I

Für Gäste – mit Alkohol

10–12 Stück

Pro Stück: E: 7 g, F: 11 g, Kh: 16 g, kJ: 793, kcal: 189, BE: 1,5

Für die Hühnerlebercreme:

250 g Hühnerleber
1 Zwiebel
25 g Butter
1 getrocknetes Lorbeerblatt
2 zerdrückte Wacholderbeeren
Salz
gem. Pfeffer
gerebelter Thymian
100 g weiche Butter
1 TL Dr. Oetker Finesse Geriebene Zitronenschale
1 EL Sherry oder Weinbrand

Zum Anrichten:

1–2 Feigen
10–12 Scheiben Ciabatta oder Baguette

Zubereitungszeit: 25 Minuten, ohne Abkühlzeit

1. Für die Hühnerlebercreme die Hühnerleber unter fließendem kalten Wasser abspülen, trocken tupfen und evtl. Hautreste entfernen. Die Zwiebel abziehen, halbieren und in feine Würfel schneiden.

2. Butter in einer Pfanne zerlassen. Die Zwiebelwürfel darin andünsten. Die Hühnerleber, das Lorbeerblatt und die Wacholderbeeren hinzufügen. Die Leber von jeder Seite 3–5 Minuten braten, dann mit Salz, Pfeffer und Thymian würzen. Die Leber abkühlen lassen.

3. Das Lorbeerblatt entfernen. Die Leber mit den Zwiebeln, den Wacholderbeeren in einen Rührbecher geben. Butter hinzufügen und die Zutaten fein pürieren. Die Zitronenschale unterrühren. Die Hühnerlebercreme mit Salz und Pfeffer würzen. Zuletzt Sherry oder Weinbrand unterrühren.

4. Die Hühnerlebercreme bis zum Servieren in gründlich gereinigte und getrocknete Gläser mit Schraubverschluss füllen. Die Gläser mit den Deckeln gut verschließen und in den Kühlschrank stellen.

5. Zum Anrichten die Feigen abspülen, abtrocknen und in schmale Spalten schneiden. Jeweils etwas von der Hühnerlebercreme auf 1 Brotscheibe streichen und mit 1 Feigenspalte garnieren.

Canapés mit Mandel-Camembert I

Edel – schnell

8 Stück

Pro Stück: E: 10 g, F: 19 g, Kh: 14 g, kJ: 1118, kcal: 267, BE: 1,0

200 g	*Camembert*
1 EL	*Wasser*
1	*Ei (Größe M)*
1 EL	*Weizenmehl*
75 g	*gehobelte Mandeln*
40 g	*Butterschmalz*
8 Scheiben	*Baguette*
40 g	*Butter*

Zum Garnieren:

1	*Kiwi*
einige	*abgetropfte Ananasstücke (aus der Dose)*
einige	*abgetropfte Mandarinenspalten (aus der Dose)*

Zubereitungszeit: 20 Minuten, ohne Abkühlzeit

1. Den Camembert in 8 etwa gleich große Scheiben schneiden. Das Wasser mit dem Ei verschlagen.

2. Die Camembertscheiben zunächst in Mehl, dann in dem verschlagen Ei und zuletzt in den Mandeln wenden.

3. Das Butterschmalz in einer Pfanne erhitzen. Die Camembertscheiben kurz darin von beiden Seiten anbraten, herausnehmen und auf etwas Küchenpapier erkalten lassen.

4. Die Baguettescheiben jeweils mit etwas Butter bestreichen. Erkaltete Mandel-Camembert-Scheiben auf den Baguettescheiben anrichten.

5. Zum Garnieren die Kiwi schälen und in Scheiben schneiden. Die Scheiben halbieren. Die Canapés mit Kiwischeiben, Ananasstücken und Mandarinenspalten belegen.

Carpaccio Cipriani I

Etwas teurer

4 Portionen

Pro Portion: E: 48 g, F: 38 g, Kh: 2 g, kJ: 2278, kcal: 544, BE: 0,0

450 g Rinderfilet
125 ml (1/8 l) Olivenöl
300 g ausgereifter Parmesan
Salz
gem. Pfeffer
1 Bio-Zitrone (unbehandelt, ungewachst)

Zubereitungszeit: 55 Minuten, ohne Anfrier- und Durchziehzeit

1. Rinderfilet kurz unter fließendem kalten Wasser abspülen und trocken tupfen. Das Rinderfilet im Gefrierfach leicht anfrieren lassen.

2. Anschließend mit einem scharfem Messer oder mit einem elektrischen Allesschneider in hauchdünne Scheiben schneiden.

3. Fleischscheiben in eine Schüssel schichten und mit Olivenöl übergießen. Die Fleischscheiben zugedeckt mindestens 2 Stunden im Kühlschrank durchziehen lassen.

4. Parmesan in kleine Stücke oder Würfel schneiden oder in dünne Scheiben hobeln. Die Fleischscheiben aus dem Olivenöl nehmen, mit Salz und Pfeffer würzen. Die Fleischscheiben mit jeweils 1 Käsestück oder -scheibe belegen und auf einer Platte anrichten.

5. Die Zitrone heiß abwaschen, abtrocknen und in Spalten schneiden. Das Carpaccio mit Zitronenspalten garniert servieren.

Tipp: Das Carpaccio mit ein paar abgespülten, trocken getupften Basilikumblättchen garnieren.

Club-Sandwich I

Einfach – schnell

8 Stück

Pro Stück: E: 4 g, F: 9 g, Kh: 8 g, kJ: 542, kcal: 130, BE: 0,5

100 g	*Eisbergsalat oder Rucola (Rauke)*
4 Scheiben	*Bacon (Frühstücksspeck, etwa 50 g)*
100 g	*Remoulade (aus der Tube)*
4 Scheiben	*Vollkorn-Sandwich-Toastbrot*
1	*Tomate*
4 Scheiben	*Putenbrustaufschnitt (etwa 50 g)*

Außerdem:

8	*Zahnstocher*

Zubereitungszeit: 20 Minuten

1. Eisbergsalat oder Rucola putzen, abspülen, gut abtropfen lassen oder trocken schleudern. Den Eisbergsalat in feine Streifen schneiden oder den Rucola etwas kleiner zupfen.

2. Den Bacon in einer Pfanne ohne Fett bei mittlerer Hitze langsam knusprig braun braten.

3. Die Remoulade mit dem Eisberg- oder Rucolasalat vermischen und auf die Toastbrotscheiben streichen.

4. Tomate abspülen, abtrocknen und den Stängelansatz herausschneiden. Tomate in Scheiben schneiden. Auf 2 Toastbrotscheiben zuerst die Tomatenscheiben, dann den Putenbrustaufschnitt und zuletzt die knusprigen Baconscheiben legen. Die restlichen Toastbrotscheiben mit der bestrichenen Seite auf die belegten Toastbrotscheiben legen und gut andrücken.

5. Die Sandwiches zweimal diagonal durchschneiden, sodass jeweils 4 Dreiecke entstehen. Die Sandwiches mit den Zahnstochern fixieren.

Cocktailspieße, gemischte | Klassisch

24 Stück

Pro Stück: E: 7 g, F: 6 g, Kh: 5 g, kJ: 439, kcal: 105, BE: 0,5

150 g Edamer
Paprikapulver edelsüß
½ Salatgurke
1 Apfel
etwas Zitronensaft

2 Matjesfilets (je etwa 70 g)
1 abgetropfte Ananasscheibe (aus der Dose)
1 Scheibe Toastbrot

150 g Räucherfisch
100 g Käse, z. B. Gouda
4 kleine Gewürzgurken
1 Scheibe Toastbrot

150 g Camembert
8 grüne, kernlose Weintrauben
2 Scheiben Pumpernickel

1 Scheibe Kochschinken
1–2 TL Delikatess-Mayonnaise
etwa 100 g Melonenfruchtfleisch
etwas Zucker

24 Cocktailspieße

Zubereitungszeit: 60 Minuten

1. Den Edamer in Würfel schneiden und die Käsewürfel in Paprikapulver wälzen. Die Salatgurke abspülen, abtrocknen, halbieren und mit der Schale in dicke Scheiben schneiden. Apfel heiß abspülen, abtrocknen, mit der Schale in Viertel schneiden. Das Kerngehäuse entfernen, die Apfelviertel mit Zitronensaft beträufeln. Die Käsewürfel, Gurkenscheiben und Apfelviertel nacheinander auf 4 Cocktailspieße stecken.

2. Die Matjesfilets jeweils in 2 Stücke schneiden. Die Ananasscheibe in 4 Stücke schneiden. Die Toastbrotscheibe in 4 Würfel schneiden. Matjesfilets, Ananasstücke und Toastbrotwürfel nacheinander auf 4 Cocktailspieße stecken.

3. Räucherfisch in Stücke, den Käse und das Toastbrot in Würfel schneiden. Die Fischstücke mit Gewürzgurken, Käse- und Toastbrotwürfeln auf 4 Cocktailspieße stecken.

4. Camembert in Würfel schneiden. Die Weintrauben abspülen, abtrocknen und entstielen. Pumpernickel in Würfel schneiden. Zuerst die Camembertwürfel, dann die Weintrauben und zuletzt die Pumpernickelwürfel auf 8 Cocktailspieße stecken.

5. Den Kochschinken mit Mayonnaise bestreichen und aufrollen. Die Schinkenrolle in Röllchen schneiden. Aus dem Melonenfruchtfleisch mit einem Kugelausstecher Kugeln ausstechen und in etwas Zucker wälzen. Die Schinkenröllchen mit den Melonenkugeln auf 4 Cocktailspieße stecken. Alle Cocktailspieße auf einer Servierplatte anrichten.

Crème-fraîche-Dips I

Etwas Besonderes

etwa 250 ml Kürbis-Dip,
etwa 300 ml grüner Pfefferschoten-Dip

Insgesamt: E: 14 g, F: 70 g, Kh: 33 g, kJ: 3447, kcal: 827, BE: 3,0 (Kürbis-Dip); E: 5 g, F: 41 g, Kh: 9 g, kJ: 1756, kcal: 423, BE: 0,5 (Grüner Pfefferschoten-Dip)

Für den Kürbis-Dip:

1 Bio-Orange (unbehandelt, ungewachst)
30 g Kürbiskerne
3 TL Kürbiskernöl
150 g Crème fraîche oder Schmand (Sauerrahm)
50 g Sahnejoghurt
Salz
gem. Pfeffer

Für den grünen Pfefferschoten-Dip:

20 g grüne Pfefferschoten
2 Knoblauchzehen
½ Bund Koriander
2 EL Limettensaft
150 g Crème fraîche oder Schmand (Sauerrahm)
½ gestr. TL Salz

Zubereitungszeit: 60 Minuten, ohne Abkühl- und Ruhezeit

1. Für den **Kürbis-Dip** die Orange heiß abwaschen, abtrocknen und die Schale fein abreiben. Die Orange halbieren und den Saft auspressen.

2. Die Kürbiskerne in einer Pfanne ohne Fett unter Wenden goldgelb rösten und erkalten lassen. Etwa ein Viertel der Kürbiskerne zum Garnieren beiseitelegen, restliche Kürbiskerne klein hacken.

3. Orangenschale und -saft mit Kürbiskernöl, gehackten Kürbiskernen, Crème fraîche oder Schmand und Joghurt glatt rühren. Kürbis-Dip mit Salz und Pfeffer abschmecken, mit den beiseitegelegten Kürbiskernen garnieren.

4. Für den **grünen Pfefferschoten-Dip** den Backofengrill vorheizen. Die Pfefferschoten abspülen, trocken tupfen, entstielen, längs halbieren und entkernen. Die Schotenhälften mit der Hautseite nach oben und die Knoblauchzehen auf einem Backblech verteilen.

5. Danach das Backblech unter den heißen Backofengrill schieben. Die Schotenhälften und den Knoblauch 3–5 Minuten rösten, bis die Haut schwarze Blasen wirft. Den Knoblauch während des Röstens mehrmals wenden.

6. Schotenhälften und Knoblauch in eine Schüssel geben, mit Frischhaltefolie zudecken und etwa 10 Minuten stehen lassen.

7. Schotenhälften und Knoblauch abziehen und grob hacken. Koriander abspülen, trocken tupfen und die Blättchen von den Stängeln zupfen. Blättchen klein schneiden. Pfefferschoten, Knoblauch und Koriander mit Limettensaft, Crème fraîche oder Schmand und Salz in einen hohen Rührbecher geben. Die Zutaten fein pürieren.

Currybuletten I

Zum Mitnehmen

4 Portionen

Pro Portion: E: 37 g, F: 48 g, Kh: 22 g, kJ: 2793, kcal: 667, BE: 2,0

40 g geröstete, gesalzene Erdnusskerne
10–12 Minzeblättchen
50 g Schalotten
600 g Gehacktes (halb Rind-, halb Schweinefleisch)
2 TL mildes Currypulver
1–2 EL Sambal Oelek
Salz
2 EL Speiseöl

Für den Avocado-Joghurt:

250 g Joghurt (etwa 0,3 % Fett)
1 EL Zitronensaft
1 reife Avocado

2 Sesamkringel (erhältlich im türkischen Lebensmittelladen)

Zubereitungszeit: 30 Minuten
Garzeit: 5–6 Minuten

1. Die Erdnusskerne klein hacken. Minzeblättchen abspülen und trocken tupfen. 5 Minzeblättchen klein schneiden und die restlichen Blättchen beiseitelegen. Schalotten abziehen und in kleine Würfel schneiden.

2. Gehacktes in eine Schüssel geben. Erdnusskerne, Minze, Schalottenwürfel, Curry, Sambal Oelek und Salz hinzufügen. Die Zutaten gut vermischen. Die Gehacktesmasse in einen Einwegspritzbeutel oder großen Gefrierbeutel füllen und eine etwa 4 cm große Ecke abschneiden.

3. Die Gehacktesmasse direkt auf ein Schneidbrett zu langen Rollen spritzen und mit einem Messer in etwa 8 cm lange Röllchen schneiden.

4. Das Speiseöl in einer Pfanne erhitzen. Die Gehacktesröllchen darin 5–6 Minuten bei mittlerer Hitze goldbraun braten, herausnehmen und auf Küchenpapier abtropfen lassen.

5. Für den **Avocado-Joghurt** die beiseitegelegten Minzeblättchen klein schneiden. Joghurt mit Zitronensaft und Salz glatt rühren, die Minze unterrühren.

6. Die Avocado halbieren und den Stein herauslösen. Das Fruchtfleisch mit einem Esslöffel aus der Schale lösen. Avocado in kleine Stücke schneiden und sofort unter den Joghurt heben.

7. Currybuletten mit dem Avocado-Joghurt und den Sesamkringeln servieren.

Tipp: Dazu passt ein Fläschchen frisch gepresster Orangensaft.

Dänischer Salat | Schnell

3–4 Portionen

Pro Portion: E: 34 g, F: 30 g, Kh: 41 g, kJ: 2427, kcal: 580, BE: 3,5

300 g TK-Erbsen
4 hart gekochte Eier (Größe M)
200 g Kochschinken, in Scheiben
1 roter Apfel
150 g Joghurt (3,5 % Fett)
Currypulver
400 g Nudelsalat mit Fleischbrät, Ei und Erbsen (aus dem Kühlregal)
265 g abgetropfte Spargelköpfe (aus dem Glas)
Salz, gem. Pfeffer

Zubereitungszeit: 20 Minuten

1. Etwas Wasser in einem Topf zum Kochen bringen. Die Erbsen darin zugedeckt etwa 3 Minuten dünsten. Erbsen in ein Sieb geben, mit eiskaltem Wasser abschrecken und abtropfen lassen.

2. Die Eier pellen und in Stücke schneiden. Schinken in Streifen schneiden.

3. Den Apfel heiß abspülen, abtrocknen, vierteln und das Kerngehäuse entfernen. Die Apfelviertel in feine Spalten schneiden.

4. Den Joghurt mit Currypulver in einer Salatschüssel glatt rühren. Den Nudelsalat unterrühren. Erbsen, Eier, Schinken, Spargelköpfe und die Apfelspalten untermischen. Den Salat mit Salz und Pfeffer abschmecken.

Tipp: Wenn Sie den Salat nicht mit einem fertigen Nudelsalat zubereiten möchten, dann garen Sie 200 g Gabelspaghetti nach Packungsanleitung. Die garen Nudeln mit kaltem Wasser abspülen, abtropfen und etwas abkühlen lassen. Für die Sauce 3 Esslöffel Salatmayonnaise mit 150 g Joghurt verrühren, mit Salz, Pfeffer, Zucker und Curry würzen. Die Nudeln und die restlichen Salatzutaten mit der Sauce vermengen.

Dessert-Buffet | Für die Party

je 10 Portionen

Pro Portion: E: 18 g, F: 11 g, Kh: 68 g, kJ: 1893, kcal: 452, BE: 5,5 (Obstsalat mit Orangenquark); E: 6 g, F: 9 g, Kh: 38 g, kJ: 1089, kcal: 260, BE: 3,0 (Kirsch-Schoko-Joghurt)

Für den Obstsalat mit Orangenquark:

je 150 g blaue und grüne Weintrauben
3 Kiwis
2 Birnen
1 Apfel
etwas Zitronensaft
2 Orangen
2 Nektarinen
750 g frisches, vorbereitetes Ananasfruchtfleisch
250 g Erdbeeren
evtl. etwas Zucker
100 g Walnusskerne
80 g Zucker
1 kg Magerquark
250 g Zucker
2 Pck. Dr. Oetker Vanillin-Zucker
2 Pck. Dr. Oetker Finesse Orangenschalen-Aroma
300 ml Milch (3,5 % Fett)
100 g Schlagsahne (mind. 30 % Fett)
2 Bio-Orangen (unbehandelt, ungewachst)

Für den Kirsch-Schoko-Joghurt:

1 kg Joghurt (3,5 % Fett)
100 g Zucker
2 Pck. Dr. Oetker Vanillin-Zucker
360 g abgetropfte Sauerkirschen (aus dem Glas)
50 ml Sauerkirschsaft (aus dem Glas)
50 g Vollmilch-Raspelschokolade
50 g Haselnusskerne
70 g kernige Haferflocken
80 g Zucker

Zubereitungszeit: 70 Minuten

1. Für den **Obstsalat mit Orangenquark** Weintrauben abspülen, abtropfen lassen, entstielen, halbieren und evtl. entkernen. Kiwis, Birnen und Apfel schälen. Kiwis in Stücke schneiden. Birnen und Apfel vierteln, entkernen und in Stücke schneiden, mit etwas Zitronensaft beträufeln. Orangen so schälen, dass die weiße Haut mitentfernt wird. Orangen vierteln und anschließend in schmale Stücke schneiden. Nektarinen abspülen, abtrocknen, halbieren und jeweils den Stein entfernen. Nektarinenhälften in Spalten schneiden.

2. Das Ananasfruchtfleisch in Stücke schneiden. Erdbeeren abspülen, abtropfen lassen, entstielen und evtl. halbieren. Das vorbereitete Obst in einer Salatschüssel mischen und zugedeckt kalt stellen. Den Obstsalat nach Belieben mit Zucker abschmecken.

3. Walnusskerne grob zerkleinern und in einer Pfanne ohne Fett bei mittlerer Hitze unter Rühren rösten. Den Zucker in einem Topf karamellisieren. Die heißen, gerösteten Walnusskerne mit dem Karamell vermischen, herausnehmen, auf Backpapier verteilen und erkalten lassen. Den Krokant in kleine Stücke brechen.

4. Für den Orangenquark den Quark in einer großen Schüssel mit Zucker, Vanillin-Zucker, Aroma, Milch und Sahne glatt rühren. Orangen heiß abwaschen, abtrocknen und die Schale fein abreiben. Orangen halbieren und den Saft auspressen. Orangenschale und -saft unter die Quarkmasse rühren. Den Quark in Gläsern verteilen und bis zum Servieren zugedeckt in den Kühlschrank stellen. Den Orangenquark mit dem Krokant garnieren und mit dem Obstsalat servieren.

5. Für den **Kirsch-Schoko-Joghurt** den Joghurt mit Zucker und Vanillin-Zucker in einer Schüssel glatt rühren. Von den Kirschen den Saft auffangen und 50 ml abmessen. Kirschen und Saft unter die Joghurtmasse rühren, die Raspelschokolade unterheben.

6. Haselnusskerne grob hacken, mit den Haferflocken in einer großen Pfanne ohne Fett und unter Wenden rösten. Zucker daraufgeben, karamellisieren lassen. Müslimasse herausnehmen, auf Backpapier erkalten lassen. Joghurt in Gläser füllen und bis zum Servieren zugedeckt in den Kühlschrank stellen. Müslicrunch in Stücke brechen. Joghurt damit garnieren.

Eier, gefüllte | Preiswert

8 Stück

Pro Stück: E: 5 g, F: 6 g, Kh: 1 g, kJ: 328, kcal: 78, BE: 0,0

4	*hart gekochte Eier (Größe M)*
1 schwach geh. EL	*Mayonnaise*
1 schwach geh. TL	*Senf*
	Salz, gem. Pfeffer
1 Prise	*Zucker*
einige	*Salatblätter*
8	*abgetropfte Sardellenfilets, in Öl*
etwa 3	*Cornichons*
einige	*Cocktailtomaten*
	grob gehackter Dill

Zubereitungszeit: 25 Minuten

1. Die Eier pellen, längs halbieren, das Eigelb herauslösen und durch ein feines Sieb streichen. Das Eigelb mit Mayonnaise und dem Senf zu einer geschmeidigen Masse verrühren. Die Eigelbmasse mit Salz, Pfeffer und Zucker würzen, in einen Spritzbeutel mit großer Sterntülle füllen und in die Eihälften spritzen.

2. Die Salatblätter abspülen und trocken tupfen oder schleudern. Die Sardellenfilets gut trocken tupfen. Die Cornichons in feine Streifen schneiden. Cocktailtomaten abspülen, abtrocknen und evtl. die Stängelansätze herausschneiden. Die Tomaten in Scheiben schneiden.

3. Die Eihälften auf den Salatblättern anrichten, mit Sardellenfilets, Cornichonstreifen und Tomatenscheiben garnieren. Die Eier mit abgespültem, trocken getupftem Dill bestreut servieren.

Tipps: Die gefüllten Eier zu Salatplatten, auf einem Buffet oder als Vorspeise mit Toast oder Baguette servieren. Die Eihälften vor dem Füllen in Schnittlauchröllchen oder gehackten Erdnusskernen wälzen.

Abwandlungen: Für **Eier mit Kräuterquarkfüllung** je 1 Esslöffel Kräuter-Crème-fraîche und Kräuterquark unter das durchgestrichene Eigelb rühren, mit Salz und Zucker abschmecken. Die Masse in die Eihälften füllen und mit 100 g bunten Paprikastreifen garnieren. Für **Eier mit Tomatenquarkfüllung** (im Foto rechts) 2 Esslöffel Sahnequark, 1–2 Teelöffel Tomatenmark und 1 Teelöffel abgetropfte, fein gehackte Kapern unter das durch ein Sieb gestrichene Eigelb rühren, mit Salz, Pfeffer und Zucker würzen, in die Eihälften füllen. Mit 50 g Schinkenstreifen und Kapern garnieren.

Eier-Sandwich-Streifen I

Schnell – zum Mitnehmen

8–12 Stück

Pro Stück: E: 3 g, F: 6 g, Kh: 11 g, kJ: 447, kcal: 107, BE: 1,0

4 Scheiben Bauernbrot
20 g Butter
½ Bund Schnittlauch
etwa 150 g Eisbergsalatblätter
2 EL Salatmayonnaise
Salz
gem. Pfeffer
2 mittelgroße Tomaten
2 hart gekochte Eier (Größe M)
¼ Salatgurke

Außerdem:

8 Zahnstocher

Zubereitungszeit: 15 Minuten

1. Die Brotscheiben mit Butter bestreichen. Schnittlauch abspülen, trocken tupfen und in feine Röllchen schneiden. Eisbergsalatblätter abspülen, gut abtropfen lassen oder trocken schleudern und in feine Streifen schneiden. Die Salatstreifen mit der Mayonnaise und den Schnittlauchröllchen verrühren. Die Salat-Mayonnaise-Mischung mit Salz und Pfeffer würzen.

2. Die Tomaten abspülen, abtrocknen, halbieren und die Stängelansätze herausschneiden. Die Tomaten in Scheiben schneiden. Die Eier pellen und mit einem Eierschneider in Scheiben schneiden.

3. Die Salat-Mayonnaise-Mischung auf 2 Brotscheiben verteilen. Darauf zuerst die Eierscheiben, dann abwechselnd die Gurken- und Tomatenscheiben darauf verteilen.

4. Die anderen beiden Brotscheiben mit der Butterseite nach unten darauflegen. Die Sandwiches vorsichtig in etwa 2 cm breite Streifen schneiden. Die Eier-Sandwich-Streifen mit Zahnstochern fixieren.

Empanadillas (Spanische Teigtäschchen) I

Mediterran

35 Stück

Pro Stück: E: 3 g, F: 6 g, Kh: 7 g, kJ: 389, kcal: 93, BE: 0,5

Für den Teig:

200 g Weizenvollkornmehl
100 g Maismehl
150 g kalte Butter
1 Ei (Größe M)
5–6 EL Wasser
Salz

Für die Füllung:

1 Zwiebel
2 Knoblauchzehen
2 Fleischtomaten (etwa 400 g)
10 abgetropfte, schwarze Oliven
100 g Parmesan oder Pecorino, am Stück
1 Chilischote
2 EL Olivenöl
250 g rote Bohnen- oder Alfalfakeimlinge
2 EL Tomatenmark
2 EL gehackte Petersilie
gem., schwarzer Pfeffer

Zubereitungszeit: 80 Minuten, ohne Ruhezeit
Backzeit: 15–20 Minuten je Backblech

1. Für den Teig das Mehl mit Maismehl in einer Rührschüssel mischen. Restliche Zutaten hinzufügen und mit Handrührgerät mit Knethaken zunächst kurz auf niedrigster, dann auf höchster Stufe zu einem festen Teig verkneten. Den Teig zugedeckt bei Zimmertemperatur etwa 30 Minuten ruhen lassen.

2. Für die Füllung Zwiebel und Knoblauch abziehen und in feine Würfel schneiden. Die Fleischtomaten kreuzweise einschneiden und mit kochendem Wasser übergießen. Nach 1–2 Minuten herausnehmen und mit kaltem Wasser abschrecken. Tomaten enthäuten, halbieren und die Stängelansätze herausschneiden. Die Tomatenhälften in feine Würfel schneiden.

3. Die Oliven halbieren, entsteinen und fein hacken. Parmesan oder Pecorino fein reiben.

4. Die Chilischote abspülen, abtrocknen, entkernen und fein würfeln.

5. Den Backofen vorheizen.
Ober-/Unterhitze: etwa 200 °C
Heißluft: etwa 180 °C

6. Das Olivenöl in einer Pfanne erhitzen. Die Zwiebelwürfel darin andünsten. Knoblauch, Tomatenwürfel, Oliven, Keimlinge und Tomatenmark dazugeben und verrühren.

7. Die Zutaten unter Rühren in etwa 10 Minuten zu einer sämigen Masse garen. Anschließend Käse, Chilischotenwürfel und Petersilie unterrühren. Die Tomaten-Käse-Masse mit Salz und Pfeffer würzen.

8. Den Teig auf einer leicht bemehlten Arbeitsfläche etwa ½ cm dick ausrollen. Mit einer runden Ausstechform (Ø etwa 8 cm) Kreise ausstechen. Die Teigreste wieder zusammenkneten, erneut ausrollen und weitere Kreise ausstechen – so lange, bis der Teig aufgebraucht ist.

9. Jeweils etwas von der Füllung in die Mitte eines Teigkreises geben. Die Ränder mit etwas Wasser bestreichen und die Teigkreise zu Halbkreisen zusammenklappen. Die Teigränder gut andrücken.

10. Die Teigtäschchen mit Wasser bestreichen und auf Backbleche (mit Backpapier belegt) legen. Dabei etwas Abstand zwischen den Teigtäschchen lassen.

11. Das Backblech in den vorgeheizten Backofen schieben. Die Empanadillas **15–20 Minuten je Backblech backen.**

12. Die Empanadillas mit dem Backpapier von dem Backblech auf einen Kuchenrost ziehen und erkalten lassen.

Erdbeeren in Bündner Fleisch mit Pfeffer-Meringues | Edel

24 Portionen

Pro Portion: E: 1 g, F: 0 g, Kh: 4 g, kJ: 87, kcal: 21, BE: 0,5

Für die Pfeffer-Meringues:

5 g (1 gestr. TL)	*abgetropfter, grüner Pfeffer, in Lake (aus dem Glas)*
1	*Eiweiß (Größe L)*
50 g	*Puderzucker*
1 TL	*Weißweinessig*
24	*schöne, große Erdbeeren mit Grün*
24 Scheiben	*Bündner Fleisch (75 g)*
24	*Zahnstocher*

Zubereitungszeit: 25 Minuten
Trockenzeit: etwa 3 Stunden

1. Den Backofen vorheizen.
Ober-/Unterhitze: etwa 90 °C
Heißluft: etwa 70 °C

2. Für die Pfeffer-Meringues Pfefferkörner in ein Sieb geben und mit reichlich kaltem Wasser abspülen. Die Pfefferkörner gut abtropfen lassen und fein hacken.

3. Das Eiweiß mit Handrührgerät mit Rührbesen auf höchster Stufe steif schlagen. Der Schnee muss so fest sein, dass ein Messerschnitt sichtbar bleibt. Nach und nach Puderzucker unterschlagen und so lange schlagen, bis der Eischnee stark glänzt.

4. Zuletzt Weißweinessig und Pfeffer hinzufügen und kurz unterschlagen.

5. Die Baisermasse in einen Gefrierbeutel füllen und eine etwa 2 cm große Spitze abschneiden. Danach 24 ovale Häufchen auf ein Backblech (gefettet, mit Backpapier belegt) spritzen. Dabei etwas Abstand zwischen den Baiserhäufchen lassen.

6. Backblech in den vorgeheizten Backofen schieben. Die Pfeffer-Meringues **etwa 3 Stunden trocknen lassen.** Dabei einen Holzlöffel in die Backofentür stecken, damit die Feuchtigkeit aus dem Backofen entweichen kann.

7. Das Backblech auf einen Kuchenrost stellen. Die Pfeffer-Meringues mit dem Backpapier von dem Backblech auf einen Kuchenrost ziehen und erkalten lassen.

8. Die Erdbeeren abspülen und gut trocken tupfen. Jede Erdbeere mit 1 Scheibe Bündner Fleisch umwickeln und mit 1 Zahnstocher feststecken. Die Erdbeeren bis zum Servieren zugedeckt kalt stellen.

9. Jede Erdbeere mit 1 Pfeffer-Meringue anrichten.

Tipps: Die Pfeffer-Meringues können Sie bereits 2 Tage vorher zubereiten. Dann die Pfeffer-Meringues bis zur Verwendung in gut schließenden Blechdosen aufbewahren. Seien Sie bei der Pfeffermenge vorsichtig. Wenn Sie es nicht ganz so pfefferig mögen, nehmen Sie lieber etwas weniger Pfeffer.

Erdbeer-Trifle I

Mit Alkohol

4–6 Portionen

Pro Portion: E: 6 g, F: 35 g, Kh: 70 g, kJ: 2691, kcal: 641, BE: 6,0

150 ml Wasser
70 g Zucker
1 Dr. Oetker Bourbon Vanilleschote
200 g große, weiche Amarettini (ital. Mandelmakronen) oder Kuchenreste aus Biskuitteig
4 EL Sherry medium oder Marsala (Dessertwein)
500 g Erdbeeren

Für die Mascarponecreme:

250 g Mascarpone (ital. Frischkäse)
200 g Schlagsahne (mind. 30 % Fett)
60 g Zucker

Zubereitungszeit: 25 Minuten, ohne Kühlzeit

1. Wasser und den Zucker in einem Topf zum Kochen bringen. Vanilleschote längs aufschneiden, das Mark herausschaben und beiseitestellen. Die Vanilleschote in den Topf geben und mit dem Zuckerwasser etwa 3 Minuten köcheln lassen. Die Vanilleschote entfernen und den Vanillesirup kalt stellen.

2. Die Amarettini oder Kuchenreste grob zerbröseln und in Gläsern verteilen. Jeweils 1 Esslöffel von dem Vanillesirup sowie den Sherry oder Marsala darüberträufeln.

3. Erdbeeren entstielen, abspülen und gut abtropfen lassen. Erdbeeren vierteln, in eine Schüssel geben und mit dem restlichen Vanillesirup vermischen. Die Vanille-Erdbeeren in die Gläser auf die getränkten Amarettini bzw. Kuchenreste geben.

4. Für die Mascarponecreme Mascarpone mit Sahne, Vanillemark und Zucker in einer Rührschüssel glatt rühren. Die Mascarponecreme auf die Erdbeeren schichten.

Tipp: Werfen Sie die ausgekratzte Vanilleschote nicht weg, sondern geben Sie sie in ein verschließbares Glas mit etwa 150 g Zucker. Das Glas gut verschließen und nach etwa 1 Woche den selbst gemachten Vanillezucker genießen.

Erdnussaufstrich, pikanter I

Raffiniert

etwa 700 g

Insgesamt: E: 93 g, F: 113 g, Kh: 54 g, kJ: 6551, kcal: 1574, BE: 4,0

280 g Hähnchenbrustfilet
Salz
gem. Pfeffer
3 EL Rapsöl
1 Zwiebel
2 Knoblauchzehen
100 g Erdnusscreme
1 TL Sambal Oelek
250 g griechischer Sahnejoghurt (etwa 10 % Fett)

Zubereitungszeit: 30 Minuten, ohne Abkühlzeit

1. Hähnchenbrustfilet unter fließendem kalten Wasser abspülen, trocken tupfen und in kleine Würfel schneiden. Die Hähnchenbrustwürfel mit Salz und Pfeffer würzen.

2. Das Rapsöl in einer Pfanne erhitzen und die Hähnchenbrustwürfel darin unter Wenden knusprig anbraten, dann noch 3–4 Minuten braten.

3. Zwiebel und Knoblauch abziehen, in feine Würfel schneiden und in der Pfanne mitbraten. Die Pfanne von der Kochstelle nehmen. Erdnusscreme, Sambal Oelek und Joghurt in die Pfanne geben und mit den Hähnchenwürfeln verrühren.

4. Die Pfanne wieder auf die Kochstelle stellen und alles einmal unter Rühren kurz aufkochen lassen. Den Erdnussaufstrich anschließend erkalten lassen und in 2 gründlich gereinigte, getrocknete Gläser füllen. Die Gläser mit Deckeln fest verschließen und in den Kühlschrank stellen.

Tipp: Im Kühlschrank ist der pikante Erdnussaufstrich etwa 5 Tage haltbar.

Exotischer Obstsalat I

Zum Mitnehmen

2 Portionen und 350 ml Sirup auf Vorrat

Pro Portion: E: 2 g, F: 4 g, Kh: 45 g, kJ: 954, kcal: 229, BE: 4,0

Sirup insgesamt: E: 1 g, F: 0 g, Kh: 265 g, kJ: 4615, kcal: 1104, BE: 22,0

Für den Zitronengras-Sirup:

5 Stängel Zitronengras
50 g frischer Ingwer
200 g brauner Zucker
600 ml Apfelsaft
12 EL Limettensaft

Für den Obstsalat:

½ Mango (etwa 300 g)
½ Papaya (etwa 200 g)
1 Baby-Ananas
10 g Kokos-Chips

Zubereitungszeit: 30 Minuten

1. Für den Sirup die Zitronengrasstängel abspülen, trocken tupfen und mit einem schweren Gegenstand (Hammer) faserig platt klopfen. Die Stangen mit einer Küchenschere in etwa 2 cm lange Stücke schneiden. Ingwer schälen und in dünne Scheiben schneiden.

2. Zucker mit Zitronengrasstücken, Ingwerscheiben, Apfel- und Limettensaft in einem Topf zum Kochen bringen und auf die Hälfte sirupartig einkochen lassen. Sirup durch ein feines Sieb in ein verschließbares Gefäß gießen und abkühlen lassen. Den Sirup in den Kühlschrank stellen.

3. Für den Obstsalat von der Mango den Stein herauslösen. Die Mangohälfte schälen. Von der Papaya die Kerne mit einem Löffel herauskratzen. Von der Ananas Blatt- und Strunkende entfernen. Die Ananas halbieren und den mittleren Strunk entfernen. Mango, Papaya und Ananas in mundgerechte Stücke schneiden, in einer Schüssel mischen.

4. Etwa 50 ml des Sirups kurz vor dem Servieren mit dem Obstsalat mischen und den Salat anschließend etwa 5 Minuten ziehen lassen. Den Obstsalat mit den Kokos-Chips bestreuen und genießen.

Tipps: Den restlichen Zitronengras-Sirup gut verschlossen im Kühlschrank aufbewahren. Man kann ihn auch sehr gut für kalte Getränke oder im Tee verwenden. Sehr lecker schmeckt er auch zu Pfannkuchen.

Feigen mit Ziegenfrischkäse I

Mit Alkohol – für Gäste

8 Stück

Pro Stück: E: 3 g, F: 10 g, Kh: 11 g, kJ: 610, kcal: 147, BE: 1,0

8 frische, große, feste Feigen (etwa 600 g)
300 g Ziegenfrischkäse
2 cl Portwein
Salz, gem. Pfeffer

Zubereitungszeit: 40 Minuten, ohne Durchziehzeit

1. Die Feigen vorsichtig abspülen und trocken tupfen. Jeweils an der spitzen Seite der Feigen einen Deckel abschneiden, das Fruchtfleisch vorsichtig mit einem kleinen Löffel oder einem Kugelausstecher herausnehmen. Dabei darauf achten, dass rundherum eine dünne Wandung stehen bleibt.

2. Den Ziegenfrischkäse in eine Schüssel geben und das Feigenfruchtfleisch hinzufügen. Die Zutaten mit einem Schneebesen oder mit einer Gabel vermengen. Die Frischkäsemasse mit Portwein, Salz und Pfeffer würzen.

3. Die Frischkäsemasse in einen Spritzbeutel mit Stern- oder Lochtülle füllen und in die ausgehöhlten Feigen spritzen.

4. Die gefüllten Feigen zugedeckt in den Kühlschrank stellen und etwa 1 Stunde durchziehen lassen.

Tipp: Die gefüllten Feigen mit vorbereiteten Himbeeren, Johannisbeeren und etwas Minze garniert servieren.

Feigen-Senf-Chutney I

Zum Verschenken – scharf

6 Gläser je 250 ml

Pro Glas: E: 4 g, F: 2 g, Kh: 104 g, kJ: 1953, kcal: 462, BE: 8,0

750 g rote Zwiebeln
125 g getrocknete Feigen
50 g frischer Ingwer
1 Bio-Orange (unbehandelt, ungewachst)
125 ml (1/8 l) Rotweinessig
1 l Wasser
1 EL Senfkörner
1 TL Koriandersamen
1 EL grob gem., schwarzer Pfeffer
Salz
500 g Extra Gelierzucker 2:1
2 EL grobkörniger Senf
2 EL Dijonsenf

Zubereitungszeit: 25 Minuten
Garzeit: 90–95 Minuten

1. Zwiebeln abziehen und achteln. Die Feigen ebenfalls achteln. Ingwer schälen und sehr fein würfeln. Die Orange heiß abwaschen und abtrocknen. Etwa ein Achtel der Orange mit einem Sparschäler dünn abschälen. Eventuell vorhandene weiße Haut vollständig abschneiden. Die Orangenschale klein würfeln.

2. Anschließend die restliche Orange halbieren und den Saft auspressen. Die vorbereiteten Zutaten in einen Topf geben.

3. Essig, Wasser, Senfkörner, Koriander, Pfeffer und etwas Salz hinzugeben. Zutaten zum Kochen bringen und etwa 90 Minuten bei schwacher Hitze ohne Deckel unter gelegentlichem Rühren bis auf etwa 950 ml einkochen lassen.

4. Dann den Gelierzucker und die beiden Senfsorten unterrühren, zum Kochen bringen und unter ständigem Rühren mindestens 3 Minuten sprudelnd kochen lassen.

5. Das Feigen-Senf-Chutney sofort randvoll in vorbereitete Gläser füllen, mit Twist-off-Deckeln® verschließen, umdrehen und etwa 5 Minuten auf den Deckeln stehen lassen.

Tipps: Das Chutney schmeckt sehr gut zu Käse, z. B. zu jungem Ziegen-Weichkäse. Es ist aber auch ein perfekter Begleiter zu Geflügel, Wild, auf Sandwiches oder zu kaltem Braten.

Fenchelschalen, gefüllte I

Vegetarisch

12 Stück

Pro Stück: E: 1 g, F: 2 g, Kh: 3 g, kJ: 141, kcal: 34, BE: 0,0

2 kleine Fenchelknollen
Salz
1 Zucchini
1 rote Paprikaschote
1 Zwiebel
1 kleines Bund Oregano
2 EL Olivenöl
gem. Pfeffer

Zubereitungszeit: 45 Minuten

1. Fenchelknollen putzen, abspülen und abtropfen lassen. Die Fenchelblätter mit den Stielen von der Knolle abtrennen, sodass aus den einzelnen Fenchelschichten Taschen entstehen.

2. Wasser in einem Topf zugedeckt zum Kochen bringen. Salz hinzufügen. Die Fencheltaschen darin etwa 1–2 Minuten blanchieren, anschließend in ein Sieb geben und gut abtropfen lassen.

3. Die Zucchini abspülen, abtrocknen und die Enden abschneiden. Die Zucchini in kleine Würfel schneiden. Paprikaschote halbieren, entstielen, entkernen und die weißen Scheidewände entfernen. Schoten abspülen, abtropfen lassen und in kleine Würfel schneiden. Die Zwiebel abziehen, halbieren und fein würfeln.

4. Oregano abspülen, trocken tupfen und die Blättchen von den Stängeln zupfen. Die Blättchen klein hacken.

5. Das Olivenöl in einer Pfanne erhitzen. Zucchini-, Paprika- und Zwiebelwürfel darin etwa 5 Minuten dünsten. Die Gemüsemischung mit Salz und Pfeffer würzen, dann den Oregano untermischen. Die Fencheltaschen mit der Gemüsemischung füllen.

Tipp: Die Fenchelschalen mit Fenchelgrün garnieren.

Fischterrine mit Garnelen I

Für Gäste – mit Alkohol

4–6 Portionen

Pro Portion: E: 26 g, F: 17 g, Kh: 9 g, kJ: 1255, kcal: 300, BE: 0,5

1 große Stange Porree (Lauch)
½ Topf Kerbel
450 g frisches Lachsfilet, ohne Haut
150 g frisches Rotbarschfilet
50 g Garnelen
150 g Schlagsahne (mind. 30 % Fett)
25 ml Noilly Prat (trockener französischer Wermut)
Saft von 1 Limette
3 EL Semmelbrösel
Salz, gem. Pfeffer

Zubereitungszeit: 30 Minuten, ohne Kühlzeit
Garzeit: 60–75 Minuten

1. Porree putzen, die Stange längs halbieren, gründlich waschen und abtropfen lassen. Die Außenblätter entfernen, Wurzelende und dunkles Grün abschneiden. Den Porree in seine einzelnen Blätter teilen.

2. Wasser in einem Topf zum Kochen bringen. Den Porree kurz darin blanchieren, dann in ein Sieb geben, mit kaltem Wasser abschrecken und abtropfen lassen. Kerbel abspülen, trocken tupfen und die Blättchen von den Stängeln zupfen.

3. Die Fischfilets und Garnelen unter kaltem Wasser abspülen und trocken tupfen. Rotbarschfilet längs so beschneiden, dass ein Stück in der Größe von etwa 10 x 20 cm entsteht.

4. Den Backofen vorheizen.
Ober-/Unterhitze: etwa 120 °C
Heißluft: etwa 100 °C

5. Lachsfilet und restliche, abgeschnittene Rotbarschfiletstücke in kleine Würfel schneiden. Die Fischfiletwürfel in einen Gefrierbeutel geben, für etwa 10 Minuten in das Tiefkühlfach legen, dann mit der Sahne fein pürieren. Noilly Prat, Limettensaft, Kerbelblättchen und Semmelbrösel unterrühren. Die Fischmasse mit Salz und Pfeffer abschmecken.

6. Eine hitzebeständige längliche Terrinenform (etwa 1,2 l Inhalt) mit den Porreeblättern so auslegen, dass der Porree an einer langen Seite über den Terrinenrand ragt.

7. Die Hälfte der Fischmasse auf die Porreeblätter in der Form geben und glatt streichen. Das Rotbarschfiletstück längs darauflegen, die restliche Fischmasse daraufgeben und glatt streichen. Die Garnelen darauf verteilen. Fischterrine mit dem überhängenden Porree bedecken.

8. Die Form in einen Bräter oder eine Fettpfanne stellen. Den Bräter oder die Fettpfanne zur Hälfte mit heißem Wasser füllen. Den Bräter auf dem Rost oder die Fettfangschale in den vorgeheizten Backofen (unteres Drittel) schieben. Fischterrine **60–75 Minuten garen.**

9. Die Form nach dem Garen aus dem Bräter oder der Fettfangschale nehmen und auf einen Kuchenrost stellen. Die Fischterrine erkalten lassen, dann vorsichtig aus der Form stürzen und in Scheiben schneiden.

Tipps: Die Fischterrine ist im Kühlschrank etwa 3 Tage haltbar. Dazu schmeckt Toastbrot.

Fit-Brötchen | Zum Mitnehmen

4 Stück

Pro Stück: E: 23 g, F: 22 g, Kh: 42 g, kJ: 1923, kcal: 459, BE: 3,5

1 kleine Zwiebel
300 g Gehacktes (halb Rind-, halb Schweinefleisch)
1 Ei (Größe M)
2 EL zarte Haferflocken
1 EL Semmelbrösel
1 gestr. TL Salz
gem. Pfeffer
1 TL mittelscharfer Senf
1 EL Speiseöl, z. B. Rapsöl
1 große Fleischtomate
4 Blätter Eisbergsalat
4 Hafer-Vollkorn-Baguettebrötchen
8 TL Joghurt-Salatcreme
4 TL Tomatenketchup
8 dünne Scheiben Salatgurke

Zubereitungszeit: 30 Minuten

1. Die Zwiebel abziehen, halbieren und in feine Würfel schneiden. Zwiebelwürfel mit Gehacktem, Ei, Haferflocken und Semmelbröseln in eine Schüssel geben. Die Zutaten mit Salz, Pfeffer und Senf würzen und zu einem glatten Teig verkneten.

2. Den Hackfleischteig in 4 Portionen teilen und daraus mit leicht angefeuchteten Händen flache, glatte Burger formen.

3. Das Speiseöl in einer großen Pfanne erhitzen. Die Burger darin bei mittlerer Hitze etwa 4 Minuten braten. Dann die Burger wenden und weitere etwa 3 Minuten bei niedrigster Stufe fertig braten. Die Burger aus der Pfanne nehmen und etwas abkühlen lassen.

4. In der Zwischenzeit die Tomate abspülen, abtrocknen und den Stängelansatz herausschneiden. Die Tomate in 8 dünne Scheiben schneiden. Salatblätter abspülen und mit Küchenpapier trocken tupfen.

5. Die Brötchen waagerecht aufschneiden. Die oberen Brötchenhälften jeweils mit 2 Teelöffeln Salatcreme bestreichen. Dann den Ketchup auf die Brötchenunterhälften streichen.

6. Den Salat auf den Brötchenunterhälften verteilen und je 1 Burger darauflegen. Tomaten- und vorbereitete Gurkenscheiben darauflegen und mit den oberen Brötchenhälften belegen.

Fladenbrot mit Ajvar | Einfach

2 Stück

Pro Stück: E: 15 g, F: 43 g, Kh: 99 g, kJ: 3539, kcal: 845, BE: 8,5

Für den Hefeteig:

250 g Weizenmehl (Type 550)
1 Pck. Dr. Oetker Trockenbackhefe
1 TL Salz
1 TL gerebelter Thymian
70 g Ajvar (Paprikamus, aus dem Glas)
50 ml warmes Wasser
1 TL flüssiger Honig
6 EL Olivenöl

2 EL Olivenöl
2–3 TL grobes Meersalz

Zubereitungszeit: 30 Minuten, ohne Teiggehzeit
Backzeit: 15–20 Minuten je Backblech

1. Für den Teig das Mehl in eine Rührschüssel geben und mit Trockenbackhefe sorgfältig vermischen. Salz, Thymian, Ajvar, Wasser, Honig und Olivenöl hinzufügen. Die Zutaten mit Handrührgerät mit Knethaken zunächst kurz auf niedrigster, dann auf höchster Stufe in etwa 5 Minuten zu einem glatten Teig verarbeiten. Den Teig zugedeckt so lange an einem warmen Ort gehen lassen, bis er sich sichtbar vergrößert hat (etwa 30 Minuten).

2. Den Teig auf der leicht bemehlten Arbeitsfläche nochmals gut durchkneten, dann in 2 Portionen teilen. Jede Teigportion zu einem Oval (etwa 15 x 25 cm) ausrollen und auf Backbleche (mit Backpapier belegt) legen. Die Teigovale zugedeckt nochmals so lange an einem warmen Ort gehen lassen, bis sie sich sichtbar vergrößert haben (etwa 15 Minuten).

3. Den Backofen vorheizen.
Ober-/Unterhitze: etwa 220 °C
Heißluft: etwa 200 °C

4. Mit den Fingern Vertiefungen in die Teigovale drücken. Die Teigovale mit Olivenöl bestreichen und mit Meersalz bestreuen. Die Backbleche nacheinander (bei Heißluft zusammen) in den vorgeheizten Backofen schieben. Die Fladenbrote **15–20 Minuten je Backblech backen.**

5. Die Fladenbrote mit dem Backpapier auf Kuchenrosten erkalten lassen.

Fleischklößchen mit Roquefortfüllung I

Gut vorzubereiten

16 Stück

Pro Stück: E: 9 g, F: 12 g, Kh: 5 g, kJ: 672, kcal: 161, BE: 0,5

1	*Brötchen (Semmel), vom Vortag*
1	*Zwiebel*
1	*Knoblauchzehe*
1 Bund	*Petersilie*
1 EL	*Speiseöl*
500 g	*Rindergehacktes*
2	*Eier (Größe M)*
2 EL	*Tomatenketchup*
	Salz
	gem. Pfeffer
100 g	*Roquefort*
60 g	*Semmelbrösel*
1 kg	*Ausbackfett*

Zubereitungszeit: 35 Minuten

1. Das Brötchen in kaltem Wasser einweichen und anschließend gut ausdrücken. Zwiebel und Knoblauch abziehen und in feine Würfel schneiden. Die Petersilie abspülen, trocken tupfen und die Blättchen von den Stängeln zupfen. Die Blättchen fein hacken.

2. Speiseöl in einer Pfanne erhitzen. Zwiebel- und Knoblauchwürfel darin glasig dünsten, dann in eine Schüssel geben. Ausgedrücktes Brötchen, Gehacktes, Eier, Ketchup und Petersilie hinzufügen. Die Zutaten gut vermengen, mit Salz und Pfeffer würzen.

3. Roquefort in 16 kleine Stücke schneiden. Aus der Gehacktesmasse 16 walnussgroße Klößchen formen. Jeweils in die Mitte eine Vertiefung drücken. Jeweils 1 Stück Käse hineindrücken und mit der Gehacktesmasse wieder umschließen.

4. Die Semmelbrösel auf einen flachen Teller geben. Die Fleischklößchen darin wälzen.

5. Die Fleischklößchen portionsweise schwimmend in siedendem Ausbackfett jeweils etwa 5 Minuten ausbacken, auf Küchenpapier legen und abtropfen lassen.

Tipp: Die Fleischklößchen können auch sehr gut in einer großen Pfanne zubereitet werden. Dafür 3 Esslöffel Speiseöl in einer Pfanne erhitzen. Die Fleischklößchen von allen Seiten darin braten.

Forellencreme-Häppchen I

Für Gäste – gut vorzubereiten

10–12 Stück

Pro Stück: E: 7 g, F: 9 g, Kh: 13 g, kJ: 667, kcal: 159, BE: 1,0

4 geräucherte Forellenfilets, ohne Haut (etwa 250 g)
1 große Zwiebel
100 g weiche Butter
2 EL klein gehackte Petersilie
Salz
gem. Pfeffer

10–12 Scheiben Ciabatta oder Baguette

Zubereitungszeit: 20 Minuten

1. Die Forellenfilets evtl. entgräten, grob zupfen und in eine Schüssel geben. Zwiebel abziehen, halbieren und in kleine Würfel schneiden. Butter, Petersilie und Zwiebelwürfel zu den Forellenfilets geben. Die Zutaten gut vermengen und mit Salz und Pfeffer würzen.

2. Die Forellencreme in ein verschließbares Gefäß füllen und in den Kühlschrank stellen.

3. Zum Anrichten die Forellencreme auf die Ciabatta- oder Baguettescheiben streichen.

Tipps: Jedes Forellencreme-Häppchen in ein Papierbackförmchen legen und mit glatter Petersilie garnieren. Die Creme ist im Kühlschrank 1–2 Tage haltbar.

Fudge | Süßer Genuss

25 Stück

Pro Stück: E: 3 g, F: 29 g, Kh: 21 g,
kJ: 1507, kcal: 360, BE: 2,0

220 g weiße Marshmallows
180 ml Kondensmilch (10 % Fett)
360 g Zartbitter-Kuvertüre (mind. 50 % Kakaoanteil)
180 g Zucker
500 g Butter
250 g Macadamianusskerne

Zubereitungszeit: 45 Minuten, ohne Kühlzeit

1. Einen Backrahmen (etwa 25 x 25 cm) auf ein Backblech (gefettet, mit Backpapier belegt) stellen.

2. Marshmallows mit 2 Esslöffeln von der Kondensmilch in eine Metallschüssel geben. Die Metallschüssel auf kochendes Wasser stellen und über dem Wasserdampf erhitzen, bis die Marshmallows weich, aber noch stückig sind.

3. Die Kuvertüre in Stücke hacken. Die restliche Kondensmilch mit Zucker, Butter und Kuvertürestücken in einem Topf im Wasserbad bei schwacher Hitze unter Rühren erhitzen, bis eine glatte Masse entstanden ist.

4. Die weichen Marshmallows unter die Schokoladenmasse ziehen.

5. Die Macadamianüsse grob hacken und unter die Macadamia-Schokoladen-Masse rühren. Die Fudge-Masse in den vorbereiteten Backrahmen gießen und glatt streichen. Die Fuge-Masse zugedeckt mindestens 5 Stunden in den Kühlschrank stellen.

6. Den Backrahmen vorsichtig lösen und entfernen. Das Fudge in Würfel (etwa 5 x 5 cm) schneiden.

Tipps: Wenn Sie keine ungesalzenen Macadamianusskerne bekommen, können Sie auch gesalzene verwenden. Diese dann in ein Sieb geben und mit warmem Wasser abspülen, auf Küchenpapier trocken reiben und wie im Rezept beschrieben verwenden. Die Macadamianusskerne können Sie durch die gleiche Menge Walnüsse oder Mandeln ersetzen.

Garnelen-Sesam-Salat im Reispapier I

Asiatisch inspiriert

12 Stück

Pro Stück: E: 8 g, F: 12 g, Kh: 5 g, kJ: 648, kcal: 155, BE: 0,5

400 g	*TK-Garnelen (ohne Kopf und Schale, je etwa 20 g)*
	Salz
3 EL	*Speiseöl*
3 EL	*Sesamsamen, geschält*
60 g	*Rucola (Rauke)*
450 g	*reife Avocados*
3 EL	*Zitronensaft*
4 Stängel	*Koriander*
8 runde	*Reispapierblätter (Ø 20–22 cm)*

Zubereitungszeit: 50 Minuten, ohne Auftauzeit

1. Die Garnelen zugedeckt im Kühlschrank auftauen lassen.

2. Von den Garnelen den Darm entfernen, anschließend unter fließendem kalten Wasser abspülen und mit Küchenpapier trocken tupfen. Die Garnelen mit Salz würzen.

3. Das Speiseöl in einer Pfanne erhitzen. Die Garnelen darin portionsweise bei mittlerer Hitze von jeder Seite etwa 2 Minuten braten. Anschließend aus der Pfanne nehmen und erkalten lassen.

4. Den Sesam in einer Pfanne ohne Fett unter Wenden goldbraun rösten und auf einen Teller geben. Rucola verlesen und dicke Stängel abschneiden. Rucola abspülen, gut abtropfen lassen oder trocken schleudern und evtl. etwas kleiner zupfen.

5. Die Avocados halbieren und die Steine entfernen. Das Avocadofleisch mit einem Esslöffel herauslösen. Avocadofleisch mit Zitronensaft und Salz mischen und mit einer Gabel grob zerdrücken.

6. Die Garnelen in etwa 2 cm große Stücke schneiden. Koriander abspülen, trocken tupfen und die Blättchen von den Stängeln zupfen. Etwa 12 Blättchen zum Garnieren beiseitelegen. Die restlichen Blättchen grob zerschneiden. Die Garnelenstücke und klein geschnittene Korianderblättchen unter die Avocadocreme rühren.

7. Das Reispapapier nacheinander jeweils etwa 1 Minute in lauwarmem Wasser einweichen, dann abtropfen lassen. Jeweils 2 Reispapierblätter übereinanderlegen und jeweils zuerst 1 Teelöffel Sesam und ein Viertel der Rucolablätter darauf verteilen.

8. Auf das untere Drittel des Reispapiers ein Viertel der Avocado-Garnelen-Creme geben und leicht gehäuft verteilen. Das Reispapier stramm aufrollen. Auf diese Weise 3 weitere Reispapierrollen herstellen.

9. Kurz vor dem Servieren die Enden der Rollen mit einem scharfen Messer abschneiden. Jede Reispapierrolle in 3 gleich große Stücke schneiden und mit dem restlichen Sesam und Koriander bestreuen.

Gazpacho (Kalte Gemüsesuppe) I

Klassisch – mit Alkohol

8–10 Portionen

Pro Portion: E: 6 g, F: 19 g, Kh: 25 g, kJ: 1241, kcal: 296, BE: 1,5

Für die Gemüsesuppe:

200 g Weißbrotscheiben, vom Vortag
2 grüne Paprikaschoten
1 1/4 kg reife Tomaten
3 Zwiebeln
3 Knoblauchzehen
125 ml (1/8 l) Olivenöl
125 ml (1/8 l) Rotwein
250 ml (1/4 l) Hühnerbrühe
Salz
gem. Pfeffer

Für die Einlage:

4–5 Scheiben Weißbrot
2 EL Olivenöl
1/2 Salatgurke
4–5 Schalotten
4–5 Tomaten
1 grüne Paprikaschote
etwa 20 abgetropfte, grüne Oliven (ohne Stein)

Außerdem:

8–10 Eiswürfel

Zubereitungszeit: 40 Minuten, ohne Kühlzeit

1. Für die Suppe Weißbrotscheiben in kaltem Wasser einweichen.

2. Die Paprikaschoten halbieren, entstielen, entkernen und die weißen Scheidewände entfernen. Schoten abspülen, abtropfen lassen und in Stücke schneiden.

3. Tomaten kreuzweise einschneiden und mit kochendem Wasser übergießen. Nach 1–2 Minuten herausnehmen, mit kaltem Wasser abschrecken. Tomaten enthäuten, halbieren, entkernen und die Stängelansätze herausschneiden. Tomaten in Stücke schneiden. Zwiebeln und Knoblauch abziehen. Die Zwiebeln in grobe Stücke schneiden.

4. Die eingeweichten Brotscheiben gut ausdrücken und in eine hohe Rührschüssel geben. Paprika-, Tomaten-, Zwiebelstücke, Olivenöl, Rotwein und Hühnerbrühe hinzufügen. Die Zutaten evtl. portionsweise mit einem Stabmixer pürieren. Den Knoblauch durch eine Knoblauchpresse drücken oder sehr fein hacken und hinzufügen. Die Suppe mit Salz und Pfeffer würzen.

5. Die Suppe zugedeckt mindestens 4 Stunden in den Kühlschrank stellen.

6. Für die Einlage in der Zwischenzeit die Weißbrotscheiben nach Belieben entrinden. Weißbrotscheiben in kleine Würfel schneiden. Das Olivenöl in einer Pfanne erhitzen. Die Brotwürfel darin unter gelegentlichem Wenden von allen Seiten goldgelb rösten. Die Salatgurke abspülen, abtrocknen und in sehr kleine Würfel schneiden.

7. Schalotten abziehen und klein würfeln. Die Tomaten wie unter Punkt 3 beschrieben enthäuten, entkernen und in Würfel schneiden.

8. Paprikaschote halbieren, entstielen, entkernen und die weißen Scheidewände entfernen. Schote abspülen, abtropfen lassen und in Streifen schneiden. Die Oliven in Scheiben schneiden. Vorbereitete Zutaten für die Einlage getrennt in kleine Schälchen geben.

9. Die gekühlte Suppe kräftig umrühren und nochmals mit den Gewürzen abschmecken. Die Eiswürfel hinzufügen. Gazpacho sofort servieren.

10. Die Schälchen mit den Einlagen getrennt dazureichen. Jeder Gast wählt die Einlage aus, die ihm am besten schmeckt.

Tipps: Dazu schmeckt frisches Baguette. Die typische kalte Suppe Spaniens ist Gazpacho – an heißen Sommertagen eine herrliche Erfrischung. Sie wird unmittelbar vor dem Servieren mit Eiswürfeln verdünnt, damit sie schön gekühlt bleibt. Deshalb ist es wichtig, dass man die Suppe vorab mit den Gewürzen kräftig abschmeckt.

Gebratene Mandeln und Oliven I

Für Gäste

4–6 Portionen

Pro Portion: E: 8 g, F: 31 g, Kh: 3 g, kJ: 1369, kcal: 327, BE: 0,5

1	***Knoblauchzehe***
1 Zweig	***Rosmarin***
1	***getrocknete Chilischote***
2 EL	***Olivenöl***
200 g	***nicht abgezogene, ganze Mandeln***
200 g	***abgetropfte, gemischte Oliven (ohne Stein)***
	Salz
1	***Bio-Zitrone (unbehandelt, ungewachst)***

Zubereitungszeit: 15 Minuten

1. Knoblauch abziehen und durch eine Knoblauchpresse drücken oder sehr fein hacken.

2. Rosmarin abspülen und trocken tupfen. Die Chilischote zerbröseln.

3. Das Olivenöl in einer Pfanne erhitzen. Den Knoblauch, Rosmarin und die Chilibrösel darin andünsten.

4. Die Mandeln und Oliven hinzugeben. Die Zutaten unter Rütteln der Pfanne etwa 5 Minuten braten. Die Mandel-Oliven-Mischung mit Salz bestreuen.

5. Die Zitrone heiß abwaschen und abtrocknen. Die Schale fein abreiben und unter die Mandel-Oliven-Mischung heben.

Tipp: Gebratene Mandeln und Oliven schmecken gut als Antipasti oder zu Wein.

Geflügel-Spargel-Salat | Schnell

4 Portionen

Pro Portion: E: 25 g, F: 21 g, Kh: 9 g, kJ: 1339, kcal: 319, BE: 0,5

400 g gekochtes, enthäutetes Hühnerfleisch
200 g gegarter Spargel, grün und/oder weiß

Für die Salatsauce:

6 EL Salatmayonnaise
2 EL Joghurt (3,5 % Fett)
Salz, gem. Pfeffer
etwas Zucker
etwas Zitronensaft
2 abgetropfte Pfirsichhälften (aus der Dose)
etwas Kerbel

Zubereitungszeit: 15 Minuten

1. Das Hühnerfleisch in feine Streifen schneiden. Den Spargel in 2–3 cm lange Stücke schneiden (einige Spargelspitzen zum Garnieren beiseitelegen).

2. Für die Sauce die Mayonnaise mit Joghurt in einer Schüssel glatt rühren. Sauce mit Salz, Pfeffer, Zucker und Zitronensaft würzen. Die Pfirsichhälften in kleine Stücke schneiden.

3. Die Fleischstreifen mit den Spargelstücken und der Sauce vorsichtig vermengen. Die Pfirsichstücke unterheben.

4. Kerbel abspülen, trocken tupfen und die Blättchen von den Stängeln zupfen. Den Geflügel-Spargel-Salat in Gläsern anrichten, mit den beiseitegelegten Spargelspitzen und den Kerbelblättchen garnieren.

Tipps: Statt des gekochten Hühnerfleisches können Sie auch ½ gegrilltes Hähnchen verwenden. Bereiten Sie den Spargelsalat mit übrig gebliebenem Spargel vom Vortag zu.

Gegrillte Putenröllchen I

Raffiniert

8 Stück

Pro Stück E: 29 g, F: 12 g, Kh: 4 g, kJ: 1017, kcal: 243, BE: 0,5

1 Knoblauchzehe
100 g geröstete, gesalzene Erdnusskerne
50 g Erdnussbutter (Erdnusscreme, crunchy)
1 TL Sambal Oelek
2 TL brauner Zucker
1–2 TL Sojasauce
3 EL Wasser
Salz
3 Frühlingszwiebeln (etwa 100 g)
8 sehr dünne Putenschnitzel (je etwa 100 g)
1–2 EL Speiseöl, z. B. Rapsöl

Außerdem:

8 kleine Holzstäbchen

Zubereitungszeit: 20 Minuten
Bratzeit: etwa 15 Minuten

1. Den Knoblauch abziehen, mit den Erdnusskernen grob hacken und in einen hohen Rührbecher geben. Erdnussbutter, 1/2 Teelöffel Sambal Oelek, braunen Zucker, Sojasauce und Wasser hinzugeben. Die Zutaten pürieren. Die Erdnusspaste mit Salz und restlichem Sambal Oelek abschmecken.

2. Die Frühlingszwiebeln putzen, abspülen, abtropfen lassen und in sehr dünne Scheiben schneiden.

3. Die Putenschnitzel unter fließendem kalten Wasser abspülen und trocken tupfen. Putenschnitzel mit etwas Salz bestreuen und mit der Erdnusspaste bestreichen. Die Frühlingszwiebelscheiben daraufstreuen. Die Putenschnitzel aufrollen und mit Holzstäbchen feststecken.

4. Das Speiseöl in einer Grillpfanne erhitzen. Putenröllchen darin zunächst von allen Seiten scharf anbraten, dann bei mittlerer Hitze insgesamt etwa 15 Minuten braten. Dabei die Röllchen immer wieder wenden.

Tipps: Die Putenröllchen mit Sojasauce servieren. Die Röllchen lassen sich auch mit dünnen Schweineschnitzeln zubereiten. Noch bunter werden die Röllchen, wenn man zusätzlich 1 kleine, in dünne Streifen geschnittene, gelbe Paprikaschote mit einrollt.

Gegrillte Riesengarnelen mit Cocktailsauce I

Etwas teurer – mit Alkohol

24 Stück

Pro Stück (mit Sauce): E: 5 g, F: 4 g, Kh: 1 g, kJ: 257, kcal: 61, BE: 0,0

24 TK-Riesengarnelen

Für die Cocktailsauce:

150 g Salatmayonnaise
150 g Joghurt (3,5 % Fett)
1 TL Zitronensaft
1–2 EL Tomatenketchup
1–2 EL Weinbrand
Salz, Cayennepfeffer
Zucker

etwas Speiseöl

Zubereitungszeit: 25 Minuten, ohne Auftau- und Abkühlzeit

1. Die Garnelen nach Packungsanleitung auftauen lassen. Garnelen unter fließendem kalten Wasser abspülen und trocken tupfen.

2. Für die Sauce Mayonnaise mit Joghurt, Zitronensaft, Ketchup und Weinbrand in einer Schüssel glatt rühren. Sauce mit Salz, Cayennepfeffer und Zucker abschmecken.

3. Eine Grillpfanne erhitzen. Die Garnelen mit Speiseöl bestreichen, in die Pfanne legen und kurz bei starker Hitze angrillen.

4. Die Garnelen wenden und bei mittlerer Hitze etwa 5 Minuten weitergrillen, dabei evtl. nochmals umdrehen. Die Garnelen aus der Pfanne nehmen und auf Küchenpapier erkalten lassen.

5. Garnelen schälen oder nach Belieben ungeschält mit der Cocktailsauce servieren.

Tipp: Riesengarnelen finden Sie zumeist unter dem Namen „Prawns“ oder „King Prawns“ im Tiefkühlfach.

Gemüse, mariniertes I

Vegetarisch – etwas aufwendiger

6 Portionen

Pro Portion: E: 16 g, F: 32 g, Kh: 31 g, kJ: 2025, kcal: 484, BE: 2,0

Zum Vorbereiten:

300 g getrocknete, große, weiße Bohnen

4 rote Paprikaschoten
4 EL Olivenöl
2 abgezogene, zerdrückte Knoblauchzehen
knapp 1 EL Weißweinessig
Salz
4 kleine, blaue Artischocken
1 abgezogene Knoblauchzehe
frische Minzeblättchen
gem. Pfeffer
3 EL Olivenöl
125 ml (1/8 l) Wasser
2–3 EL Weißweinessig oder Zitronensaft
3 EL Olivenöl
2 abgezogene Knoblauchzehen
gerebeltes Basilikum
250 g kleine Champignons
4 kleine Zwiebeln
6 EL Olivenöl
einige gehackte Salbeiblättchen
1 EL gehackte, glatte Petersilie
2–3 EL Zitronensaft
2–3 kleine Zucchini
einige Thymianblättchen
2–3 EL Olivenöl
1 abgezogene, zerdrückte Knoblauchzehe

Zubereitungszeit: 60 Minuten, ohne Einweich-, Durchzieh- und Abkühlzeit
Garzeit: 60–70 Minuten

1. Zum Vorbereiten die Bohnen in kaltem Wasser über Nacht einweichen.

2. Den Backofengrill vorheizen.

3. Paprikaschoten abspülen, abtropfen lassen und auf ein Backblech (evtl. mit Alufolie belegt) legen. Paprikaschoten unter dem vorgeheizten Backofengrill von allen Seiten so lange grillen, bis die Haut Blasen wirft. Das Backblech auf einen Kuchenrost stellen. Paprikaschoten mit einem feuchten Geschirrtuch belegen und abkühlen lassen.

4. Die Paprikaschoten enthäuten, halbieren, entkernen und die weißen Scheidewände entfernen. Paprikahälften in Streifen schneiden. Olivenöl mit Knoblauch in einer Schüssel verrühren, mit Essig und Salz würzen. Die Paprikastreifen in der Marinade gut durchziehen lassen.

5. Die Stiele der Artischocken putzen, holzige Blätter und Spitzen entfernen. Knoblauch und Minzeblättchen klein schneiden, mit Salz und Pfeffer auf die Artischocken streuen. Olivenöl mit Wasser in einem Topf zum Kochen bringen. Die Artischocken aufrecht in den Topf stellen und zugedeckt bei mittlerer Hitze etwa 30 Minuten garen.

6. Die Artischocken aus dem Sud nehmen. Den Sud um die Hälfte einkochen lassen. Die Artischocken von oben vierteln und das Heu herausheben. Artischockenviertel mit dem Sud beträufeln.

7. Das Einweichwasser der Bohnen abgießen. Die Bohnen in einem Topf mit reichlich frischem Wasser zugedeckt 30–40 Minuten garen.

8. Die garen Bohnen in einem Sieb abtropfen lassen und in eine flache Schüssel geben. Mit Salz, Pfeffer und Essig oder Zitronensaft würzen. Olivenöl in einer Pfanne erhitzen, zerdrückte Knoblauchzehen darin andünsten und über die Bohnen geben. Das Basilikum untermischen und die Bohnen mindestens 1 Stunde durchziehen lassen.

9. Die Champignons putzen, evtl. kurz abspülen und trocken tupfen. Die Zwiebeln abziehen und achteln. Olivenöl in einer Pfanne erhitzen. Zuerst die Champignons, dann die Zwiebelspalten darin unter Rühren hellbraun braten.

10. Champignon-Zwiebel-Mischung mit Salbei und Petersilie bestreuen. Zitronensaft kurz untermischen und etwa 1 Stunde durchziehen lassen.

11. Zucchini abspülen, abtrocknen und die Enden abschneiden. Zucchini der Länge nach in dünne Scheiben schneiden (evtl. mit einer Aufschnittmaschine). Die Zucchinischeiben mit Salz und abgespülten, trocken getupften Thymianblättchen bestreuen. Olivenöl in einer Pfanne erhitzen. Zucchinischeiben darin von beiden Seiten goldbraun braten.

12. Knoblauch hinzugeben und kurz mit anbraten.

13. Das vorbereitete Gemüse auf einer Platte anrichten und kalt servieren.

Gemüsepaste mit Ciabatta-Chips I

Mediterran

8–10 Portionen

Pro Portion: E: 3 g, F: 13 g, Kh: 18 g, kJ: 840, kcal: 201, BE: 1,5

1 Aubergine (300 g)
1–2 rote Paprikaschoten (250 g)
1–2 gelbe Paprikaschoten (250 g)
2 Möhren (200 g)
2 Schalotten
6 EL Olivenöl
Salz
gem., schwarzer Pfeffer
1 EL Paprikapulver rosenscharf
200 ml Gemüsebrühe
1 kleine Knoblauchzehe
½ Bund glatte Petersilie
2 EL Zitronensaft

Für die Ciabatta-Chips:

5 EL Olivenöl
1 EL frischer, fein gehackter Thymian
2 kleine Knoblauchzehen
200–250 g Ciabatta

einige Petersilienblättchen

Zubereitungszeit: 30 Minuten, ohne Abkühl- und Grillzeit
Garzeit: 30–35 Minuten

1. Den Backofen vorheizen.
Ober-/Unterhitze: etwa 180 °C
Heißluft: etwa 160 °C

2. Die Aubergine abspülen, abtrocknen und den Stängelansatz abschneiden. Die Aubergine in etwa 2 cm große Stücke schneiden.

3. Rote und gelbe Paprikaschoten halbieren, entstielen, entkernen und die weißen Scheidewände entfernen. Die Schoten abspülen, abtropfen lassen und ebenfalls in etwa 2 cm große Stücke schneiden.

4. Die Möhren putzen, schälen, abspülen und abtropfen lassen. Die Möhren in etwa 1 cm große Stücke schneiden. Die Schalotten abziehen und grob würfeln.

5. Auberginen- Paprika-, Möhren- und Schalottenwürfel in ein tiefes Backblech oder eine Fettpfanne geben. Das Gemüse mit 2 Esslöffeln von dem Olivenöl, Salz, Pfeffer und Paprikapulver mischen. Gemüsebrühe dazugießen.

6. Das Backblech in den vorgeheizten Backofen (unteres Drittel) schieben. Das Gemüse **30–35 Minuten garen.** Dabei das Gemüse zwischendurch ab und zu wenden.

7. Das Backblech auf einen Kuchenrost stellen. Den Backofengrill vorheizen. Die Knoblauchzehe abziehen und grob zerschneiden. Petersilie abspülen, trocken tupfen und die Blättchen von den Stängeln zupfen. Blättchen grob hacken.

8. Das Gemüse noch warm mit dem Zitronensaft, zerkleinertem Knoblauch, Petersilie und 4 Esslöffeln Olivenöl in einen hohen Rührbecher geben. Die Zutaten nicht zu feinstückig pürieren. Die Gemüsepaste mit Salz und Pfeffer würzen und erkalten lassen.

9. Für die Ciabatta-Chips Olivenöl mit Thymian, Salz und etwas Pfeffer verrühren. Die Knoblauchzehen abziehen und mit der Knoblauchpresse in das Ölgemisch pressen.

10. Das Ciabatta in etwa 40 sehr dünne Scheiben schneiden. Die Ciabattascheiben auf ein Backblech (gefettet, mit Backpapier belegt) legen. Jede Ciabattascheibe dünn mit dem Ölgemisch bepinseln.

11. Das Backblech unter den heißen Backofengrill schieben. Die Ciabattascheiben goldbraun und knusprig rösten. Das Backblech auf einen Kuchenrost stellen und die Ciabattascheiben abkühlen lassen.

12. Die Gemüsepaste in kleine Schälchen füllen und mit abgespülten, trocken getupften Petersilienblättchen garnieren.

13. Gemüsepaste mit den Ciabatta-Chips anrichten.

Gemüse-Sesam-Kräcker I

Vegetarisch

40 Stück

Pro Stück: E: 2 g, F: 3 g, Kh: 3 g, kJ: 201, kcal: 48, BE: 0,0

1 kg Knollensellerie oder Kohlrabi
1 l Gemüsebrühe
2 Eier (Größe M)
Salz
gem. Pfeffer
250 g Sesamsamen, geschält

etwa 40 runde Salz-Kräcker

50 g Sahnemeerrettich
Oliven und/oder kleine Gewürzgurken

Zubereitungszeit: 50 Minuten, ohne Abkühlzeit
Backzeit: etwa 15 Minuten

1. Knollensellerie oder Kohlrabi putzen, schälen, abspülen und gut abtropfen lassen. Knollensellerie oder Kohlrabi in ½–1 cm dicke Scheiben schneiden.

2. Die Gemüsebrühe in einem Topf zugedeckt zum Kochen bringen. Sellerie- oder Kohlrabischeiben hinzugeben und etwa 3 Minuten darin kochen lassen. Anschließend in ein Sieb geben, mit kaltem Wasser abspülen und etwas abkühlen lassen.

3. Den Backofen vorheizen.
Ober-/Unterhitze: etwa 220 °C
Heißluft: etwa 200 °C

4. Aus den Knollensellerie- oder Kohlrabischeiben mit einer runden Ausstechform Scheiben in Größe der Salz-Kräcker ausstechen. Die Eier in einer Schüssel verschlagen, mit Salz und Pfeffer würzen.

5. Die Gemüsescheiben zunächst durch die Eier ziehen, dann am Schüsselrand abstreifen und anschließend in dem Sesam wenden. Die Sesamsamen etwas andrücken.

6. Die Gemüse-Sesam-Scheiben auf ein Backblech (mit Backpapier belegt) legen. Dabei etwas Abstand zwischen den Scheiben lassen. Das Backblech in den vorgeheizten Backofen schieben. Die Gemüse-Sesam-Scheiben **etwa 15 Minuten backen.**

7. Die Gemüse-Sesam-Scheiben mit dem Backpapier von dem Backblech auf einen Kuchenrost ziehen und erkalten lassen.

8. Jeden Salz-Kräcker mit etwas von dem Sahnemeerrettich bestreichen und mit einer Gemüsescheibe belegen. Die Oliven und/oder Gewürzgurken in kleine Scheiben schneiden. Die Gemüse-Sesam-Kräcker damit garnieren.

Tipp: Statt mit Sahnemeerrettich können Sie die Sesam-Kräcker auch mit Frischkäse, z.B. Paprika-Frischkäse, bestreichen.

Gemüsesticks mit Dips | Für Gäste

4 Portionen

Pro Portion (mit Dips): E: 9 g, F: 33 g, Kh: 15 g, kJ: 1630, kcal: 393, BE: 1,0

800 g Gemüse, z. B. Staudensellerie, Möhren, Salatgurke, Paprikaschoten, Kohlrabi

Für den scharfen Ziegenfrischkäse-Dip:

100 g Ziegenfrischkäse
125 g Kräuter-Crème-fraîche
1 Chilischote
etwas Tabascosauce
Salz
gem. Pfeffer

Für den Knoblauch-Dip:

2 Knoblauchzehen
1 EL abgetropfte Kapern (aus dem Glas)
2 EL gehackte Petersilie
2 EL Schnittlauchröllchen
100 g Doppelrahm-Frischkäse
75 g Joghurt (3,5 % Fett)

Für den Honig-Senf-Dip:

150 g Crème fraîche oder Crème légère
1 EL mittelscharfer Senf
1 EL flüssiger Honig
Kurkuma (Gelbwurz)

Zubereitungszeit: 40 Minuten

1. Das Gemüse putzen, waschen, abtropfen lassen, in Stifte schneiden und nach Belieben z.B. in Gläsern anrichten.

2. Für den **scharfen Ziegenfrischkäse-Dip** den Ziegenfrischkäse mit Crème fraîche verrühren. Die Chilischote halbieren, entstielen, entkernen und die weißen Scheidewände entfernen. Die Schote abspülen, abtropfen lassen, in feine Streifen schneiden und unterrühren. Den Dip mit Tabascosauce, Salz und Pfeffer würzen.

3. Für den **Knoblauch-Dip** Knoblauch abziehen und durch eine Knoblauchpresse drücken oder sehr fein hacken. Die Kapern ebenfalls fein hacken. Knoblauch und Kapern mit Petersilie, Schnittlauch, Frischkäse und Joghurt verrühren. Den Knoblauch-Dip mit Salz und Pfeffer würzen.

4. Für den **Honig-Senf-Dip** Crème fraîche oder Crème légère mit Senf und Honig verrühren, mit Kurkuma, Salz und Pfeffer würzen.

5. Die Gemüsesticks mit den Dips servieren.

Gemüsetaler mit Dip | Vegetarisch

etwa 26 Stück

Pro Stück: E: 3 g, F: 3 g, Kh: 5 g, kJ: 262, kcal: 63, BE: 0,5

200 g Kartoffeln
200 g Möhren
200 g Sojasprossen
1 Zwiebel
3 Scheiben Toastbrot
1 Ei (Größe M)
Kräutersalz, gem. Pfeffer
Paprikapulver edelsüß
4 EL Semmelbrösel

Für den Quark-Kräuter-Dip:

250 g Magerquark
6 EL Schlagsahne (mind. 30 % Fett)
je 1 EL fein gehackter Dill und Schnittlauch
1 EL fein gehackte Petersilie

125 ml (1/8 l) Speiseöl, z. B. Sonnenblumenöl
einige Zweige Dill

Zubereitungszeit: 40 Minuten, ohne Abkühlzeit

1. Kartoffeln und Möhren schälen, abspülen, abtropfen lassen und fein raspeln. Die Sojasprossen verlesen, abspülen, gut abtropfen lassen und hacken.

2. Die Zwiebel abziehen, halbieren und fein hacken. Die Toastbrotscheiben im Blitzhacker oder Mixer zerkleinern. Das Gemüse und die Toastbrotbrösel mit dem Ei vermischen. Die Masse mit Kräutersalz, Pfeffer und Paprikapulver würzen.

3. Die Gemüsemasse zu einer Rolle formen. Von der Rolle etwa 1 cm dicke Scheiben abschneiden und diese in Semmelbröseln wenden.

4. Für den Dip Quark mit Sahne, Dill, Schnittlauch und Petersilie verrühren. Den Dip mit Kräutersalz, Pfeffer und Paprikapulver abschmecken.

5. Die Gemüsetaler in heißem Speiseöl bei schwacher Hitze etwa 10 Minuten braten, auf Küchenpapier abtropfen und erkalten lassen. Zum Servieren auf jeden Gemüsetaler etwas Dip geben und nach Belieben mit den abgespülten und trocken getupften Dillzweigen garnieren.

Gerolltes Weizenbrot aus dem Römertopf | Für Gäste

16–18 Scheiben

Pro Scheibe: E: 4 g, F: 3 g, Kh: 25 g, kJ: 594, kcal: 142, BE: 2,0

Für den Hefeteig:

42 g frische Hefe
300 ml lauwarmes Wasser
1 TL Zucker
350 g Weizenmehl (Type 550)
150 g Weizenvollkornmehl
2 gestr. TL Salz

Für die Füllung:

1 Bund Frühlingszwiebeln (120 g)
1/2 Bund glatte Petersilie
40 g Butter
100 g Buchweizenkörner (erhältlich im Reformhaus), Salz

etwas Speiseöl für die Form

Zubereitungszeit: 35 Minuten, ohne Teiggeh- und Abkühlzeit
Backzeit: 35–40 Minuten

1. Für den Teig Hefe mit 200 ml Wasser, Zucker und 1 Esslöffel des Weizenmehls verrühren und zugedeckt etwa 15 Minuten stehen lassen.

2. Restliches Weizenmehl, Weizenvollkornmehl und Salz in einer Rührschüssel mischen. In die Mitte eine Mulde drücken. Die angerührte Hefe und das restliche Wasser dazugeben und mit Handrührgerät mit Knethaken zunächst auf niedrigster, dann auf höchster Stufe in etwa 5 Minuten zu einem glatten Teig verarbeiten. Den Teig zugedeckt so lange an einem warmen Ort gehen lassen, bis er sich sichtbar vergrößert hat (mindestens 30 Minuten).

3. Für die Füllung Frühlingszwiebeln putzen, abspülen, abtropfen lassen, längs halbieren und in schmale, halbe Scheiben schneiden. Petersilie abspülen, trocken tupfen und die Blättchen von den Stängeln zupfen. Blättchen fein hacken.

4. Butter in einem Topf erhitzen. Den Buchweizen darin zugedeckt bei schwacher Hitze etwa 10 Minuten dünsten. Die Frühlingszwiebeln unterheben. Die Buchweizen-Frühlingszwiebel-Mischung mit Salz würzen. Die Petersilie unterheben und die Mischung abkühlen lassen.

5. Den Teig nochmals kurz durchkneten und zu einem Rechteck (etwa 50 x 25 cm) ausrollen. Die Füllung auf das Teigrechteck geben und glatt streichen. Dabei einen etwa 1 cm breiten Rand frei lassen. Den Teig von der kurzen Seite aus aufrollen. Die gewässerte Römertopf-Brotbackform mit Öl einpinseln. Den Teig hineinlegen und mehrmals schräg einschneiden. Den Teig zugedeckt nochmals so lange an einem warmen Ort gehen lassen, bis er sich sichtbar vergrößert hat (mindestens 30 Minuten).

6. Die Römertopf-Brotbackform dann auf dem Rost in den kalten Backofen schieben.
Ober-/Unterhitze: etwa 200 °C
Heißluft: etwa 180 °C

7. Das gerollte Weizenbrot **35–40 Minuten backen.**

8. Die Form auf einen Kuchenrost stellen. Das Brot etwa 5 Minuten in der Form abkühlen lassen, es dann aus der Form nehmen und auf einem Kuchenrost erkalten lassen.

Gnocchisalat mit Bärlauch I

Gut vorzubereiten

4 Portionen

Pro Portion: E: 17 g, F: 40 g, Kh: 76 g, kJ: 3159, kcal: 755, BE: 5,5

750 g Gnocchi

Für das Bärlauch-Pesto:

50 g Pinienkerne
1 Knoblauchzehe
120 ml Olivenöl
100 g Bärlauch
100 g Parmesan, am Stück
Salz
gem. Pfeffer

150 g Cocktailtomaten

Zubereitungszeit: 30 Minuten

1. Die Gnocchi nach Packungsanleitung kochen, dann in ein Sieb geben, mit kaltem Wasser abschrecken und gut abtropfen lassen.

2. Für das Bärlauch-Pesto die Pinienkerne in einer Pfanne ohne Fett unter Wenden goldbraun rösten und auf einen Teller geben. Knoblauch abziehen und durch eine Knoblauchpresse drücken oder sehr fein würfeln.

3. Pinienkerne, Knoblauch und Olivenöl in einen Blitzhacker geben und zerhacken.

4. Bärlauch abspülen, trocken tupfen oder trocken schleudern und die Stiele entfernen. Bärlauchblätter in feine Streifen schneiden, zu der Pinienkern-Olivenöl-Mischung in den Blitzhacker geben und alles fein zerhacken.

5. Den Parmesan fein raspeln, kurz mit dem Bärlauch-Pesto vermischen, mit Salz und Pfeffer abschmecken. Bärlauch-Pesto vorsichtig unter die Gnocchi heben.

6. Die Cocktailtomaten abspülen, abtrocknen, halbieren und evtl. die Stängelansätze herausschneiden. Die Cocktailtomaten vorsichtig unter die Gnocchi mischen.

Tipps: Dazu schmeckt frisches Baguette. Anstelle der Pinienkerne können Sie auch gestiftelte Mandeln verwenden.

Gorgonzolacremes

Mal mit und mal ohne Alkohol

je etwa 250 g

Insgesamt: E: 29 g, F: 62 g, Kh: 9 g, kJ: 2950, kcal: 705, BE: 1,0 (ohne Alkohol); E: 25 g, F: 46 g, Kh: 5 g, kJ: 2332, kcal: 557, BE: 0,5 (beschwipste Gorgonzolacreme)

Für die Gorgonzolacreme ohne Alkohol:

100 g Gorgonzola
150 g saure Sahne
Salz
gem., weißer Pfeffer
2 EL Pistazienkerne

Für die beschwipste Gorgonzolacreme:

100 g Gorgonzola
100 g griechischer Sahnejoghurt (etwa 10 % Fett)
25 ml Marsala (ital. Dessertwein)
1 Spritzer Olivenöl
1 kleines Bund Schnittlauch

Zubereitungszeit: 15 Minuten

1. Für die **Gorgonzolacreme ohne Alkohol** den Gorgonzola in kleine Stücke schneiden, in eine Schüssel geben und mit einer Gabel zerdrücken. Käse nach und nach mit der sauren Sahne verrühren. Die Gorgonzolacreme sehr vorsichtig mit Salz und Pfeffer würzen. Pistazienkerne grob hacken und unterrühren.

2. Für die **beschwipste Gorgonzolacreme** den Gorgonzola in kleine Stücke schneiden, in eine Schüssel geben und mit einer Gabel gut zerdrücken. Joghurt, Marsala und Olivenöl hinzufügen. Die Zutaten zu einer cremigen Masse verrühren.

3. Schnittlauch abspülen, trocken tupfen und in feine Röllchen schneiden. Den Aufstrich mit Salz und Pfeffer abschmecken und die Schnittlauchröllchen unterrühren.

4. Die Gorgonzolacremes in verschließbare Gefäße füllen und in den Kühlschrank stellen.

Tipps: Die Gorgonzolacreme ohne Alkohol schmeckt besonders lecker auf Roggenmisch- oder Graubrot, Baguette oder Kräckern. Die bestrichenen Brote oder Kräcker mit gehackten Pistazienkernen bestreuen und mit etwas grünem Salat garnieren. Die Creme eignet sich auch zum Dippen von Möhren- und Kohlrabistücken. Für die beschwipste Gorgonzolacreme können Sie auch einen anderen kräftigen Blauschimmelkäse verwenden. Der griechische Joghurt kann durch Vollmilch-Joghurt ersetzt werden. Die Gorganzolacreme schmeckt herrlich auf Baguette-Brötchen oder Ciabatta. Zum Servieren schneiden Sie die Baguette-Brötchen auf, rösten die Innenseiten auf einem Toaster und bestreichen Sie mit der Gorgonzolacreme. Dann die Hälften z. B. mit Radieschenscheiben und grob gemahlenem Pfeffer garnieren. Wer es nicht nur vegetarisch mag, kann noch eine Scheibe hauchdünn geschnittenen Schinken auf den Aufstrich legen. Beide Gorgonzolacremes sind im Kühlschrank etwa 3 Tage haltbar.

Goudaröllchen auf Brottalern

Für Kinder
60 Stück

Pro Stück: E: 3, F: 5 g, Kh: 4 g, kJ: 320, kcal: 76, BE: 0,5

150 g	*Frischkäse mit Kräutern*
200 g	*Doppelrahm-Frischkäse*
2	*Zwiebeln*
2	*hart gekochte Eier (Größe M)*
50 g	*roher Schinken*
80 g	*mittelalter Gouda*
1 Bund	*Schnittlauch*
	Salz, gem. Pfeffer
	Currypulver
6 große Scheiben	*junger Gouda (etwa 11 x 15 cm)*
etwa 60	*Schwarzbrottaler (Ø etwa 4 cm)*
80 g	*Butter*

Zubereitungszeit: 40 Minuten, ohne Kühlzeit

1. Die beiden Frischkäsesorten in eine Schüssel geben und glatt rühren. Die Zwiebeln abziehen, halbieren und in feine Würfel schneiden. Die Eier pellen. Eier, Schinken und den Käse ebenfalls in feine Würfel schneiden.

2. Schnittlauch abspülen, trocken tupfen und in feine Röllchen schneiden. Zwiebel-, Eier-, Schinken-, Käsewürfel und die Schnittlauchröllchen zu der Frischkäsemasse geben und unterrühren. Die Frischkäsemasse mit Salz, Pfeffer und Curry abschmecken.

3. Von den Goudascheiben die Rinde entfernen. Die Frischkäsemasse auf die Goudascheiben streichen. Die Scheiben von der kürzeren Seite her fest aufrollen und fest in ein Stück Alufolie einwickeln. Die Goudaröllchen 1–2 Stunden in den Kühlschrank legen.

4. Die Goudaröllchen in etwa 1 cm dicke Scheiben schneiden.

5. Jeden Schwarzbrottaler dünn mit etwas Butter bestreichen und mit je 1 Goudaröllchen belegen.

Tipps: Die Goudaröllchen können Sie 1–2 Tage vor dem Verzehr zubereiten. Sie können auch mehrere belegte Brottaler übereinanderstapeln.

Grüne Gemüsetorte I

Vegetarisch – gut vorzubereiten
16 Stücke

Pro Stück: E: 7 g, F: 12 g, Kh: 19 g, kJ: 879, kcal: 210, BE: 1,5

450 g TK-Blätterteig

300 ml Wasser
150 g Rundkornreis
1 gestr. TL Salz
500 g Mangold
800 g Spinat
1 Zwiebel
2 Knoblauchzehen
2 EL Olivenöl
Salz
gem. Pfeffer
ger. Muskatnuss
3 Eier (Größe M)
100 g frisch ger. Parmesan

etwas Milch

Zubereitungszeit: 50 Minuten, ohne Auftau- und Abkühlzeit
Backzeit: etwa 45 Minuten

1. Die Blätterteigplatten nach Packungsanleitung zugedeckt auftauen lassen.

2. Wasser in einem geschlossenen Topf zum Kochen bringen. Reis und Salz hinzufügen, umrühren, wieder zum Kochen bringen. Den Reis zugedeckt bei schwacher Hitze etwa 15 Minuten garen. Den Reis in einem Sieb abtropfen und abkühlen lassen.

3. Mangold und Spinat putzen (evtl. die großen Blattstiele entfernen). Mangold und Spinat mehrmals waschen und gut abtropfen lassen. Die Mangoldstiele in etwa 1 cm breite Streifen, die Mangoldblätter in etwa 2 cm breite Streifen schneiden.

4. Zwiebel und Knoblauch abziehen, in kleine Würfel schneiden. Das Olivenöl in einem großen Topf erhitzen. Zwiebel- und Knoblauchwürfel darin glasig dünsten. Mangoldstreifen und Spinatblätter hinzugeben, erwärmen und die Blätter zusammenfallen lassen. Die Mangold-Spinat-Mischung mit Salz, Pfeffer und Muskat kräftig würzen. Den Topf von der Kochstelle nehmen und das Gemüse etwas abkühlen lassen. Die Eier mit dem Parmesan verschlagen.

5. Den Backofen vorheizen.
Ober-/Unterhitze: etwa 180 °C
Heißluft: etwa 160 °C

6. Die Blätterteigplatten aufeinanderlegen und auf der leicht bemehlten Arbeitsfläche zu einer runden Platte (Ø etwa 34 cm) ausrollen. Die Teigplatte mit Milch bestreichen und in eine Springform (Ø 28 cm, Boden gefettet, mit Wasser besprenkelt) legen, dabei den Teigboden etwas andrücken.

7. Mangold-Spinat-Mischung mit dem Reis mischen und auf dem Teigboden verteilen. Die Eier-Käse-Masse daraufgeben. Den überhängenden Teigrand auf die Gemüsemasse legen und mit Milch bestreichen.

8. Die Form auf dem Rost in den vorgeheizten Backofen (unteres Drittel) schieben. Die Gemüsetorte **etwa 45 Minuten backen.**

9. Die Gemüsetorte etwas abkühlen lassen, dann aus der Form lösen und auf eine Servierplatte setzen.

Guacamole (Avocadocreme) I

Klassisch

etwa 450 g

Insgesamt: E: 11 g, F: 26 g, Kh: 7 g, kJ: 4998, kcal: 1193, BE: 0,5

3 Bund	*Koriander (ersatzweise glatte Petersilie)*
2	*Schalotten oder kleine Zwiebeln*
1–2	*Knoblauchzehen*
2 EL	*Speiseöl, z. B. Sonnenblumenöl*
2	*reife Avocados*
3 EL	*Limettensaft*
	Salz
	Cayennepfeffer

Zubereitungszeit: 25 Minuten

1. Den Koriander abspülen, trocken tupfen und die Blättchen von den Stängeln zupfen. Blättchen grob hacken.

2. Schalotten oder Zwiebeln und Knoblauch abziehen und fein hacken.

3. Koriander, Schalotten oder Zwiebeln, Knoblauch und Speiseöl in einen hohen Rührbecher geben und mit einem Pürierstab pürieren.

4. Die Avocados halbieren und die Steine entfernen. Das Avocadofleisch mit einem Esslöffel herauslösen. Avocadofleisch mit dem Limettensaft zu der Koriander-Schalotten-Masse geben und mit dem Pürierstab zu einer glatten Masse pürieren.

5. Die Guacamole mit Salz und Cayennepfeffer kräftig abschmecken.

Abwandlung: Guacamole mit Tomaten. Hierfür 1 mittelgroße Tomate kreuzweise einschneiden und mit kochendem Wasser übergießen. Nach 1–2 Minuten herausnehmen und mit kaltem Wasser abschrecken. Die Tomate enthäuten, halbieren, den Stängelansatz herausschneiden, entkernen und würfeln. Tomatenwürfel unter die Guacamole heben.

Gurkenteller mit Tunfischcreme I

Schnell

4 Portionen

Pro Portion: E: 9 g, F: 6 g, Kh: 6 g, kJ: 507, kcal: 121, BE: 0,0

130 g	*abgetropfter Tunfisch, in Öl (aus der Dose)*
etwa 50 ml	*Gemüsebrühe*
3 EL	*Zitronensaft*
	Salz
	gem. Pfeffer
1	*Knoblauchzehe*
½	*Zwiebel*
5 EL	*Joghurt (3,5 % Fett)*
2	*mittelgroße Tomaten*
1 ½	*mittelgroße Salatgurken*
evtl. einige	*frische Basilikumblättchen oder Dillspitzen*

Zubereitungszeit: 20 Minuten

1. Den Tunfisch mit einer Gabel grob zerzupfen. Tunfisch mit Brühe, etwas von dem Zitronensaft, etwas Salz und Pfeffer in einen hohen Rührbecher geben und mit einem Stabmixer pürieren.

2. Knoblauch abziehen, durch eine Knoblauchpresse drücken oder sehr fein hacken. Die Zwiebel abziehen und halbieren. Eine Zwiebelhälfte sehr klein würfeln.

3. Knoblauch und Zwiebelwürfel zu dem Tunfischpüree geben.

4. Joghurt unterrühren, nach Belieben noch etwas Brühe hinzugeben. Die Tunfischcreme mit Salz, Pfeffer und restlichem Zitronensaft abschmecken.

5. Tomaten abspülen, abtrocknen, halbieren und die Stängelansätze herausschneiden. Die Tomatenhälften in kleine Würfel schneiden. Die Gurken abspülen, abtrocknen, nach Belieben schälen und in feine Scheiben hobeln.

6. Die Gurkenscheiben auf 4 Salattellern verteilen. Die Tunfischcreme daraufgeben und mit Tomatenwürfeln bestreuen. Nach Belieben Basilikumblättchen oder Dillspitzen abspülen und trocken tupfen. Die Gurkenteller damit garnieren.

Hackbraten „griechische Art“ I

Herzhaft – für die Party

4 Portionen

Pro Portion: E: 44 g, F: 57 g, Kh: 18 g, kJ: 3198, kcal: 764, BE: 1,5

1 Brötchen (Semmel), vom Vortag
75 g durchwachsener Speck
1 EL Speiseöl
2 Zwiebeln
2 Knoblauchzehen
600 g Rindergehacktes
2 Eier (Größe M)
1 EL Tomatenmark
1 EL gehackte Petersilie
2 EL Schnittlauchröllchen
Salz
gem. Pfeffer
Paprikapulver rosenscharf
100 g Schafskäse
3 EL Schlagsahne (mind. 30 % Fett)
gerebelter Thymian
gerebeltes Basilikum
3 EL Olivenöl
3 Lorbeerblätter
1–2 EL Pinienkerne

Für den Tomatenketchup:

2 Zwiebeln
2 Knoblauchzehen
500 g Tomaten (aus der Dose)
3 EL Rotweinessig
2 TL Dijonsenf
1 EL Zucker
1 TL gem. Zimt
Chilipulver

Zubereitungszeit: 40 Minuten, ohne Abkühlzeit
Garzeit: etwa 50 Minuten

1. Brötchen in kaltem Wasser einweichen und gut ausdrücken. Den Speck in Würfel schneiden.

2. Speiseöl in einer Pfanne erhitzen, die Speckwürfel darin ausbraten.

3. Die Zwiebeln abziehen, halbieren und in kleine Würfel schneiden. Den Knoblauch abziehen und zerdrücken.

4. Zwiebelwürfel und Knoblauch zu dem Speck in die Pfanne geben und glasig dünsten. Anschließend in eine Schüssel geben und etwas abkühlen lassen.

5. Den Backofen vorheizen.
Ober-/Unterhitze: etwa 200 °C
Heißluft: etwa 180 °C

6. Das Gehackte zu der Speck-Zwiebel-Mischung geben. Brötchen, Eier, Tomatenmark, Petersilie und Schnittlauch hinzufügen. Die Zutaten gut vermengen, mit Salz, Pfeffer und Paprika würzen.

7. Schafskäse zerbröseln und mit Sahne, Thymian und Basilikum verrühren.

8. Die Hälfte der Gehacktesmasse in eine flache Auflaufform (gefettet) geben und glatt streichen.

9. Die Schafskäsemischung darauf verteilen, dabei einen 1–2 cm breiten Rand frei lassen. Die restliche Gehacktesmasse daraufgeben und glatt streichen.

10. Die Gehacktesmasse mit Olivenöl beträufeln. Die Form auf dem Rost in den vorgeheizten Backofen schieben. Den Hackbraten **etwa 50 Minuten garen.**

11. Nach etwa 40 Minuten Garzeit die Lorbeerblätter und die Pinienkerne auf dem Hackbraten verteilen.

12. Für den Ketchup in der Zwischenzeit Zwiebeln und Knoblauch abziehen und in feine Würfel schneiden. Tomaten, Essig und Zwiebel- und Knoblauchwürfel in einem Topf zum Kochen bringen und zugedeckt etwa 15 Minuten dünsten.

13. Die Sauce durch ein Sieb streichen und mit Salz, Senf, Zucker und Zimt würzen. Die Sauce wieder zum Kochen bringen und in 20–30 Minuten dicklich einkochen lassen. Ketchup vor dem Servieren nochmals mit Salz, Pfeffer und Chilipulver würzen.

Tipp: Dazu frisches Fladenbrot servieren.

Hackfleischröllchen auf Zitronengrasspießen I

Scharf

10–12 Stück

Pro Stück: E: 9 g, F: 11 g, Kh: 2 g, kJ: 583, kcal: 139, BE: 0,0

1 Schalotte
1 Knoblauchzehe
1 rote Chilischote
2–3 EL Speiseöl, z. B. Olivenöl
1 feine Bratwurst, ungebrüht
400 g Gehacktes (halb Rind-, halb Schweinefleisch)
1 Eigelb (Größe M)
2–3 EL Semmelbrösel
Salz, gem. Pfeffer
1 TL Paprikapulver rosenscharf
½ Bund Koriander

Außerdem:

10–12 Zitronengrasstiele
evtl. 1 Chilischote

Zubereitungszeit: 25 Minuten, ohne Abkühlzeit
Garzeit: etwa 8 Minuten

1. Schalotte und Knoblauch abziehen und in kleine Würfel schneiden. Die Chilischote abspülen, trocken tupfen, entstielen, entkernen, ebenfalls klein würfeln.

2. Einen Esslöffel des Speiseöls in einer kleinen Pfanne erhitzen. Schalotten-, Knoblauch- und Chiliwürfel darin andünsten. Die Pfanne von der Kochstelle nehmen. Die Schalotten-Chili-Masse abkühlen lassen.

3. Das Bratwurstbrät aus der Pelle drücken. Gehacktes mit dem Bratwurstbrät in eine Schüssel geben. Eigelb, Schalotten-Chili-Masse und Semmelbrösel hinzugeben. Die Zutaten gut verkneten. Die Hackfleischmasse mit Salz, Pfeffer und Paprika würzen.

4. Koriander abspülen und trocken tupfen. Die Blättchen von den Stängeln zupfen. Blättchen klein schneiden (etwas Koriander zum Bestreuen beiseitelegen) und unter den Fleischteig arbeiten.

5. Die Zitronengrasstiele abspülen, abtrocknen und die unteren Enden schräg anschneiden.

6. Aus dem Fleischteig mit angefeuchteten Händen 10–12 längliche Röllchen formen und auf die Zitronengrasstiele spießen.

7. Jeweils etwas von dem restliches Speiseöl in einer großen Pfanne erhitzen. Die Hackfleischröllchen darin etwa 8 Minuten von allen Seiten braun braten.

8. Nach Belieben die Chilischote abspülen, trocken tupfen, entstielen und in Ringe schneiden. Die Hackfleischröllchen mit den Chiliringen und dem beiseitegelegten Koriander bestreuen.

Hackfleischspieße I

Einfach

4–6 Stück

Pro Stück: E: 27 g, F: 33 g, Kh: 16 g, kJ: 1966, kcal: 471, BE: 1,5

300 g Lamm- oder Rindergehacktes
300 g Schweinemett
1 Zwiebel
2 Knoblauchzehen
½ Bund glatte Petersilie
1 kleine, rote Paprikaschote
1 gestr. TL mittelscharfer Senf
Salz
gem. Pfeffer

Für die Joghurtsauce:

2 Knoblauchzehen
500 g Joghurt (3,5 % Fett)

Für den Barbecue-Chili-Dip:

2 EL Wasser
2 EL Zucker
150 g Crème fraîche
2 EL Chilisauce
Cayennepfeffer

Außerdem:

einige Holzspieße
etwas Alufolie

Zubereitungszeit: 50 Minuten, ohne Abkühlzeit

1. Gehacktes mit Schweinemett in einer Schüssel vermengen.

2. Zwiebel und Knoblauch abziehen. Die Zwiebel fein würfeln, den Knoblauch durch eine Knoblauchpresse drücken oder sehr fein würfeln. Petersilie abspülen, trocken tupfen und die Blättchen von den Stängeln zupfen. Die Blättchen fein hacken.

3. Die Paprikaschote halbieren, entstielen, entkernen und die weißen Scheidewände entfernen. Die Schotenhälften abspülen, abtropfen lassen und in kleine Würfel schneiden.

4. Zwiebelwürfel, Knoblauch, Petersilie und Paprikawürfel zu der Hackfleischmasse geben. Die Zutaten gut vermengen, mit Senf, Salz und Pfeffer würzen.

5. Aus der Hackfleischmasse mit angefeuchteten Händen etwa 5 cm lange Röllchen formen. Jeweils 3–4 Röllchen quer auf Holzspieße stecken.

6. Die Hackfleischspieße auf den heißen, mit Alufolie belegten Grill oder auf Alufolie unter den Elektrogrill legen und unter mehrmaligem Wenden etwa 10 Minuten grillen.

7. Für die **Joghurtsauce** Knoblauch abziehen und durch eine Knoblauchpresse drücken oder sehr fein würfeln. Joghurt in einem Sieb (mit Küchenpapier ausgelegt) abtropfen lassen. Den Joghurt mit dem Knoblauch verrühren, mit Salz und Pfeffer würzen.

8. Für den **Barbecue-Chili-Dip** Wasser mit Zucker in einem kleinen Topf zum Kochen bringen. Den Topf von der Kochstelle nehmen. Die Zuckerlösung etwas abkühlen lassen. Crème fraîche und Chilisauce unter die Zuckerlösung rühren. Die Sauce mit Salz und Cayennepfeffer abschmecken.

Hackfleischtaler, gefüllte I

Für die Party

10 Stück

Pro Stück: E: 24 g, F: 24 g, Kh: 1 g, kJ: 1323, kcal: 316, BE: 0,0

Für die Hackfleischtaler:

1 kg Gehacktes (halb Rind-, halb Schweinefleisch)
1 Ei (Größe M)
1 Eigelb (Größe M)
Salz, gem. Pfeffer

Für die Gemüse-Käse-Füllung:

je 1 kleine, rote und grüne Paprikaschote
1 EL Butter
1 EL Weißweinessig
2 EL Wasser
150 g mittelalter Gouda

etwas Rucola (Rauke)

Zum Bestreuen:

50 g Sprossenmix
je 1 Beet grüne und rote Shisokresse

Zubereitungszeit: 40 Minuten, ohne Abkühlzeit
Backzeit: etwa 20 Minuten

1. Den Backofen vorheizen.
Ober-/Unterhitze: etwa 200 °C
Heißluft: etwa 180 °C

2. Für die Hackfleischtaler Gehacktes in eine Schüssel geben. Ei und Eigelb hinzufügen. Die Zutaten gut vermengen, mit Salz und Pfeffer würzen.

3. Aus der Gehacktesmasse 20 runde Taler (Ø je etwa 5 cm) formen. Die Hackfleischtaler auf ein Backblech (mit Backpapier belegt) legen. Das Backblech in den vorgeheizten Backofen schieben. Die Hackfleischtaler **etwa 20 Minuten backen.**

4. Das Backblech auf einen Kuchenrost stellen. Die Hackfleischtaler abkühlen lassen.

5. Für die Füllung Paprikaschoten halbieren, entstielen, entkernen und die weißen Scheidewände entfernen. Schoten abspülen, abtropfen lassen und sehr fein würfeln. Die Butter in einer Pfanne zerlassen. Die Paprikawürfel darin andünsten. Essig und Wasser hinzugeben. Die Paprikawürfel noch etwa 1 Minute dünsten, dann abkühlen lassen.

6. Von dem Gouda 100 g in sehr kleine Würfel schneiden und mit den Paprikawürfeln mischen. Restlichen Gouda fein reiben und zum Bestreuen beiseitestellen.

7. Rucola verlesen und dicke Stängel abschneiden. Rucola abspülen, gut abtropfen lassen oder trocken schleudern und evtl. etwas kleiner zupfen.

8. Die Hälfte der Hackfleischtaler mit je 1 Rucolablättchen belegen. Jeweils etwas von der Gemüse-Käse-Mischung daraufgeben und mit je 1 unbelegten Hackfleischtaler bedecken.

9. Zum Bestreuen die Sprossen in ein Sieb geben, kalt abspülen und gut abtropfen lassen. Kresse abspülen, mit einer Küchenschere abschneiden und gut abtropfen lassen. Die Hackfleischtaler mit geriebenem Gouda, Kresse und Sprossen bestreuen und anrichten.

Tipp: Wenn es ganz schnell gehen muss, bereiten Sie die Hackfleischtaler aus frischen Bratwürsten zu. Dazu die Masse aus der Wursthaut drücken, zu kleinen Bällchen formen und wie beschrieben backen oder in der Pfanne etwa 10 Minuten braten.

Hähnchen-Lorbeer-Spieße, marinierte | Mit Alkohol

8 Portionen

Pro Portion: E: 20 g, F: 23 g, Kh: 2 g, kJ: 1272, kcal: 304, BE: 0,0

Zum Vorbereiten:

8 frische Lorbeerzweige

Für die Spieße:

600 g Hähnchenbrustfilet
1 Bio-Orange (unbehandelt, ungewachst)
40 g abgetropfte Kapern (aus dem Glas)
4 EL Rotweinessig
2 EL Whisky
4 EL Olivenöl
etwa 1 TL Rauchsalz
Salz, gem., schwarzer Pfeffer

2–4 EL Speiseöl

Für das Pesto:

30 g Parmesan, am Stück
8 Stängel Basilikum
40 g Rauchmandeln
9 EL Olivenöl
40 g abgetropfte, grüne Oliven (ohne Stein)

Zubereitungszeit: 55 Minuten, ohne Abkühl- und Marinierzeit
Garzeit: etwa 5 Minuten je Portion

1. Zum Vorbereiten von den Lorbeerzweigen die Blätter abzupfen, dabei nur 2–3 Blätter am oberen Ende stehen lassen. Die Zweigenden mit einem Messer etwas anspitzen.

2. Für die Spieße das Hähnchenbrustfilet unter fließendem kalten Wasser abspülen, trocken tupfen und in 40 etwa gleich große Stücke schneiden. Jeweils 5 Stücke auf einen Lorbeerspieß stecken. Die Lorbeerblätter jeweils mit etwas Alufolie umwickeln, damit sie beim Braten nicht verbrennen.

3. Die Orange heiß abwaschen und abtrocknen. Die Hälfte der Orangenschale mit einem Zestenreißer in feinen Streifen abziehen. Die Orange halbieren, den Saft auspressen und 8 Esslöffel davon abmessen.

4. Den Orangensaft in eine Schüssel geben und mit Orangenschale, Kapern, Essig, Whisky und Olivenöl sowie dem Rauchsalz verrühren.

5. Die Hähnchen-Lorbeer-Spieße mit Salz und Pfeffer würzen. Das Speiseöl in einer Pfanne erhitzen. Die Hähnchen-Lorbeer-Spieße darin portionsweise bei mittlerer Hitze in je etwa 5 Minuten goldbraun braten. Die Alufolie entfernen.

6. Die Hähnchen-Lorbeer-Spieße in eine tiefe Schale legen, mit der Orangenmarinade begießen und erkalten lassen. Hähnchen-Lorbeer-Spieße zugedeckt mindestens 1 Stunde im Kühlschrank marinieren lassen.

7. Für das Pesto Parmesan in kleine Würfel schneiden. Basilikum abspülen, trocken tupfen und die Blättchen von den Stängeln zupfen. Die Parmesanwürfel mit Basilikumblättchen, Mandeln, Olivenöl und Oliven in einen hohen Rührbecher geben und fein pürieren. Das Pesto mit Salz und Pfeffer würzen.

8. Die Hähnchen-Lorbeer-Spieße mit der Marinade und dem Pesto auf Portionstellern anrichten.

Tipps: Die abgezupften Lorbeerblätter können Sie trocknen und zum Kochen verwenden. Statt der Lorbeerspieße können Sie auch Schaschlikspieße verwenden. Servieren Sie Baguette zu den Spießen.

Hähnchen-Nudel-Salat I

Schnell

4 Portionen

Pro Portion: E: 23 g, F: 20 g, Kh: 49 g, kJ: 1981, kcal: 473, BE: 4,0

2 ½ l Wasser
2 ½ gestr. TL Salz
250 g Nudeln, z. B. Mini-Penne

Für das Dressing:

4 EL Weißweinessig
4 EL heiße Gemüsebrühe
1 Msp. Chiliflocken
2–3 EL Sojasauce
6 EL Sojaöl
1 Knoblauchzehe
½ TL gem. Ingwer
3 Frühlingszwiebeln

200 g abgetropfte Kürbisstücke (aus dem Glas)
200 g gebratene Hähnchenfilet-Streifen (aus dem Kühlregal)
Salz, gem. Pfeffer
2 EL gehackte, geröstete Erdnusskerne

Zubereitungszeit: 25 Minuten, ohne Durchziehzeit

1. Das Wasser in einem großen Topf zugedeckt zum Kochen bringen. Dann Salz und Nudeln zugeben. Die Nudeln im geöffneten Topf bei mittlerer Hitze nach Packungsanleitung bissfest kochen, dabei gelegentlich umrühren.

2. Für das Dressing in der Zwischenzeit Essig mit Brühe, Chiliflocken und Sojasauce in einer großen Salatschüssel verrühren. Sojaöl unterschlagen. Knoblauch abziehen, durch eine Knoblauchpresse drücken oder sehr fein hacken. Knoblauch mit Ingwer unter das Dressing rühren.

3. Frühlingszwiebeln putzen, abspülen, abtropfen lassen, in feine Scheiben schneiden und unterrühren.

4. Die garen Nudeln in ein Sieb geben, mit kaltem Wasser abspülen und abtropfen lassen. Die Nudeln mit dem Dressing vermischen. Salat etwa 5 Minuten durchziehen lassen.

5. Kürbisstücke und Hähnchenfilet-Streifen unter den Nudelsalat heben.

6. Den Nudelsalat mit Salz und Pfeffer abschmecken, mit Erdnusskernen bestreuen.

Himbeer-Kokos-Trifle | Einfach

4 Portionen

Pro Portion: E: 11 g, F: 10 g, Kh: 46 g, kJ: 1396, kcal: 333, BE: 4,0

500 g	*frische Himbeeren*
3–4 kleine	
Stängel	*Minze*
1–2 TL	*Puderzucker*
1–2 EL	*frisch gepresster Limetten- oder Zitronensaft*
12 Scheiben	*Kokos-Zwieback (etwa 120 g)*
500 g	*Quarkzubereitung Vanille-Geschmack (aus dem Kühlregal)*
evtl.	
2–3 Prisen	*Dr. Oetker Finesse Orangenschalen-Aroma*

Zubereitungszeit: 35 Minuten, ohne Durchziehzeit

1. Himbeeren verlesen, evtl. kurz abspülen und gut abtropfen lassen. Die Minze abspülen, trocken tupfen und die Blättchen von den Stängeln zupfen. Einige Minzeblättchen zum Garnieren beiseitelegen. Restliche Minze in feine Streifen schneiden. Die Himbeeren mit Minzestreifen, Puderzucker und Limetten- oder Zitronensaft mischen.

2. Den Kokos-Zwieback mit den Händen grob zerbröseln. Die Quarkzubereitung nach Belieben mit Orangenschalen-Aroma glatt rühren.

3. Die Himbeeren, Zwiebackbrösel und Quarkzubereitung abwechselnd in 4 Dessertgläser einschichten. Die Dessertgläser zugedeckt etwa 1 Stunde in den Kühlschrank stellen.

4. Die Himbeer-Kokos-Trifles zum Servieren mit den beiseitegelegten Minzeblättchen garnieren.

Abwandlung: Für ein **Himbeer-Trifle mit Amarettini** statt des Kokos-Zwiebacks etwa 120 g Amarettini (ital. Mandelmakronen) verwenden. Die Amarettini ebenso zerbröseln und wie im Rezept beschrieben mit den restlichen Zutaten in Dessertgläser einschichten.

Himbeer-Zitrus-Tarteletts I

Fettarm – fruchtig

6 Stück

Pro Stück: E: 3 g, F: 7 g, Kh: 36 g, kJ: 941, kcal: 225, BE: 3,0

Zum Vorbereiten:

40 g Halbfett-Butter

Für den Knetteig:

100 g Weizenmehl
½ gestr. TL Dr. Oetker Backin
40 g Zucker
1 Pck. Dr. Oetker Vanillin-Zucker
½ TL Dr. Oetker Finesse Geriebene Zitronenschale
1 ½ EL kaltes Wasser

Außerdem:

Hülsenfrüchte zum Blindbacken, z. B. Erbsen

Für die Füllung:

25 ml Zitronensaft
175 ml Apfelsaft
20 g Zucker
1 Pck. ungezuckerter Tortenguss, klar
100 g saure Sahne

Zum Garnieren:

150 g frische Himbeeren
evtl. einige Zitronenmelisseblättchen
1 TL Puderzucker

Zubereitungszeit: 30 Minuten, ohne Abkühlzeit
Backzeit: etwa 20 Minuten

1. Zum Vorbereiten die Butter zerlassen und abkühlen lassen.

2. Für den Teig Mehl mit Backpulver in einer Rührschüssel mischen. Restliche Zutaten hinzufügen und mit Handrührgerät mit Knethaken zunächst kurz auf niedrigster, dann auf höchster Stufe gut durcharbeiten. Anschließend auf einer leicht bemehlten Arbeitsfläche kurz zu einem Teig verkneten. Sollte er kleben, ihn in Frischhaltefolie gewickelt eine Zeit lang in den Kühlschrank legen.

3. Den Backofen vorheizen.
Ober-/Unterhitze: etwa 200 °C
Heißluft: etwa 180 °C

4. Den Teig in 6 gleich große Portionen teilen. Jede Teigportion zu einer runden Platte (Ø etwa 14 cm) ausrollen. Die Teigplatten in 6 Tartelettförmchen (Ø 8–10 cm, gefettet, bemehlt) legen, dabei den Rand festdrücken. Die Teigplatten mehrmals mit einer Gabel einstechen.

5. Je ein Stück Backpapier auf den Teig legen, mit Hülsenfrüchten zum Blindbacken füllen. Die Förmchen auf dem Rost in den vorgeheizten Backofen schieben. Die Tarteletts **etwa 15 Minuten backen.**

6. Dann die Hülsenfrüchte mit dem Backpapier entfernen und die Förmchen wieder auf dem Rost in den heißen Backofen schieben. Die Tarteletts bei **gleicher Backofentemperatur in etwa 5 Minuten fertig backen.**

7. Die Tarteletts kurz auf einem Kuchenrost abkühlen lassen, vorsichtig aus den Förmchen lösen, auf den Kuchenrost stürzen und erkalten lassen.

8. Für die Füllung Zitronensaft mit Apfelsaft, Zucker und Tortengusspulver in einem kleinen Topf verrühren. Die Mischung unter Rühren zum Kochen bringen und etwa ½ Minute kochen lassen.

9. Die Creme etwa 1 Minute abkühlen lassen, dann die saure Sahne unterrühren. Die Creme in die Tarteletts geben und vollständig erkalten lassen.

10. Zum Garnieren Himbeeren verlesen, evtl. kurz abspülen und sehr gut abtropfen lassen. Die Himbeeren auf die Tarteletts legen.

11. Die Himbeer-Zitrus-Tarteletts nach Belieben mit abgespülten und trocken getupften Zitronenmelisseblättchen garnieren und mit Puderzucker bestäubt servieren.

Hummus mit Tortilla-Sticks I

Exotisch

8 Portionen

Pro Portion: E: 6 g, F: 16 g, Kh: 16 g, kJ: 986, kcal: 236, BE: 1,5

250 g abgetropfte Kichererbsen (aus der Dose)
50 g Tahini (Sesampaste)
4 EL Olivenöl
Salz
1 TL Paprikapulver rosenscharf
1 TL gem. Kreuzkümmel (Cumin)
2 EL Zitronensaft
4–5 EL kaltes Wasser

Für die Tortilla-Sticks:

1 Eigelb (Größe M)
2 EL Milch
1 geh. EL Sesamsamen, ungeschält
3 TL Paprikapulver rosenscharf
1 TL gem. Kreuzkümmel (Cumin)
3 Tortilla-Weizenmehl-Fladen (Ø je etwa 20 cm)

4 EL Olivenöl
einige Minzeblättchen

Zubereitungszeit: 25 Minuten, ohne Abkühlzeit

1. Die Kichererbsen in ein Sieb geben, kalt abspülen und gut abtropfen lassen. Kichererbsen in einen hohen Rührbecher geben. Tahinipaste, Olivenöl, Salz, Paprikapulver, Kreuzkümmel und Zitronensaft dazugeben.

2. Die Zutaten mit einem Pürierstab fein pürieren. Dabei so viel Wasser unterrühren, bis eine sehr glatte, cremige Masse entstanden ist. Hummus zugedeckt in den Kühlschrank stellen.

3. Den Backofengrill vorheizen.

4. Für die Tortilla-Sticks das Eigelb mit der Milch verquirlen. Sesam, 2 Teelöffel Paprikapulver und Kreuzkümmel unterrühren.

5. Die Tortillafladen nebeneinander auf eine Arbeitsplatte legen. Die Fladen auf einer Seite dünn mit der Eiermilch bestreichen. Jeden Fladen in etwa 2 cm breite Streifen schneiden. Die Fladenstreifen mit der bestrichenen Seite nach oben auf ein Backblech (mit Backpapier belegt) legen.

6. Das Backblech auf mittlerer Schiene in den vorgeheizten Backofen schieben. Die Tortilla-Sticks kurz goldbraun backen. Das Backblech auf einen Kuchenrost stellen und die Tortilla-Sticks erkalten lassen.

7. Hummus in Portionsschälchen füllen, dabei in der Mitte eine Kuhle bilden und diese mit dem Olivenöl füllen. Den Rand mit dem restlichen Paprikapulver bestreuen und mit abgespülten, trocken getupften Minzeblättchen garnieren. Hummus mit den Tortilla-Sticks anrichten.

Tipps: Eine kleine Gabel in das Paprikapulver stippen und zur Dekoration auf das Hummus stempeln. Die Tortilla-Sticks während der Grillzeit beobachten, da sie sehr schnell bräunen.

Italienischer Bauernsalat I

Gut vorzubereiten

4 Portionen

Pro Portion: E: 19 g, F: 29 g, Kh: 28 g, kJ: 1894, kcal: 452, BE: 2,0

1 Gemüsezwiebel (etwa 200 g)
200 g Cocktailtomaten
150 g Salami, in Scheiben
250 g gedünstete, grüne Bohnen
250 g abgetropfte Kichererbsen (aus der Dose)
220 g abgetropfte Brechbohnen (aus der Dose)
250 g abgetropfte, weiße Bohnen (aus der Dose)

Für die Salatsauce:

3 EL Weißweinessig
1 TL mittelscharfer Senf
6 EL Speiseöl, z. B. Olivenöl
Salz, gem. Pfeffer, Zucker
1 Stängel Estragon

Zubereitungszeit: 25 Minuten, ohne Durchziehzeit

1. Die Zwiebel abziehen, halbieren und in Streifen schneiden. Tomaten abspülen, abtrocknen, halbieren und evtl. die Stängelansätze herausschneiden. Die Salamischeiben in feine Streifen schneiden.

2. Zwiebelstreifen, Tomatenhälften und Salamistreifen in eine Schüssel geben. Grüne Bohnen, Kichererbsen, Brechbohnen und weiße Bohnen hinzufügen. Die Zutaten gut vermengen.

3. Für die Salatsauce Essig mit Senf in einer Schüssel gut verrühren. Das Speiseöl unterschlagen und die Sauce mit Salz, Pfeffer und Zucker würzen.

4. Estragon abspülen, trocken tupfen und die Blättchen von den Stängeln zupfen. Blättchen fein hacken und zuletzt unter die Sauce rühren.

5. Die Salatsauce zu den Salatzutaten geben und untermischen. Den Salat zugedeckt mindestens 1 Stunde durchziehen lassen. Den Bauernsalat anschließend nochmals mit Salz, Pfeffer und Zucker abschmecken.

Kabeljau-Salsa | Gut vorzubereiten

6–8 Portionen

Pro Portion: E: 10 g, F: 4 g, Kh: 7 g, kJ: 417, kcal: 100, BE: 0,5

300 g Kabeljaufilet
etwas Zitronensaft
400 ml Fischfond (aus dem Glas)
1 große Kartoffel
1 große Rote Bete
1/2 TL ganze Kümmelsamen
Salz
1 Senfgurke
1 kleine Salatgurke
1 Bund Schnittlauch
200 g saure Sahne
1 EL ger. Meerrettich (aus dem Glas)
gem. Pfeffer
Zitronensaft

Zubereitungszeit: 25 Minuten, ohne Abkühl- und Durchziehzeit
Garzeit: etwa 55 Minuten

1. Kabeljaufilet unter fließendem kalten Wasser abspülen, trocken tupfen und mit Zitronensaft beträufeln.

2. Den Fond in einen Topf gießen, das Fischfilet hineinlegen, zum Kochen bringen und bei schwacher Hitze 5–7 Minuten ziehen lassen (das Fischfilet muss fest bleiben).

3. Fischfilet aus dem Fond nehmen, auf einen Teller legen und abkühlen lassen.

4. Kartoffel und Rote Bete unter fließendem Wasser abbürsten, knapp mit Wasser bedeckt, zugedeckt zum Kochen bringen. Kümmelsamen und Salz hinzufügen, Kartoffel und Rote Bete zugedeckt etwa 25 Minuten kochen.

5. Die Kartoffel herausnehmen und etwas abkühlen lassen. Rote Bete zugedeckt weitere etwa 30 Minuten kochen. Die Kartoffel pellen und in kleine Würfel schneiden.

6. Rote Bete herausnehmen, in ein Sieb geben, mit kaltem Wasser abschrecken und abtropfen lassen. Rote Bete schälen und in kleine Würfel schneiden.

7. Die Senfgurke klein würfeln. Salatgurke abspülen, abtrocknen, halbieren, entkernen und ebenfalls in kleine Würfel schneiden. Schnittlauch abspülen, trocken tupfen und in Röllchen schneiden.

8. Zuerst die Gurkenwürfel mit den Schnittlauchröllchen, der sauren Sahne und dem Meerrettich mischen, dann mit Salz und Pfeffer würzen. Kartoffel- und Rote-Bete-Würfel unterheben.

9. Fischfilet evtl. von Gräten befreien, in kleine Würfel schneiden und ebenfalls vorsichtig unterheben. Die Kabeljau-Salsa mit Salz, Pfeffer und Zitronensaft abschmecken. Die Kabeljau-Salsa zugedeckt über Nacht in den Kühlschrank stellen und durchziehen lassen.

Kaffee-Macadamia-Schnitzelchen | Etwas Besonderes – einfach

8 Portionen

Pro Portion: E: 12 g, F: 17 g, Kh: 10 g, kJ: 993, kcal: 237, BE: 1,0

40 g getrocknete Sauerkirschen
6 EL Olivenöl
3 EL Balsamico-Essig
Salz
gem., schwarzer Pfeffer

Für die Kaffee-Macadamia-Schnitzelchen:
2 EL ganze Kaffeebohnen
40 g Macadamianusskerne
40 g Semmelbrösel
300 g Hähnchen- oder Perlhuhnbrustfilet
etwas Mehl
1 Ei (Größe L)
8 EL Speiseöl

1 Schale gemischte Baby-Salate oder Pflücksalat (etwa 100 g)

Zubereitungszeit: 45 Minuten, ohne Abkühlzeit

1. Die Sauerkirschen mit Olivenöl, Essig, etwas Salz und Pfeffer verrühren.

2. Die Kaffeebohnen im Mörser nicht zu fein zerstoßen. Macadamianusskerne im Blitzhacker nicht zu fein hacken und mit dem Kaffee und den Semmelbröseln mischen. Das Hähnchen- oder Perlhuhnbrustfilet unter fließendem kalten Wasser abspülen, trocken tupfen und in 8 gleich große Stücke schneiden. Die Filetstücke mit Salz würzen, dann so in dem Mehl wenden, dass sie nur dünn bemehlt sind.

3. Das Ei verquirlen. Die Filetstücke kurz in das Ei tauchen, etwas abtropfen lassen und dann mit der Kaffee-Macadamia-Mischung panieren.

4. Das Speiseöl in einer großen Pfanne erhitzen. Die Filetstücke darin von jeder Seite bei starker Hitze in etwa 2 ½ Minuten goldbraun braten. Die Filetstücke auf Küchenpapier abtropfen und erkalten lassen.

5. Die Salatblätter vorsichtig waschen, gut abtropfen lassen oder trocken schleudern. Die Salatblätter evtl. etwas kleiner zupfen und kurz vor dem Servieren mit der vorbereiteten Sauerkirsch-Vinaigrette mischen. Die Kaffee-Macadamia-Schnitzelchen mit dem Salat portionsweise anrichten.

Kalte Moussaka I

Vegetarisch – mit Alkohol

10 Portionen

Pro Portion: E: 16 g, F: 24 g, Kh: 19 g, kJ: 1525, kcal: 363, BE: 1,5

4	*mittelgroße Auberginen*
	Salz
125 g	*Weizenmehl*
250 ml (1/4 l)	*Olivenöl*
6	*Fleischtomaten*
3	*Zwiebeln*
1,6 kg	*geschälte Tomaten (aus der Dose)*
	gem. Pfeffer
	gerebelter Thymian
4–6 EL	*Rotwein*
375 g	*Mozzarella*
100 g	*ger. Parmesan*

Zubereitungszeit: 60 Minuten, ohne Warte- und Abkühlzeit
Garzeit: etwa 30 Minuten

1. Auberginen abspülen, abtrocknen und die Stängelansätze abschneiden. Die Auberginen der Länge nach in etwa 1 cm dicke Scheiben schneiden, mit Salz bestreuen und etwa 30 Minuten stehen lassen. Danach kurz abspülen, trocken tupfen, mit Mehl bestäuben.

2. Etwas von dem Olivenöl in einer großen Pfanne erhitzen. Die Auberginenscheiben darin portionsweise von beiden Seiten goldbraun braten. Dann herausnehmen und auf Küchenpapier abtropfen lassen.

3. Die Tomaten kreuzweise einschneiden und mit kochendem Wasser übergießen. Nach 1–2 Minuten herausnehmen und mit kaltem Wasser abschrecken. Tomaten enthäuten und die Stängelansätze herausschneiden. Die Tomaten in Scheiben schneiden.

4. Den Backofen vorheizen.
Ober-/Unterhitze: etwa 200 °C
Heißluft: etwa 180 °C

5. Die Zwiebeln abziehen, halbieren und in Würfel schneiden. Das restliche Olivenöl in einer Pfanne erhitzen. Die Zwiebelwürfel darin andünsten. Die geschälten Tomaten aus der Dose mit der Flüssigkeit hinzugeben, mit Salz, Pfeffer und Thymian würzen. Die Zutaten zum Kochen bringen und in etwa 10 Minuten zu einer sämigen Sauce einkochen lassen. Die Tomatensauce mit Rotwein, Salz, Pfeffer und Thymian abschmecken.

6. Den Mozzarella in dünne Scheiben schneiden. Die Tomaten-, Auberginen- und Mozzarellascheiben abwechselnd in eine große Auflaufform (gefettet) schichten. Dabei jede Schicht mit Salz und Pfeffer würzen und mit etwas von der Tomatensauce bestreichen. Die obere Schicht sollte aus Tomatensauce bestehen. Die Moussaka mit den Mozzarellascheiben belegen und mit Parmesan bestreuen.

7. Die Form auf dem Rost in den vorgeheizten Backofen schieben. Moussaka **etwa 30 Minuten garen.**

8. Die Form auf einen Kuchenrost stellen und die Moussaka darin erkalten lassen. Die Moussaka bis zum Servieren zugedeckt kalt stellen.

Tipp: Dazu schmeckt frisches Fladenbrot.

Kalte Tomaten-Aprikosen-Suppe I

Für Kinder

4 Portionen

Pro Portion: E: 3 g, F: 9 g, Kh: 18 g, kJ: 701, kcal: 167, BE: 1,5

2 Schalotten
1 EL Olivenöl
850 g geschälte Tomaten (aus der Dose)
1 TL gerebelter Oregano
Salz
gem. Pfeffer
1 TL Zucker
240 g Aprikosenhälften und -saft (aus der Dose)
150 g Crème légère
etwas Zitronensaft

evtl. einige Minzeblättchen

Zubereitungszeit: 20 Minuten, ohne Abkühlzeit
Garzeit: etwa 10 Minuten

1. Die Schalotten abziehen und in sehr kleine Würfel schneiden. Das Olivenöl in einer Pfanne mit hohem Rand erhitzen. Die Schalottenwürfel darin andünsten. Die Tomaten mit der Flüssigkeit hinzugeben. Die Zutaten zum Kochen bringen und unter gelegentlichem Rühren etwa 10 Minuten bei schwacher Hitze kochen lassen.

2. Die Tomatensuppe mit Oregano, Salz, Pfeffer und Zucker abschmecken. Die Tomatensuppe mit einem Stabmixer pürieren und erkalten lassen.

3. Die Aprikosenhälften mit dem Saft in eine hohe Rührschüssel geben und mit dem Stabmixer pürieren. Crème légère unterrühren. Die Aprikosensuppe mit Zitronensaft abschmecken.

4. Zum Servieren 4 tiefe Teller bereitstellen. In jeden Teller gleichzeitig von rechts und links jeweils eine Kelle Tomaten- und Aprikosensuppe geben.

5. Nach Belieben Minzeblättchen abspülen und trocken tupfen. Die Tomaten-Aprikosen-Suppe mit den Minzeblättchen garnieren.

Kalter Braten in weißem Burgundergelee | Mit Alkohol

4 Portionen

Pro Portion: E: 26 g, F: 2 g, Kh: 3 g, kJ: 738, kcal: 175, BE: 0,0

400 g	*kalter Putenbraten, im Stück*
1	*Zwiebel*
2	*Tomaten*
2	*Gewürzgurken*
6 Blatt	*weiße Gelatine*
250 ml (1/4 l)	*Gemüsebrühe*
200 ml	*trockener Weißwein, z. B. weißer Burgunder*
	Salz
	gem. Pfeffer

Zubereitungszeit: 60 Minuten, ohne Kühlzeit

1. Den Braten zuerst in dickere Scheiben, dann in kleine Würfel schneiden. Zwiebel abziehen, halbieren und fein würfeln. Etwas Wasser in einem Topf zugedeckt zum Kochen bringen. Die Zwiebelwürfel hineingeben und darin kurz blanchieren. Die Zwiebelwürfel in ein Sieb abgießen, mit kaltem Wasser abschrecken und abtropfen lassen.

2. Tomaten abspülen, abtrocknen, halbieren und die Stängelansätze herausschneiden. Die Tomaten entkernen und das Fruchtfleisch in kleine Würfel schneiden. Die Gewürzgurken ebenfalls klein würfeln.

3. Gelatine nach Packungsanleitung einweichen. Die Gemüsebrühe mit dem Wein in einem Topf erhitzen, mit Salz und Pfeffer würzen. Den Topf von der Kochstelle nehmen. Die Gelatine leicht ausdrücken und in der Brühemischung unter Rühren auflösen.

4. Bratenwürfel mit Zwiebel-, Tomaten- und Gewürzgurkenwürfeln mischen. Die Mischung in gleich großen Portionen auf 4 kleine Schüsseln verteilen und mit der Gelatinemischung auffüllen. Die Schüsseln zugedeckt einige Stunden, am besten über Nacht, in den Kühlschrank stellen.

5. Das Gelee mit einem spitzen Messer vorsichtig vom Rand der Schüsseln lösen. Die Schüsseln kurz in heißes Wasser tauchen. Dann das Gelee auf vorbereitete Teller stürzen.

Tipps: Dazu schmeckt ein herzhafter Kartoffelsalat oder frisches Baguette und Remouladensauce. Wenn Sie die Schüsseln vor dem Befüllen mit Frischhaltefolie auslegen, lässt sich das Gelee besser stürzen.

Kartoffel-Fisch-Nuggets I

Für Kinder

4 Portionen

Pro Portion: E: 15 g, F: 20 g, Kh: 28 g, kJ: 1466, kcal: 350, BE: 2,0

375 g mehligkochende Kartoffeln
125 g Möhren
Salz
175 g festes Fischfilet, z. B. Seelachs, Lachs (frisch oder TK)
2 EL Zitronensaft
4 EL Schlagsahne (mind. 30 % Fett)
1 Ei (Größe M)
1 Eigelb (Größe M)
gem. Pfeffer
evtl. ½ TL gerebelter Thymian oder Majoran
5–6 EL Vollkorn-Semmelbrösel oder grober Maisgrieß
3 EL Butterschmalz oder Speiseöl

Zubereitungszeit: 40 Minuten, ohne evtl. Auftauzeit
Garzeit: etwa 20 Minuten

1. Kartoffeln schälen, abspülen und abtropfen lassen. Die Möhren putzen, schälen, abspülen und abtropfen lassen. Kartoffeln und Möhren in gleich große Stücke schneiden und in einen Topf geben. So viel Wasser hinzugießen, dass die Kartoffel- und Möhrenstücke knapp mit Wasser bedeckt sind. ½ Teelöffel Salz hinzufügen. Die Zutaten zum Kochen bringen und zugedeckt etwa 20 Minuten garen.

2. Das Fischfilet (TK-Fischfilet vorher auftauen lassen) kurz unter fließendem kalten Wasser abspülen, trocken tupfen und in sehr kleine Würfel schneiden. Die Fischwürfel mit Zitronensaft beträufeln.

3. Die garen Kartoffel- und Möhrenstücke abgießen, dabei etwas Kochwasser auffangen. Die Sahne zu den Kartoffel- und Möhrenstücken geben und mit einem Kartoffelstamper fein zerdrücken. Kartoffel-Möhren-Masse etwas abkühlen lassen.

4. Ei und Eigelb verschlagen, mit den Fischwürfeln zum Püree geben und gut untermischen. Sollte das Püree etwas zu fest sein – es muss sich allerdings noch formen lassen – evtl. etwas von dem aufgefangenen Kochwasser unterrühren. Das Püree mit Salz, Pfeffer, Thymian oder Majoran kräftig würzen.

5. Aus der Masse mit angefeuchteten Händen kleine Nuggets oder Frikadellen formen und diese in Semmelbröseln oder Maisgrieß wenden.

6. Jeweils etwas Butterschmalz oder Speiseöl in einer großen Pfanne erhitzen. Nuggets oder Frikadellen darin portionsweise von beiden Seiten knusprig braten und herausnehmen.

Tipps: Dazu schmeckt ein Tomaten- oder Gurkensalat. Zusätzlich 2 Esslöffel Röstzwiebeln, 2 Esslöffel Sonnenblumenkerne oder 2–3 Esslöffel frisch geriebenen Parmesan unter das Püree (s. Punkt 4) geben. Für einen Fischburger die Kartoffel-Fisch-Nuggets mit etwas Tomatenketchup, frischen Gurkenscheiben, Salatcreme und Röstzwiebeln zwischen einem frischen Brötchen servieren. Die Nuggets schmecken übrigens auch lauwarm sehr lecker.

Kartoffel-Forellen-Tarte I

Für Gäste
14 Stücke

Pro Stück: E: 7 g, F: 11 g, Kh: 10 g, kJ: 667, kcal: 160, BE: 1,0

400 g festkochende Kartoffeln
1 Scheibe Toastbrot
75 ml Olivenöl
80 g Hartweizengrieß
3 gestr. TL Dr. Oetker Backin
1 gestr. TL Salz
½ Pck. gehackter TK-Dill
2 Eiweiß (Größe M)
2 Eigelb (Größe M)
150 g Crème fraîche
4 geräucherte Forellenfilets (etwa 250 g)

Zubereitungszeit: 50 Minuten, ohne Abkühlzeit
Backzeit: 40–45 Minuten

1. Die Kartoffeln unter fließendem Wasser abbürsten, knapp mit Wasser bedeckt, zugedeckt zum Kochen bringen, in etwa 20 Minuten gar kochen. Kartoffeln abgießen, mit kaltem Wasser abschrecken, abtropfen lassen. Kartoffeln noch warm pellen und durch die Kartoffelpresse drücken. Masse abkühlen lassen.

2. Den Backofen vorheizen.
Ober-/Unterhitze: etwa 180 °C
Heißluft: etwa 160 °C

3. Die Toastbrotscheibe entrinden, in kleine Würfel schneiden, in eine Schüssel geben, mit 1 Esslöffel von dem Olivenöl beträufeln und vermengen.

4. Für den Teig Grieß mit Backpulver, Salz und tiefgefrorenem Dill in einer Rührschüssel mischen. Das Eiweiß steif schlagen. Eigelb, Crème fraîche und das restliche Olivenöl zum Grießgemisch geben und mit Handrührgerät mit Rührbesen unterrühren. Die vorbereitete Kartoffelmasse kurz unterrühren. 3 Forellenfilets in kleine Stücke zerteilen und kurz unterrühren. Den Eischnee mit einem Teigschaber unterheben.

5. Teig in eine Tarteform (Ø 26–28 cm, gefettet) füllen und glatt streichen. Das restliche Forellenfilet in Stücke zerteilen und darauf verteilen. Den Teig mit den vorbereiteten Toastbrotwürfeln bestreuen. Die Form auf dem Rost in den vorgeheizten Backofen schieben. Die Kartoffel-Forellen-Tarte **40–45 Minuten backen.**

6. Die Form auf einen Kuchenrost stellen. Die Kartoffel-Forellen-Tarte in der Form erkalten lassen.

Tipp: Zum Servieren die Kartoffel-Forellen-Tarte mit Crème-fraîche-Klecksen und Dill garnieren.

Kartoffel-Herings-Salat, geschichtet | Einfach

12 Portionen

Pro Portion: E: 16 g, F: 55 g, Kh: 33 g, kJ: 2875, kcal: 694, BE: 2,5

2 kg festkochende, kleine Kartoffeln
2 kg Heringsfilets in frischer Sahnesauce (aus dem Kühlregal)
300 g Joghurt (3,5 % Fett)
Salz, gem. Pfeffer
etwas Zucker
4–6 rotschalige Äpfel
2 EL Zitronensaft
20 Cornichons
6 Frühlingszwiebeln

Zubereitungszeit: 20 Minuten, ohne Abkühlzeit
Garzeit: etwa 20 Minuten

1. Die Kartoffeln unter fließendem Wasser abbürsten, knapp mit Wasser bedeckt, zugedeckt zum Kochen bringen und in etwa 20 Minuten gar kochen. Kartoffeln abgießen, mit kaltem Wasser abschrecken, abtropfen lassen. Die Kartoffeln noch warm pellen, in Scheiben schneiden und abkühlen lassen.

2. Die Heringsfilets aus der Sahnesauce nehmen, gut abtropfen lassen und in Stücke schneiden. Die Sahnesauce mit dem Joghurt verrühren, mit Salz, Pfeffer und Zucker abschmecken.

3. Äpfel heiß abspülen, abtrocknen, vierteln und die Kerngehäuse entfernen. Die Äpfel mit der Schale quer in Scheiben schneiden. Apfelscheiben mit Zitronensaft beträufeln. Cornichons ebenfalls in Scheiben schneiden. Frühlingszwiebeln putzen, abspülen, abtropfen lassen und in feine Scheiben schneiden.

4. Die Salatzutaten mit der Sauce abwechselnd in Portionsgläser oder eine hohe Glasschüssel schichten. Dabei die Kartoffelscheiben immer mit Salz und Pfeffer würzen. Die letzte Schicht sollte aus Sauce bestehen.

Tipps: Den Kartoffel-Herings-Salat mit abgespülten, trocken getupften Dillspitzen garnieren. Dazu schmecken Pumpernickeltaler.

Kartoffelsalat „Texicana“ | Würzig

4 Portionen

Pro Portion: E: 22 g, F: 34 g, Kh: 48 g, kJ: 2160, kcal: 581, BE: 4,0

280 g abgetropfter Mais-Bohnen-Mix mit Paprikastückchen (aus der Dose)
250 g abgetropfte Kidneybohnen (aus der Dose)

Für die Sauce:

125 ml (1/8 l) heiße Gemüsebrühe
100 g Schmand (Sauerrahm)
3 EL Speiseöl, z. B. Rapsöl
Salz, gem. Pfeffer
1 Prise Zucker
1 EL Barbecue-Gewürzmischung

750 g gegarte Pellkartoffeln, vom Vortag
1 Bund Schnittlauch
250 g abgetropfte Mini-Würstchen (aus dem Glas)
3 EL Röstzwiebeln

Zubereitungszeit: 25 Minuten, ohne Durchziehzeit

1. Mais-Bohnen-Mix und Kidneybohnen in einem Sieb mit kaltem Wasser abspülen, abtropfen lassen.

2. Für die Sauce Brühe mit Schmand in einer großen Salatschüssel glatt rühren. Das Speiseöl unterschlagen. Die Sauce mit Salz, Pfeffer, Zucker und Barbecue-Gewürzmischung abschmecken.

3. Pellkartoffeln pellen und in Scheiben schneiden. Die Kartoffelscheiben mit dem Mais-Bohnen-Mix und den Kidneybohnen unter die Sauce mischen. Den Kartoffelsalat etwa 5 Minuten durchziehen lassen, dabei gelegentlich umrühren.

4. Den Schnittlauch abspülen und trocken tupfen. Schnittlauch in Röllchen schneiden. Mini-Würstchen und Schnittlauchröllchen unter den Kartoffelsalat heben. Den Kartoffelsalat nochmals mit Salz, Pfeffer und Barbecue-Gewürzmischung abschmecken und mit Röstzwiebeln bestreut servieren.

Tipp: Wer keine Barbecue-Gewürzmischung zur Hand hat, kann auch Cayennepfeffer verwenden und schmeckt den Salat feurig ab.

Kartoffelsalat mit Oliven in Tapenade I

Französisch inspiriert

4–6 Portionen

Pro Portion: E: 6 g, F: 39 g, Kh: 24 g, kJ: 1987, kcal: 474, BE: 2,0

700 g festkochende Kartoffeln
je 170 g abgetropfte, grüne und schwarze Oliven (ohne Stein)
1/2 Bund Basilikum

Für die Tapenade (Olivenpaste):

200 g abgetropfte, gemischte Oliven (ohne Stein)
40 g abgetropfte Sardellenfilets, in Öl
4 EL Balsamico-Essig
8 EL Olivenöl
gem. Knoblauch
gem. Pfeffer

Zubereitungszeit: 40 Minuten, ohne Abkühl- und Durchziehzeit

1. Die Kartoffeln unter fließendem Wasser abbürsten, knapp mit Wasser bedeckt, zugedeckt zum Kochen bringen und in etwa 20 Minuten gar kochen. Kartoffeln abgießen, mit kaltem Wasser abschrecken, abtropfen lassen. Kartoffeln noch warm pellen und in Scheiben oder Würfel schneiden. Die Kartoffeln in eine große Schüssel geben.

2. Die gut abgetropften Oliven zu den Kartoffelscheiben geben. Basilikum abspülen, trocken tupfen und die Blättchen von den Stängeln zupfen. Die Blättchen beiseitelegen.

3. Für die Tapenade die Oliven halbieren und die Sardellen in kleine Stücke schneiden. Beide Zutaten in einem hohen Rührbecher pürieren. Essig hinzufügen und Olivenöl unterschlagen. Die Tapenade mit Knoblauch und Pfeffer abschmecken und unter die Salatzutaten heben. Den Salat 1–2 Stunden zugedeckt in den Kühlschrank stellen.

4. Den Salat vor dem Servieren nochmals vorsichtig umrühren, evtl. mit Knoblauch und Pfeffer nachwürzen und mit den beiseitegelegten Basilikumblättchen garniert servieren.

Kartoffelsalat nach Asia-Art I

Raffiniert – einfach

4 Portionen

Pro Portion: E: 7 g, F: 21 g, Kh: 32 g, kJ: 1463, kcal: 350, BE: 2,5

Zum Vorbereiten:

2 EL Sesamsamen

Für die Sauce:

4 EL Salatmayonnaise
4 EL Joghurt (3,5 % Fett)
1 EL Sesamöl
1 EL Zitronensaft
Salz oder 1 TL Sojasauce
gem. Pfeffer
½ TL gem. Ingwer
1 Prise Zucker
1 Prise Chiliflocken

750 g gegarte Pellkartoffeln, z. B. vom Vortag
2 rote Zwiebeln
½ Salatgurke
200 g abgetropfte Mungobohnenkeimlinge (aus dem Glas)

Zubereitungszeit: 20 Minuten

1. Zum Vorbereiten Sesamsamen in einer Pfanne ohne Fett unter Wenden goldbraun rösten und auf einen Teller geben.

2. Für die Sauce Mayonnaise mit Joghurt, Sesamöl und Zitronensaft in einer Salatschüssel verrühren. Die Sauce mit Salz oder Sojasauce, Pfeffer, Ingwer, Zucker und Chiliflocken würzen.

3. Die Pellkartoffeln pellen und in dünne Scheiben schneiden (evtl. mit einem Eierschneider). Die Kartoffelscheiben vorsichtig unter die Sauce mischen.

4. Zwiebeln abziehen, halbieren und in dünne Scheiben schneiden. Zwiebelscheiben unter den Salat mischen. Den Kartoffelsalat etwa 5 Minuten durchziehen lassen.

5. In der Zwischenzeit die Gurke abspülen und abtrocknen oder nach Belieben schälen. Gurke längs vierteln und in Scheiben schneiden.

6. Mungobohnenkeimlinge und Gurkenscheiben unter den Kartoffelsalat heben. Den Salat nochmals mit Salz oder Sojasauce, Pfeffer und Ingwer abschmecken. Den Kartoffelsalat mit Sesamsamen bestreut servieren.

Tipps: Besonders köstlich: Den Salat mit gebratenem Tunfischfilet und frischem Koriander servieren. Auch einem fertig gekauften Kartoffelsalat mit Essig-Öl-Dressing (aus dem Kühlregal) können Sie mit etwas Sojasauce, gemahlenem Ingwer und Chiliflocken einen asiatischen Touch geben. Den Salat dann z. B. mit Kresse, frischen Sprossen (z. B. Alfalfa oder Radieschen), Gurke und evtl. etwas frischem Koriander anrichten. Den Kartoffelsalat zusätzlich mit eingelegtem Ingwer aromatisieren.

Käsebrötchen mit Apfeltatar I

Zum Mitnehmen

4 Stück

Pro Stück: E: 16 g, F: 17 g, Kh: 36 g, kJ: 1518, kcal: 363, BE: 3,0

- *4 Salatblätter, z. B. Römer- oder Kopfsalatblätter*
- *2 rotschalige Äpfel (je 150 g)*
- *200 g Salatgurke*
- *2 TL Zitronensaft*
- *gem. Pfeffer*
- *2 TL Olivenöl*
- *4 Mohnbrötchen*
- *4 TL Halbfett-Margarine*
- *4 Schnittkäsescheiben, z. B. Gouda*

Zubereitungszeit: 15 Minuten

1. Salatblätter abspülen und trocken tupfen. Die Äpfel heiß abspülen, abtrocknen, vierteln und entkernen. Gurke abspülen, abtrocknen und nach Belieben schälen. Die Äpfel und Gurke in feine Würfel schneiden.

2. Die Apfel- und Gurkenwürfel in einer Schüssel mischen, mit Zitronensaft und Pfeffer abschmecken. Olivenöl unterrühren.

3. Die Mohnbrötchen waagerecht aufschneiden und mit Margarine bestreichen.

4. Jeweils 1 Salatblatt und 1 Käsescheibe auf die unteren Brötchenhälften legen. Das Apfeltatar in Häufchen daraufsetzen und mit den oberen Brötchenhälften bedecken.

Käsekuchen, würziger I

Etwas Besonderes – mit Alkohol
15 Stücke

Pro Stück: E: 6 g, F: 11 g, Kh: 13 g, kJ: 751, kcal: 179, BE: 1,0

Zum Vorbereiten:
100 g Korinthen
4 EL roter Portwein
100 g Butter oder Margarine

Für den Teig:
100 g Weizenmehl (Type 550)
50 g Hartweizengrieß
4 gestr. TL Dr. Oetker Backin
1 TL gerebelter Thymian
100 g frisch ger. Parmesan
50 ml Buttermilch
2 Eier (Größe M)
100 g Edelpilzkäse (Blauschimmelkäse, 50 % Fett)

Semmelbrösel zum Ausstreuen der Form

Zubereitungszeit: 45 Minuten, ohne Einweich- und Abkühlzeit
Backzeit: 40–45 Minuten

1. Zum Vorbereiten die Korinthen in ein Sieb geben, mit heißem Wasser abspülen und abtropfen lassen. Den Portwein leicht erwärmen und die Korinthen darin einweichen. Butter oder Margarine zerlassen und abkühlen lassen.

2. Den Backofen vorheizen.
Ober-/Unterhitze: etwa 180 °C
Heißluft: etwa 160 °C

3. Für den Teig Mehl mit Grieß, Backpulver, Thymian und Parmesan in einer Rührschüssel mischen. Buttermilch, Eier und flüssige Butter oder Margarine dazugeben und mit Handrührgerät mit Rührbesen unterrühren. Den Edelpilzkäse in kleine Stücke teilen und zusammen mit den eingeweichten Korinthen und der Flüssigkeit unter den Teig rühren.

4. Den Teig in eine Kastenform (25 x 11 cm, gefettet, mit Semmelbrösel ausgestreut) füllen, glatt streichen. Die Form auf dem Rost in den vorgeheizten Backofen schieben. Den Käsekuchen **40–45 Minuten backen.**

5. Die Form auf einen Kuchenrost stellen. Den Käsekuchen etwa 10 Minuten in der Form stehen lassen, dann auf einen mit Backpapier belegten Kuchenrost stürzen. Den Käsekuchen wieder umdrehen und erkalten lassen.

Tipps: Den Käsekuchen mit etwas Thymian garnieren und weiche Butter oder Crème fraîche dazu servieren. Der Käsekuchen schmeckt gut zu einem würzigen Salat z. B. aus Rucola, Radicchio, Frisée-Salat und Lollo bionda. Mischen Sie den Salat erst kurz vor dem Servieren mit einer Sauce aus Balsamico-Essig, etwas Honig, Olivenöl, Salz und Pfeffer.

Käseplatte | Klassisch

6 Portionen

Pro Portion: E: 22 g, F: 45 g, Kh: 54 g, kJ: 2995, kcal: 716, BE: 4,5

Für die Schwarzbrotecken:

125 g weiche Butter
125 g Doppelrahm-Frischkäse
etwas gehackte TK-Petersilie
Salz
Paprikapulver edelsüß
8 Scheiben Schwarzbrot

Für die Emmentaler-Rollen:

70 g Emmentaler, am Stück
2 EL Kondensmilch
½ TL Sardellenpaste
4 Scheiben Bratenaufschnitt (nicht zu dünn geschnitten)

Für die Almschnitten:

50 g weiche Butter
125 g Sahneschmelzkäse
1 TL Salatmayonnaise
2 EL Joghurt (3,5 % Fett)
8 Scheiben Pumpernickel
einige grüne, kernlose Weintrauben

einige Petersilienblättchen

Zubereitungszeit: 50 Minuten, ohne Durchziehzeit

1. Für die **Schwarzbrotecken** Butter geschmeidig rühren. Frischkäse und Petersilie unterrühren. Die Creme mit Salz und Paprika abschmecken.

2. Von den Schwarzbrotscheiben 6 Stück jeweils mit der Creme bestreichen. Jeweils 3 bestrichene Cremescheiben aufeinanderlegen und mit je 1 Schwarzbrotscheibe bedecken.

3. Die geschichteten Schwarzbrotschnitten in Frischhaltefolie wickeln und gut beschweren (z. B. mit einem Schneidbrett und Konservendosen). Die Schwarzbrotschnitten über Nacht in den Kühlschrank stellen.

4. Für die **Emmentaler-Rollen** Käse auf einer Haushaltsreibe fein reiben, in eine Schüssel geben und mit der Kondensmilch verrühren. Die Sardellenpaste unterrühren. Die Käsecreme auf den Fleischscheiben verteilen und jeweils aufrollen.

5. Für die **Almschnitten** Butter geschmeidig rühren. Schmelzkäse mit Mayonnaise und Joghurt verrühren, mit Salz abschmecken. Die Käsecreme in einen Spritzbeutel mit Sterntülle füllen.

6. Die Pumpernickelscheiben in etwa 3 x 3 cm große Stücke schneiden. Die Hälfte der Pumpernickelstücke mit der Käsecreme bespritzen. Die restlichen Pumpernickelstücke darauflegen, leicht andrücken und mit kleinen Käsecremetupfen verzieren. Weintrauben abspülen, gut abtropfen lassen und halbieren. Die Käsecremetupfen mit den Weintraubenhälften garnieren.

7. Die Schwarzbrotecken mit einem scharfen Messer in Dreiecke schneiden. Die Emmentaler-Rollen und Almschnitten auf einer Platte anrichten, mit abgespülten, trocken getupften Petersilienblättchen garnieren.

Käse-Schinken-Hörnchen I

Für die Party
8 Stück

Pro Stück: E: 12 g, F: 12 g, Kh: 25 g, kJ: 1106, kcal: 264, BE: 2,0

Für den Quark-Öl-Teig:
250 g Weizenmehl
3 gestr. TL Dr. Oetker Backin
125 g Magerquark
50 ml Milch (3,5 % Fett)
50 ml Speiseöl, z. B. Sonnenblumenöl
1 Eiweiß (Größe M)
½ gestr. TL Salz

Für die Füllung:
100 g Kochschinken, in Scheiben
100 g Gouda

Zum Bestreichen und Bestreuen:
1 Eigelb
1 EL Milch
grob gem. Pfeffer
Sesamsamen

Zubereitungszeit: 30 Minuten
Backzeit: etwa 25 Minuten

1. Für den Teig das Mehl mit Backpulver in einer Rührschüssel mischen. Quark, Milch, Speiseöl, Eiweiß und Salz hinzufügen. Die Zutaten mit Handrührgerät mit Knethaken auf niedrigster, dann auf höchster Stufe in etwa 1 Minute zu einem glatten Teig verarbeiten (nicht zu lange kneten, Teig klebt sonst).

2. Anschließend den Teig auf einer leicht bemehlten Arbeitsfläche zu einer Kugel formen. Die Teigkugel auf der bemehlten Arbeitsfläche zu einem Kreis (Ø etwa 35 cm) ausrollen und in 8 „Tortenstücke" schneiden.

3. Den Backofen vorheizen.
Ober-/Unterhitze: etwa 180 °C
Heißluft: etwa 160 °C

4. Für die Füllung den Schinken in kleine, feine Streifen schneiden und gleichmäßig auf den Teigstücken verteilen. Den Käse fein reiben und ebenfalls gleichmäßig daraufstreuen. Die Füllung leicht andrücken. Die Teigstücke von der schmalen Seite aus zu Hörnchen aufrollen. Die Teighörnchen auf ein Backblech (mit Backpapier belegt) legen.

5. Zum Bestreichen und Bestreuen das Eigelb mit der Milch verrühren. Die Hörnchen mit der Eiermilch bestreichen und mit Pfeffer und Sesam bestreuen. Das Backblech in den vorgeheizten Backofen schieben und die Hörnchen **etwa 25 Minuten backen.**

Käse-Schinken-Wraps I

Schnell

4 Portionen

Pro Portion: E: 34 g, F: 20 g, Kh: 35 g, kJ: 1960, kcal: 468, BE: 2,5

- *16 Blätter Kopfsalat*
- *1/2 Salatgurke*
- *1 Kästchen Kresse*
- *8 EL Joghurt (3,5 % Fett)*
- *4 EL körniger Senf*
- *1–2 EL flüssiger Honig*
- *4 Wraps (Tortilla-Weizenmehl-Fladen, Ø je etwa 30 cm)*
- *4 Scheiben Kochschinken (etwa 250 g)*
- *8 Scheiben Gouda (etwa 200 g)*

Zubereitungszeit: 15 Minuten

1. Die Salatblätter abspülen und trocken tupfen. Die Gurke abspülen, abtrocknen und grob raspeln. Kresse abspülen, trocken tupfen und mit einer Küchenschere vom Beet schneiden.

2. Den Joghurt mit dem Senf und Honig glatt rühren. Die Wraps mit dem Honig-Senf-Joghurt gleichmäßig bestreichen. Schinken, Käse, Salatblätter und Gurkenraspel darauf verteilen. Die Kresse daraufstreuen.

3. Die Wraps fest aufrollen, mit einem scharfen Messer schräg halbieren und zugedeckt bis zum Servieren in den Kühlschrank stellen.

Tipp: Die Wraps mit einer Serviette umwickeln.

Käseschnecken I

Zum Mitnehmen

14 Stück

Pro Stück: E: 17 g, F: 20 g, Kh: 28 g, kJ: 1482, kcal: 354, BE: 2,5

Für den Hefeteig:

500 g Weizenmehl
42 g frische Hefe
1 gestr. TL Zucker
125 ml (1/8 l) lauwarme Milch
100 g zerlassene, abgekühlte Butter oder Margarine
1/2 TL Salz
2 Eier (Größe M)

Für die Füllung:

2 Zwiebeln
10 g Butter
200 g Rindergehacktes
125 g Thüringer Mett (Schweinemett)
Salz
gem. Pfeffer
1 Ei (Größe M)
2–3 EL gemischte, gehackte Kräuter, z. B. Petersilie, Dill, Liebstöckel, Basilikum
300 g mittelalter Gouda

Zum Bestreichen:

2 Eigelb
2 EL Milch

Zubereitungszeit: 30 Minuten, ohne Teiggehzeit
Backzeit: etwa 15 Minuten je Backblech

1. Für den Teig das Mehl in eine Rührschüssel geben und in die Mitte eine Vertiefung eindrücken. Hefe hineinbröckeln, mit Zucker und etwas Milch verrühren und etwa 15 Minuten stehen lassen.

2. Butter oder Margarine, Salz und Eier hinzufügen. Die Zutaten mit Handrührgerät mit Knethaken zunächst kurz auf niedrigster, dann auf höchster Stufe in etwa 5 Minuten zu einem glatten Teig verarbeiten. Den Teig zugedeckt so lange an einem warmen Ort gehen lassen, bis er sich sichtbar vergrößert hat (etwa 30 Minuten).

3. Für die Füllung in der Zwischenzeit Zwiebeln abziehen, halbieren und klein würfeln. Die Butter in einer großen Pfanne zerlassen. Die Zwiebelwürfel darin andünsten. Gehacktes und Mett hinzufügen und unter Rühren anbraten. Dabei die Fleischklümpchen mit einer Gabel zerdrücken, dann mit Salz und Pfeffer würzen. Fleischmasse etwas abkühlen lassen. Anschließend das Ei und die Kräuter unterkneten. Den Käse grob reiben.

4. Den gegangenen Teig leicht mit Mehl bestäuben, aus der Schüssel nehmen, auf einer leicht bemehlten Arbeitsfläche nochmals kurz durchkneten und zu einem Rechteck (etwa 35 x 45 cm) ausrollen. Die Teigplatte mit der Fleischmasse bestreichen. Dabei rundherum einen etwa 2 cm breiten Rand frei lassen. Die Fleischmasse gleichmäßig mit dem geriebenen Käse bestreuen.

5. Den Backofen vorheizen.
Ober-/Unterhitze: etwa 200 °C
Heißluft: etwa 180 °C

6. Den Teig von der kürzeren Seite aus vorsichtig aufrollen und in etwa 2 1/2 cm dicke Scheiben schneiden. Die Teigscheiben auf Backbleche (mit Backpapier belegt) legen. Dabei etwas Abstand zwischen den Käseschnecken lassen. Käseschnecken zugedeckt nochmals so lange an einem warmen Ort gehen lassen, bis sich die Schnecken sichtbar vergrößert haben (etwa 30 Minuten).

7. Zum Bestreichen Eigelb mit Milch verschlagen und die Teigschnecken damit bestreichen. Die Backbleche nacheinander (bei Heißluft zusammen) in den vorgeheizten Backofen schieben. Die Käseschnecken **etwa 15 Minuten je Backblech backen.**

8. Die Käseschnecken mit dem Backpapier von den Backblechen auf Kuchenroste ziehen und erkalten lassen.

Tipp: Dazu schmeckt ein frischer Blattsalat.

Käsestangen | Einfach
20 Stück

Pro Stück: E: 3 g, F: 7 g, Kh: 8 g, kJ: 458, kcal: 109, BE: 0,5

Für den Teig:
450 g TK-Blätterteig

Für den Belag:
100 g Appenzeller
Paprikapulver edelsüß
gem. Pfeffer

Zum Bestreichen:
1 Eigelb
1 EL Milch

Zubereitungszeit: 25 Minuten, ohne Auftau- und Ruhezeit
Backzeit: etwa 15 Minuten je Backblech

1. Die Blätterteigplatten nebeneinander zugedeckt nach Packungsanleitung auftauen lassen.

2. Für den Belag Käse fein reiben. Den geriebenen Käse mit Paprikapulver und Pfeffer in einer Schüssel mischen.

3. Die Teigplatten aufeinanderlegen und auf einer leicht bemehlten Arbeitsfläche zu einem Rechteck (etwa 20 x 40 cm) ausrollen.

4. Den Backofen vorheizen.
Ober-/Unterhitze: etwa 200 °C
Heißluft: etwa 180 °C

5. Zum Bestreichen das Eigelb mit Milch verschlagen. Das Blätterteigrechteck mit etwa der Hälfte der Eiermilch bestreichen. Auf eine Teighälfte die Käsemischung streuen. Die andere Teighälfte daraufklappen und andrücken.

6. Den Teig mit einem scharfen Messer in etwa 2 cm breite Streifen schneiden. Die Streifen spiralförmig drehen und auf Backbleche (mit Backpapier belegt) legen. Die Enden der Käsestangen auf dem Backpapier andrücken.

7. Die Spiralen etwa 10 Minuten ruhen lassen, dann mit der restlichen Eiermilch bestreichen. Die Backbleche nacheinander (bei Heißluft zusammen) in den vorgeheizten Backofen schieben. Die Käsestangen **etwa 15 Minuten je Backblech backen.**

8. Die Käsestangen mit dem Backpapier auf Kuchenrosten erkalten lassen.

Käsewindbeutelchen | Beliebt

12 Stück

Pro Stück: E: 8 g, F: 14 g, Kh: 7 g, kJ: 782, kcal: 187, BE: 0,5

Für den Brandteig:

125 ml (1/8 l) Wasser
25 g Butter oder Margarine
75 g Weizenmehl
15 g Speisestärke
Salz
2–3 Eier (Größe M)
1/2 gestr. TL Dr. Oetker Backin
75 g Emmentaler

Für die Füllung:

200 g Doppelrahm-Frischkäse
150 g Crème fraîche
gem., schwarzer Pfeffer
100 g roher Schinken
etwas Paprikapulver edelsüß

Zubereitungszeit: 45 Minuten, ohne Kühlzeit
Backzeit: etwa 20 Minuten

1. Den Backofen vorheizen.
Ober-/Unterhitze: etwa 200 °C
Heißluft: etwa 180 °C

2. Für den Teig Wasser mit Butter oder Margarine am besten in einem Stieltopf zum Kochen bringen. Das Mehl mit Speisestärke und 1 Prise Salz mischen, auf einmal in die von der Kochstelle genommene Flüssigkeit schütten, zu einem glatten Kloß rühren und unter Rühren etwa 1 Minute erhitzen (abbrennen). Heißen Kloß sofort in eine Schüssel geben.

3. Nach und nach die Eier mit Handrührgerät mit Knethaken auf höchster Stufe unterarbeiten. Die Eiermenge hängt von der Beschaffenheit des Teiges ab, er muss stark glänzen und so vom Löffel abreißen, dass lange Spitzen hängen bleiben. Backpulver in den erkalteten Teig arbeiten.

4. Zuletzt den Käse reiben und ebenfalls unter den Teig arbeiten. Den Teig mit 2 Teelöffeln in walnussgroßen Häufchen auf ein Backblech (gefettet, mit Backpapier belegt) setzen. Backblech in den vorgeheizten Backofen schieben. Die Windbeutelchen **etwa 20 Minuten backen.**

5. Während der ersten 15 Minuten der Backzeit die Backofentür nicht öffnen, da das Gebäck sonst zusammenfällt. Sofort nach dem Backen das Backblech auf einen Kuchenrost stellen und von jedem Windbeutel einen Deckel abschneiden. Das Gebäck auf einem mit Backpapier belegten Kuchenrost erkalten lassen.

6. Für die Füllung Frischkäse mit Crème fraîche glatt rühren, mit Salz und Pfeffer abschmecken. Den Schinken sehr fein würfeln und unterrühren. Die Käsewindbeutelchen mit der Frischkäsefüllung füllen. Deckel wieder auflegen und die Käsewindbeutelchen mit Paprika bestäuben.

Tipp: Möchten Sie die Käsewindbeutelchen auf ein kaltes Buffet stellen, füllen Sie sie nicht, sondern richten die aufgeschnittenen Windbeutel und die Füllung getrennt voneinander zum Selbstfüllen an. Die Käsewindbeutelchen weichen sonst zu schnell durch.

Käse-Zucchini-Schnittchen I

Vegetarisch

10 Stück

Pro Stück: E: 7 g, F: 9 g, Kh: 14 g, kJ: 688, kcal: 165, BE: 1,0

1 Zucchini
1–2 EL Olivenöl
Salz, gem. Pfeffer
10 Schnittlauchhalme
1 Stängel glatte Petersilie
1 Vollkornbaguette (etwa 300 g)
2–3 EL Kräuter-Crème-fraîche
5 Scheiben Höhlenkäse
100 g Schafskäse

Zubereitungszeit: 25 Minuten, ohne Abkühlzeit

1. Zucchini abspülen, abtrocknen und die Enden abschneiden. Von der Zucchini längs 10 dünne Scheiben abschneiden. Olivenöl in einer großen Pfanne erhitzen. Die Zucchinischeiben darin kurz von beiden Seiten anbraten, mit Salz und Pfeffer würzen. Zucchinischeiben auf Küchenpapier legen und erkalten lassen.

2. Schnittlauch und Petersilie abspülen und trocken tupfen. Petersilienblättchen vom Stängel zupfen und zum Garnieren beiseitelegen.

3. Baguette in 10 Scheiben schneiden und diese mit Kräuter-Crème-fraîche bestreichen. 5 der Zucchinischeiben mit je 1 Scheibe Höhlenkäse belegen, von der schmalen Seite her aufrollen und mit 1 Schnittlauchhalm zusammenbinden.

4. Den Schafskäse längs in 5 etwa 1 cm breite Streifen schneiden. Die Schafskäsestreifen in je 1 der restlichen Zucchinischeiben einrollen und ebenfalls mit 1 Schnittlauchhalm zusammenbinden.

5. Die Käse-Zucchini-Röllchen auf die Baguettescheiben legen und mit Petersilienblättchen und Pfeffer bestreut servieren.

Knoblauchschnittchen mit Garnelen | Einfach

10 Stück

Pro Stück: E: 6 g, F: 14 g, Kh: 22 g, kJ: 1002, kcal: 239, BE: 2,0

1 Bio-Limette (unbehandelt, ungewachst)
1 Bund Petersilie
3 Knoblauchzehen
140 g Salatmayonnaise
1 Baguette (etwa 400 g)
6 EL Speiseöl, z. B. Rapsöl
10 kleine Salatblätter, z. B. Kopfsalat
10 abgetropfte, große Garnelen (gegart, in Knoblauchöl eingelegt)

Zubereitungszeit: 20 Minuten

1. Die Limette heiß abwaschen, abtrocknen und halbieren. Eine Limettenhälfte in 5 Scheiben schneiden. Die Scheiben nochmals halbieren und zum Garnieren beiseitelegen. Die zweite Limettenhälfte auspressen.

2. Petersilie abspülen, trocken tupfen und die Blättchen von den Stängeln zupfen. Blättchen klein schneiden. Den Knoblauch abziehen. 1 Knoblauchzehe in kleine Würfel schneiden.

3. Mayonnaise mit Limettensaft, Petersilie und Knoblauchwürfeln verrühren. Das Baguette in 10 Scheiben schneiden.

4. Die restlichen Knoblauchzehen in dünne Scheiben schneiden. Das Speiseöl in einer Pfanne erhitzen, die Knoblauchscheiben hinzugeben. Die Baguettescheiben darin portionsweise von beiden Seiten knusprig braten.

5. Die Salatblätter waschen und trocken tupfen. Die Knoblauch-Baguettescheiben mit jeweils 1 Salatblatt belegen. Die Mayonnaisecreme darauf verteilen und mit je 1 Knoblauchgarnele belegen. Die Knoblauchschnittchen mit den beiseitegelegten Limettenscheiben garniert servieren.

Tipps: Sie können auch frische Garnelen verwenden und diese in Knoblauchöl braten. Statt Baguette können Sie auch Toastbrotscheiben verwenden und aus diesen mit einer runden Ausstechform (Ø etwa 5 cm) Brotkreise ausstechen und in einer Pfanne rösten.

Knoblauchschnittchen mit Gemüsekaviar | Vegetarisch

4 Portionen

Pro Portion: E: 8 g, F: 37 g, Kh: 29 g, kJ: 2024, kcal: 485, BE: 2,5

je 1 rote, grüne und gelbe Paprikaschote
½ Aubergine
1 Zucchini
50 g Champignons
1 Schalotte oder kleine Zwiebel
2 Knoblauchzehen
4 EL Olivenöl
10 abgetropfte, schwarze Oliven (mit Stein)
3 Stängel frisches Basilikum
1 kleines Bund Petersilie
10 abgetropfte Kapern (aus dem Glas)
10 rote Pfefferbeeren
Salz
gem. Pfeffer

Für die Schnittlauchcreme:

1 kleines Bund Schnittlauch
150 g Crème fraîche
Saft von ½ Zitrone

50 g Butter
4 Scheiben Vollkorn- oder Graubrot
1 abgezogene Knoblauchzehe
evtl. einige Basilikumblättchen

Zubereitungszeit: 50 Minuten, ohne Abkühlzeit
Garzeit: etwa 15 Minuten

1. Den Backofen vorheizen.
Ober-/Unterhitze: etwa 200 °C
Heißluft: etwa 180 °C

2. Paprikaschoten halbieren, entstielen, entkernen und die weißen Scheidewände entfernen. Schoten abspülen, trocken tupfen und vierteln. Paprikaviertel mit der Hautseite nach oben auf ein Backblech (mit Olivenöl bestrichen) legen. Das Backblech in den vorgeheizten Backofen schieben. Die Paprikaschoten etwa 15 Minuten garen, bis die Haut Blasen wirft.

3. Das Backblech auf einen Kuchenrost stellen. Die Paprikaviertel mit einem feuchten Tuch bedecken und etwas abkühlen lassen. Dann vom Backblech nehmen, die Haut abziehen und die Paprikaviertel erkalten lassen. Paprika in kleine Würfel schneiden.

4. Aubergine abspülen, abtrocknen und den Stängelansatz abschneiden. Zucchini abspülen, abtrocknen und die Enden abschneiden. Champignons putzen, evtl. kurz abspülen und trocken tupfen. Schalotte oder Zwiebel und Knoblauch abziehen. Die vorbereiteten Gemüsezutaten in kleine Würfel schneiden.

5. Etwas von dem Olivenöl in einer Pfanne erhitzen. Die Gemüsewürfel (außer den Paprikawürfeln) darin gar dünsten.

6. Die Oliven halbieren, entsteinen, in kleine Stücke hacken. Basilikum und Petersilie abspülen, trocken tupfen und die Blättchen von den Stängeln zupfen. Blättchen klein schneiden.

7. Olivenstücke, Basilikum, Petersilie, Kapern, Pfefferbeeren und Paprikawürfel zu den Gemüsewürfeln geben und untermischen. Die Gemüsemischung mit Salz und Pfeffer abschmecken, mit dem restlichen Olivenöl beträufeln.

8. Für die Schnittlauchcreme Schnittlauch abspülen, trocken tupfen und in sehr kleine Röllchen schneiden. Crème fraîche mit Zitronensaft und Schnittlauch glatt rühren. Die Schnittlauchcreme mit Salz und Pfeffer abschmecken.

9. Butter in einer Pfanne erhitzen. Die Brotscheiben darin von beiden Seiten goldbraun anrösten, herausnehmen und mit Knoblauch einreiben.

10. Gemüsekaviar auf den gerösteten Brotscheiben anrichten und mit Schnittlauchsauce umgießen. Nach Belieben mit Basilikumblättchen garniert servieren.

Knusperoliven | Für Gäste

30 Stück

Pro Stück: E: 3 g, F: 7 g, Kh: 4 g,
kJ: 374, kcal: 89, BE: 0,5

150 g Weizenmehl (Type 550)
125 g kalte Butter
250 g ger. Gouda
Salz, Paprikapulver edelsüß
200 g abgetropfte, grüne Oliven (mit Paprika gefüllt)

Zubereitungszeit: 35 Minuten, ohne Kühlzeit
Backzeit: etwa 20 Minuten

1. Mehl mit Butter, Gouda, Salz und Paprika schnell zu einem glatten Teig verkneten. Teig in Frischhaltefolie gewickelt etwa 1 Stunde in den Kühlschrank legen.

2. Den Backofen vorheizen.
Ober-/Unterhitze: etwa 220 °C
Heißluft: etwa 200 °C

3. Den Teig auf der leicht bemehlten Arbeitsfläche zu Rollen (Ø etwa 5 cm) formen. Von den Rollen etwa 1 cm dicke Scheiben abschneiden.

4. In jede Scheibe 1 Olive eindrücken. Den Teig darumlegen und zwischen den Handflächen zu kirschgroßen Kugeln formen.

5. Die Teigkugeln auf ein Backblech (mit Backpapier belegt) legen. Das Backblech in den vorgeheizten Backofen schieben. Die Teigkugeln **etwa 20 Minuten backen.**

6. Das Backblech auf einen Kuchenrost stellen. Die Knusperoliven erkalten lassen.

Knuspersticks | Einfach

8 Stück

Pro Stück: E: 3 g, F: 1 g, Kh: 10 g, kJ: 275, kcal: 65, BE: 1,0

8 Blätter TK-Frühlingsrollen-Teig (je 20 x 20 cm, erhältlich im Asialaden)
1 Eiweiß
8 TL Mango-Chutney
50 g Fetakäse

Zubereitungszeit: 20 Minuten, ohne Auftauzeit
Backzeit: 12–15 Minuten

1. Den Backofen vorheizen.
Ober-/Unterhitze: etwa 160 °C
Heißluft: etwa 140 °C

2. Die Teigblätter nach Packungsanleitung auftauen lassen. Das Eiweiß verschlagen.

3. Eines der Teigblätter dünn mit Eiweiß bestreichen. 1 Esslöffel Chutney als Streifen im unteren Drittel des Teigblattes verteilen, dabei an den Seiten jeweils einen etwa 2 cm breiten Rand frei lassen. Fetakäse zerbröseln, in 8 Portionen aufteilen und 1 Portion davon auf das Chutney streuen. Die Teigränder darüberklappen, mit Eiweiß bestreichen und zu einem Stick aufrollen.

4. Aus den restlichen Teigblättern wie beschrieben insgesamt 8 Sticks zubereiten. Sticks auf ein Backblech (mit Backpapier belegt) legen und in den vorgeheizten Backofen schieben. Die Sticks **12–15 Minuten backen.**

5. Die Knuspersticks mit dem Backpapier von dem Backblech auf einen Kuchenrost ziehen. Die Knuspersticks erkalten lassen.

Tipp: Dazu das Hummus von Seite 106 servieren. Dafür 125 g Kicher- durch grüne Erbsen ersetzen. Zusätzlich einige Blättchen Minze mitpürieren.

Kräuter-Lachs-Kuchen | Für Gäste

15 Stücke

Pro Stück: E: 5 g, F: 9 g, Kh: 7 g, kJ: 542, kcal: 129, BE: 0,5

250 g TK-Lachsfilet
25 g gehackter TK-Dill
1 EL körniger Senf
2 TL Zitronensaft
1 gestr. TL Salz
½ Bund Schnittlauch

Für den Teig:
100 g Weizenmehl (Type 550)
30 g Hartweizengrieß
3 gestr. TL Dr. Oetker Backin
½ gestr. TL Salz
50 ml Buttermilch
2 Eier (Größe M)
100 ml Speiseöl

Semmelbrösel zum Ausstreuen für die Form

Zubereitungszeit: 30 Minuten, ohne Auftauzeit
Backzeit: etwa 50 Minuten

1. Das Lachsfilet nach Packungsanleitung auftauen lassen. Das aufgetaute Lachsfilet abspülen, trocken tupfen und in etwa 1 cm große Würfel schneiden. Die Lachswürfel mit dem gefrorenen Dill, körnigen Senf, Zitronensaft und Salz mischen. Schnittlauch abspülen, trocken tupfen und in feine Röllchen schneiden.

2. Den Backofen vorheizen.
Ober-/Unterhitze: etwa 180 °C
Heißluft: etwa 160 °C

3. Für den Teig Mehl mit Grieß, Backpulver, Salz und Schnittlauchröllchen in einer Rührschüssel mischen. Buttermilch, Eier und Speiseöl dazugeben und mit Handrührgerät mit Rührbesen unterrühren. Die Lachs-Senf-Mischung mit einem Löffel kurz unterrühren.

4. Den Teig in eine Kastenform (25 x 11 cm, gefettet, mit Semmelbröseln ausgestreut) füllen und glatt streichen. Form auf dem Rost in den vorgeheizten Backofen schieben. Kräuter-Lachs-Kuchen **etwa 50 Minuten backen.**

5. Die Form auf einen Kuchenrost stellen. Den Kräuter-Lachs-Kuchen etwa 10 Minuten in der Form stehen lassen, dann auf einen mit Backpapier belegten Kuchenrost stürzen, umdrehen und erkalten lassen.

Kräuter-Quark-Frikadellen I

Für die Party

20 Stück

Pro Stück: E: 6 g, F: 5 g, Kh: 3 g, kJ: 367, kcal: 88, BE: 0,5

1 Brötchen (Semmel), vom Vortag
1 kleine Zwiebel
500 g Gehacktes (halb Rind-, halb Schweinefleisch)
125 g Magerquark
1 EL Schnittlauchröllchen
1 EL gehackte Petersilie
1 Ei (Größe M)
Salz
gem. Pfeffer
50 g Semmelbrösel
30 g Butterschmalz

Zubereitungszeit: 30 Minuten
Garzeit: etwa 6 Minuten

1. Das Brötchen in kaltem Wasser einweichen und gut ausdrücken. Zwiebel abziehen, halbieren und in kleine Würfel schneiden.

2. Gehacktes in eine Schüssel geben. Quark, Brötchen, Zwiebelwürfel, Schnittlauchröllchen, Petersilie und Ei hinzufügen. Die Zutaten gut vermengen, mit Salz und Pfeffer würzen.

3. Aus der Hackfleischmasse mit angefeuchteten Händen etwa 20 kleine Bällchen formen. Die Semmelbrösel auf einen flachen Teller geben. Die Hackfleischbällchen darin wälzen und etwas flach drücken.

4. Das Butterschmalz in einer großen Pfanne erhitzen. Die Frikadellen darin unter mehrmaligem Wenden etwa 6 Minuten braten. Die Frikadellen herausnehmen und erkalten lassen.

Tipp: Für ein deftiges Buffet passen zu den Frikadellen herzhaft belegte Bauernbrote, Kartoffelsalat, Senf und Gewürzgurken.

Kürbis-Apfel-Tartes | Für Gäste

8 Stück

Pro Stück: E: 4 g, F: 10 g, Kh: 25 g, kJ: 870, kcal: 208, BE: 2,0

40 g getrocknete Soft-Pflaumen
1 geh. EL grobkörniger Senf
1 Blätterteigrolle (270 g, aus dem Kühlregal)

Zum Bestreichen:

1 Eigelb
1 EL Milch

Für den Belag:

120 g Hokkaidokürbis (mit Schale, ohne Kerne)
1 rotschaliger Apfel (etwa 125 g)
4 EL flüssiger Honig
2 EL Zitronensaft
Salz
gem., schwarzer Pfeffer
8 Walnusskernhälften

Zum Garnieren:

16 schöne, kleine Stängel Rucola (Rauke)
8 dünne Scheiben Bresaola (luftgetrockneter Rinderschinken)

Zubereitungszeit: 55 Minuten, ohne Abkühlzeit
Backzeit: etwa 13 Minuten

1. Die Pflaumen mit dem Senf in einen hohen Rührbecher geben und zu einer feinen Paste pürieren.

2. Den Blätterteig auf einer leicht bemehlen Arbeitsfläche ausrollen. Mit einer runden Ausstechform daraus 8 Kreise (Ø je etwa 10 cm) ausstechen. Die Teigkreise auf ein Backblech (gefettet, mit Backpapier belegt) legen.

3. Die Pflaumenpaste so auf die Teigkreise streichen, dass ein etwa 1 cm breiter Rand frei bleibt.

4. Zum Bestreichen das Ei mit der Milch verquirlen und die Teigränder damit bestreichen.

5. Den Backofen vorheizen.
Ober-/Unterhitze: etwa 220 °C
Heißluft: etwa 200 °C

6. Für den Belag von dem Kürbis evtl. die Innenfasern entfernen. Den Kürbis mit der Schale in sehr dünne (je etwa 2 mm) Spalten schneiden oder hobeln. Die Kürbisspalten einmal in der Mitte durchschneiden.

7. Den Apfel heiß abspülen, abtrocknen, vierteln, entkernen und ebenfalls in sehr dünne Spalten schneiden. Die Apfelspalten einmal in der Mitte durchschneiden.

8. Die Kürbis- und Apfelspalten abwechselnd und dicht nebeneinander auf die Pflaumenpaste legen. Honig mit Zitronensaft, etwas Salz und Pfeffer verrühren. Die Kürbis- und Apfelspalten damit bestreichen.

9. Das Backblech in den vorgeheizten Backofen (unteres Drittel) schieben. Die Kürbis-Apfel-Tartes **etwa 13 Minuten backen.** In der Zwischenzeit die Walnüsse grob hacken und etwa 5 Minuten vor Ende der Backzeit auf die Kürbis-Apfel-Tartes streuen.

10. Die Kürbis-Apfel-Tartes vorsichtig mit dem Backpapier von dem Backblech auf einen Kuchenrost ziehen und erkalten lassen.

11. Zum Garnieren die Rucolastängel abspülen und gut abtropfen lassen. Kürbis-Apfel-Tartes mit Rucolastängeln und Bresaola belegen.

Tipp: Statt Bresaola können Sie auch Bündner Fleisch oder geräucherten Putenbrustschinken verwenden.

Kürbiskernbrötchen mit Ei

Zum Mitnehmen

16 Stück

Pro Stück: E: 7 g, F: 7 g, Kh: 24 g, kJ: 791, kcal: 189, BE: 2,0

Zum Vorbereiten:

100 g Kürbiskerne

Für den Hefeteig:

42 g frische Hefe
300 ml warmes Wasser
250 g Weizenmehl (Type 405)
1 TL Zucker
200 g Weizenmehl (Type 1050)
1 gestr. TL Salz
2 EL Olivenöl

Für den Belag:

4 hart gekochte Eier (Größe M)
4 Salatblätter
4 EL Remouladensauce
1 Bund Schnittlauch

Zubereitungszeit: 45 Minuten, ohne Abkühl- und Teiggehzeit
Backzeit: 25–30 Minuten

1. Zum Vorbereiten Kürbiskerne in einer Pfanne ohne Fett unter Wenden anrösten, herausnehmen und auf einem Teller erkalten lassen.

2. Für den Teig in der Zwischenzeit Hefe zerbröseln, mit Wasser in einer Rührschüssel verrühren. Das Mehl (Type 405) und Zucker hinzugeben. Die Zutaten mit Handrührgerät mit Knethaken zu einem glatten Vorteig verkneten.

3. Mehl (Type 1050), die Hälfte der gerösteten Kürbiskerne und Salz auf den Vorteig geben. Den Teig zugedeckt so lange an einem warmen Ort gehen lassen, bis er sich sichtbar vergrößert hat (etwa 30 Minuten).

4. Wenn sich der Teig deutlich vergrößert hat und das Mehl Risse zeigt, das Olivenöl hinzugießen. Die Zutaten mit Handrührgerät mit Knethaken zu einem geschmeidigen Teig verkneten. Den Teig zugedeckt etwa 5 Minuten ruhen lassen.

5. Den Teig leicht mit Mehl bestäuben, aus der Schüssel nehmen und auf einer leicht bemehlten Arbeitsfläche zu einer langen Rolle formen. Die Teigrolle halbieren und jede Hälfte in jeweils 8 Stücke schneiden. Die Teigstücke zu Kugeln formen und mit Abstand auf ein Backblech (bemehlt) setzen. Die Teigkugeln mit kaltem Wasser bestreichen. Restliche Kürbiskerne daraufstreuen.

6. Die Teigkugeln nochmals zugedeckt so lange an einem warmen Ort gehen lassen, bis sie sich sichtbar vergrößert haben (etwa 60 Minuten).

7. Den Backofen vorheizen.
Ober-/Unterhitze: etwa 200 °C
Heißluft: etwa 180 °C

8. Das Backblech in den vorgeheizten Backofen schieben. Die Brötchen **25–30 Minuten backen.**

9. Die Brötchen vom Backblech nehmen, auf einen Kuchenrost setzen und erkalten lassen.

10. Für den Belag die Eier pellen und in Scheiben schneiden. Salatblätter abspülen und trocken tupfen. Die Brötchen waagerecht durchschneiden und mit der Remouladensauce bestreichen. Salatblätter und Eierscheiben auf die unteren Brötchenhälften legen. Schnittlauch abspülen, trocken tupfen und in feine Röllchen schneiden. Die unteren Brötchenhälften damit bestreuen. Die oberen Brötchenhälften darauflegen.

Lachssülzchen | Für Gäste

6 Stück

Pro Stück: E: 10 g, F: 4 g, Kh: 2 g, kJ: 354, kcal: 84, BE: 0,0

6 Blatt weiße Gelatine
400 ml Fischfond
2 EL Sherry-Essig oder Weißweinessig
1 gestr. TL Salz
gem. Pfeffer
3 Frühlingszwiebeln
3 TL Sahnemeerrettich
250 g Räucherlachs, in Scheiben

Zubereitungszeit: 40 Minuten, ohne Kühlzeit

1. Gelatine nach Packungsanleitung einweichen. Die Gelatine leicht ausdrücken und mit dem Fischfond in einem Topf bei schwacher Hitze unter Rühren auflösen. Dann den Essig unterrühren.

2. Fischfond-Gelatine-Flüssigkeit mit Salz und Pfeffer kräftig würzen. Jeweils 1–2 Esslöffel von der Fischfond-Gelatine-Flüssigkeit in 6 kleine, aber hohe Förmchen oder Tassen (kalt ausgespült, je etwa 200 ml Inhalt) füllen. Den Innenrand der Förmchen oder Tassen dünn mit der Fischfond-Gelatine-Flüssigkeit bestreichen. Die Förmchen oder Tassen für etwa 10 Minuten in den Kühlschrank stellen.

3. Frühlingszwiebeln putzen, abspülen, abtropfen lassen und in feine Scheiben schneiden. Frühlingszwiebelscheiben unter die restliche Fischfond-Gelatine-Flüssigkeit rühren.

4. Je ½ Teelöffel Sahnemeerrettich auf den erstarrten Flüssigkeitsspiegel geben und wieder jeweils 2 Esslöffel von der Flüssigkeit daraufgeben. Die Förmchen oder Tassen nochmals für etwa 10 Minuten in den Kühlschrank stellen.

5. Die Ränder der Förmchen oder Tassen mit einigen Lachsscheiben auskleiden (Lachsscheiben je nach Größe passend zuschneiden). Die restlichen Lachsscheiben in kleine Stücke schneiden. Lachsstücke in die Mitte der Förmchen oder Tassen geben.

6. Restliche Flüssigkeit vorsichtig in die Förmchen oder Tassen füllen. Förmchen oder Tassen zugedeckt für mindestens 3 Stunden in den Kühlschrank stellen.

7. Zum Servieren die Förmchen oder Tassen kurz in heißes Wasser tauchen und die Lachssülzchen auf kleine Teller stürzen.

Tipps: Zum Servieren die kleinen Sülzen mit abgespülten, trocken getupften Schnittlauchhalmen umwickeln. Die Lachssülzchen zum Beispiel als Vorspeise mit Frühlingszwiebelringen und frischem Baguette servieren. Die Lachssülzchen lassen sich gut vorbereiten und sind im Kühlschrank etwa 3 Tage haltbar.

Lachs-Wraps | Einfach

8 Stück

Pro Stück: E: 12 g, F: 16 g, Kh: 27 g, kJ: 1268, kcal: 304, BE: 2,0

je 1 rote und gelbe Paprikaschote (je etwa 200 g)
250 g Rucola (Rauke)
1 Kästchen Kresse
8 Wraps (Tortilla-Weizenmehl-Fladen)

Für die Sauce:

300 g Crème fraîche
2–3 EL Sahnemeerrettich
Salz, gem. Pfeffer
Zucker

250 g Räucherlachs, in Scheiben

Zubereitungszeit: 40 Minuten

1. Die Paprikaschoten halbieren, entstielen, entkernen und die weißen Scheidewände entfernen. Die Schoten abspülen, abtropfen lassen und in Streifen schneiden. Rucola verlesen und dicke Stängel abschneiden. Den Rucola abspülen, gut abtropfen lassen oder trocken schleudern und evtl. etwas kleiner zupfen. Die Kresse abspülen, abschneiden und trocken tupfen.

2. Die Wraps nach Packungsanleitung im Backofen oder nacheinander in einer Pfanne ohne Fett von beiden Seiten kurz erwärmen.

3. Für die Sauce Crème fraîche mit Meerrettich verrühren, mit Salz, Pfeffer und Zucker würzen. Die Wraps mit der Hälfte der Sauce bestreichen und Rucola und Kresse darauf verteilen. Je 1–2 Lachsscheiben darauflegen, die Paprikastreifen darüberstreuen und die restliche Sauce darauf verteilen.

4. Die Wraps fest aufrollen, schräg halbieren und nach Belieben in Butterbrotpapier und Servietten wickeln.

Lammfilet-Tomaten-Sülze I

Etwas Besonderes

4 Portionen

Pro Portion: E: 23 g, F: 14 g, Kh: 10 g, kJ: 1126, kcal: 268, BE: 0,5

30 g	*Pinienkerne*
300 g	*Lammfilet*
	Salz, gem. Pfeffer
3 EL	*Olivenöl*
1 kg	*Roma- oder Flaschentomaten*
10 Blatt	*weiße Gelatine*
70 g	*Zwiebeln*
2	*Knoblauchzehen*
500 ml (1/2 l)	*Gemüsebrühe*
150 ml	*Weißweinessig*
1 gestr. TL	*Salz*
1 gestr. EL	*Zucker*
2 TL	*gerebeltes Basilikum*
1 TL	*gerebelter Thymian*

Zubereitungszeit: 50 Minuten, ohne Kühlzeit

1. Die Pinienkerne in einer Pfanne ohne Fett unter Wenden goldbraun rösten, auf einen Teller geben und beiseitestellen.

2. Lammfilet mit Küchenpapier trocken tupfen und mit Pfeffer und Salz würzen. Olivenöl in einer Pfanne erhitzen. Das Lammfilet darin in etwa 6 Minuten von allen Seiten gut anbraten, dann erkalten lassen.

3. Tomaten kreuzweise einschneiden und mit kochendem Wasser übergießen. Nach 1–2 Minuten herausnehmen, mit kaltem Wasser abschrecken. Tomaten enthäuten, vierteln und die Stängelansätze entfernen. Tomaten entkernen.

4. Die Gelatine nach Packungsanleitung einweichen. Zwiebeln und Knoblauch abziehen und fein würfeln.

5. Etwa 150 ml von der Gemüsebrühe zugedeckt in einem kleinen Topf zum Kochen bringen. Die Zwiebel- und Knoblauchwürfel darin etwa 2 Minuten köcheln lassen. Den Topf von der Kochstelle nehmen.

6. Die Gelatine leicht ausdrücken und in der heißen Brühe unter Rühren auflösen. Restliche Gemüsebrühe und Essig unterrühren. Die Sülzenflüssigkeit mit Salz, Pfeffer, Zucker, Basilikum und Thymian kräftig abschmecken.

7. Den Boden einer länglichen Terrinenform (etwa 1,2 l Inhalt, kalt ausgespült) etwa 1/2 cm hoch mit der Sülzenflüssigkeit bedecken. Die Form für etwa 10 Minuten in den Kühlschrank stellen. Dann die Hälfte der Tomatenviertel in die Form geben.

8. Das Lammfilet mittig darauflegen, mit den gerösteten Pinienkernen bestreuen und mit den restlichen Tomatenvierteln belegen. Die restliche Sülzenflüssigkeit vorsichtig in die Form gießen. Die Form zugedeckt für mindestens 6 Stunden, am besten über Nacht, in den Kühlschrank stellen.

9. Die Form kurz in heißes Wasser tauchen und die Sülze auf eine Platte stürzen.

Tipps: Die Lammfilet-Tomaten-Sülze mit abgespülten, trocken getupften und in Streifen geschnittenen Basilikumblättchen servieren. Im Kühlschrank ist die Sülze 4–5 Tage haltbar.

Lammfleisch in grüner Sauce I

Etwas teurer

8 Portionen

Pro Portion: E: 16 g, F: 24 g, Kh: 2 g, kJ: 1187, kcal: 283, BE: 0,0

700 g Lammfleisch (aus dem Rücken)
Salz
gem. Pfeffer
3–4 EL Olivenöl

Für die Sauce:

je 1 kleines
Bund Majoran, Petersilie, Basilikum und Thymian
1 Zweig Rosmarin
3–4 Knoblauchzehen
3–4 EL Balsamico-Essig
8 EL Olivenöl

Zubereitungszeit: 35 Minuten, ohne Abkühlzeit
Garzeit: 10–15 Minuten

1. Den Backofen vorheizen.
Ober-/Unterhitze: etwa 180 °C
Heißluft: etwa 160 °C

2. Lammfleisch mit Küchenpapier trocken tupfen. Das Lammfleisch mit Salz und Pfeffer würzen.

3. Das Olivenöl in einer Pfanne erhitzen. Das Lammfleisch darin von allen Seiten scharf anbraten, danach herausnehmen und in eine Auflaufform (gefettet) legen. Die Form auf dem Rost in den vorgeheizten Backofen schieben. Das Lammfleisch **in 10–15 Minuten fertig garen.**

4. Die Form auf einen Kuchenrost stellen. Das Lammfleisch erkalten lassen.

5. Für die Sauce die Kräuter abspülen, trocken tupfen und die Blättchen von den Stängeln zupfen. Die Blättchen sehr fein hacken.

6. Knoblauchzehen abziehen und durch eine Knoblauchpresse drücken oder sehr fein hacken. Essig mit Salz, Pfeffer und Kräutern mischen. Das Olivenöl unterschlagen.

7. Das erkaltete Lammfleisch in möglichst dünne Scheiben schneiden und auf einer Servierplatte anrichten. Die Fleischscheiben mit Pfeffer bestreuen und mit etwas von der grünen Sauce beträufeln. Die restliche Sauce dazu servieren.

Leberkäsehäppchen I

Schnell – einfach

8 Portionen

Pro Portion: E: 16 g, F: 21 g, Kh: 3 g, kJ: 1118, kcal: 267, BE: 0,0

8 Scheiben Leberkäse (je etwa ½ cm dick)
1 Bund Petersilie
einige Cocktailtomaten
285 g abgetropfte Mixed Pickles (aus dem Glas)
einige abgetropfte, grüne Oliven (mit Paprika gefüllt)

einige Zahnstocher

Zubereitungszeit: 20 Minuten

1. Aus den Leberkäsescheiben mit einer Ausstechform oder einem Messer mundgerechte Stücke ausstechen bzw. schneiden. Petersilie abspülen, trocken tupfen und die Blättchen von den Stängeln zupfen. Die Tomaten abspülen, abtrocknen, je nach Größe evtl. halbieren, evtl. die Stängelansätze herausschneiden.

2. Mixed Pickles in bunter Reihenfolge mit Cocktailtomaten, Oliven und Petersilie auf Zahnstocher aufspießen und in je 1 Leberkäsestück stecken.

Tipps: Dazu passt süßer Senf und Laugengebäck. Statt Petersilie können Sie auch frische Kresse verwenden.

Abwandlung: Anstelle des Leberkäses können Sie auch Fleischwurst oder gebratene Hähnchenbrustfilets verwenden.

Limetten-, Chili- und Kräuterbutter | Mit Alkohol

je etwa 300 g

Insgesamt: E: 2 g, F: 208 g, Kh: 4 g, kJ: 7962, kcal: 1905, BE: 0,5 (Limettenbutter); E: 2 g, F: 208 g, Kh: 2 g, kJ: 7903, kcal: 1891, BE: 0,0 (Chilibutter); E: 4 g, F: 208 g, Kh: 13 g, kJ: 8283, kcal: 1982, BE: 0,5 (Kräuterbutter)

750 g weiche Butter
Salz
gem. Pfeffer

Für die Limettenbutter:
abgeriebene Schale und Saft von
1 Bio-Limette (unbehandelt, ungewachst)

Für die Chilibutter:
2 rote Chilischoten oder
1 TL Chilipaste

Für die Kräuterbutter:
1 kleine Zwiebel
3 Knoblauchzehen
5 EL fein gehackte Petersilie
2–3 EL fein gehackter Estragon
2–3 EL fein gehackter Kerbel
7–8 fein gehackte Pfefferminzblätter
5 EL Weißwein
etwas Zucker oder Honig

Frischhalte- oder Alufolie

Zubereitungszeit: 30 Minuten

1. Die gesamte Buttermenge mit Handrührgerät mit Rührbesen schaumig schlagen, bis sie leicht weißlich ist und ihr Volumen sich fast verdoppelt hat. Butter mit Salz und Pfeffer abschmecken und in 3 gleich große Portionen teilen.

2. Für die **Limettenbutter** in ein Drittel der Butter abgeriebene Schale und Saft von 1 Limette geben. Die Zutaten gut verrühren.

3. Für die **Chilibutter** Chilischoten abspülen, abtrocknen, entstielen und in kleine Stücke schneiden. Die Chilischotenstücke oder die Chilipaste zu dem zweiten Teil der Butter geben. Die Zutaten gut verrühren.

4. Für die **Kräuterbutter** Zwiebel und Knoblauch abziehen und fein würfeln. Die fein gehackten Kräuter, Zwiebel-, Knoblauchwürfel, Weißwein und eine kräftige Prise Zucker oder Honig zu der restlichen Butter geben. Die Zutaten mit dem Handrührgerät auf mittlerer Stufe glatt rühren.

5. Die Buttermischungen getrennt voneinander zu länglichen Klumpen formen, auf jeweils den unteren Teil eines etwa 30 cm langen Frischhalte- oder Alufolienstückes legen und wie ein Bonbon an beiden Enden fest zusammendrehen, damit die Butter zu einer gleichmäßigen, festen Rolle geformt wird.

6. Die Butterrollen kühlen oder einfrieren.

Tipp: Die Kräuter für die Kräuterbutter können Sie beliebig austauschen.

Limettencreme mit Zitrussalat I

Fruchtig

10–12 Portionen

Pro Portion: E: 6 g, F: 26 g, Kh: 34 g, kJ: 1707, kcal: 408, BE: 3,0

Für die Limettencreme:

8 Blatt weiße Gelatine
2 Bio-Limetten (unbehandelt, ungewachst)
75 ml Limettensaft
150 g brauner Zucker
1 kg griechischer Sahnejoghurt (mind. 10 % Fett)
500 g Schlagsahne (mind. 30 % Fett)
40 g Puderzucker
1 Pck. Dr. Oetker Vanillin-Zucker

Für den Zitrussalat:

1 Mango
1 Papaya
1 Orange
1 Pink Grapefruit
etwa 250 g Ananasfruchtfleisch (von 1/2 Ananas)
50 g Physalis (Kapstachelbeeren)
1 Karambole (Sternfrucht)
2 EL grob gehackte Zitronenmelisse

50 g Kokosraspel
einige Zitronenmelisseblättchen

Zubereitungszeit: 50 Minuten, ohne Kühl- und Durchziehzeit

1. Für die Creme Gelatine nach Packungsanleitung einweichen. Limetten heiß abwaschen, abtrocknen und die Schale fein abreiben.

2. Die Limettenschale in eine große Rührschüssel geben. Limetten halbieren, den Saft auspressen und 75 ml davon abmessen.

3. Den Limettensaft mit dem Zucker in einem Topf verrühren. Den Zucker bei mittlerer Hitze schmelzen. Den Topf von der Kochstelle nehmen.

4. Die eingeweichte Gelatine ausdrücken, zu der Zuckerlösung geben und unter Rühren darin auflösen. Die Gelatine-Zucker-Lösung zu der Limettenschale in die Rührschüssel geben. Den Joghurt in 2 Portionen unterrühren.

5. Die Sahne mit Puderzucker und Vanillin-Zucker steif schlagen. Die Sahne ebenfalls in 2 Portionen unter die Joghurtmasse heben.

6. Die Limettencreme in 2 Glasschüsseln verteilen und mit Frischhaltefolie bedeckt 2–3 Stunden im Kühlschrank fest werden lassen.

7. Für den Zitrussalat Mango und Papaya in der Mitte längs durchschneiden. Aus der Mango den Stein herausnehmen. Papayahälften entkernen. Mango- und Papayahälften schälen, in Würfel schneiden.

8. Orange und Grapefruit so schälen, dass die weiße Haut vollständig entfernt wird. Die Zitrusfrüchte filetieren und die Filets halbieren.

9. Das Ananasfruchtfleisch in Stücke schneiden. Die Physalis enthäuten, in dicke Scheiben schneiden und evtl. halbieren. Die Karambole abspülen, abtrocknen und in dünne Scheiben schneiden.

10. Die vorbereiteten Früchte mit der Zitronenmelisse in eine Schüssel geben und gut vermischen.

11. Den Zitrussalat mit Frischhaltefolie bedeckt etwa 1 Stunde im Kühlschrank durchziehen lassen.

12. Die Limettencreme kurz vor dem Servieren mit Kokosraspeln bestreuen. Den Zitrussalat mit Melisseblättchen garniert dazureichen.

Tipps: Aus der Limettencreme mit einem Löffel Nocken abstechen und auf Tellern verteilen. Den Zitrussalat in kleinen Gläsern angerichtet dazureichen. Nach Belieben mit der steif geschlagenen Sahne (siehe Punkt 4) noch 2–3 Esslöffel weißen Rum unterrühren.

Linsensalat mit geräucherter Gänsebrust I

Schnell – für Gäste

4 Portionen

Pro Portion: E: 25 g, F: 28 g, Kh: 35 g, kJ: 2085, kcal: 497, BE: 3,0

je 80 g	*grüne, braune und rote Linsen*
½	*Zwiebel*
100 ml	*Gemüsefond oder -brühe*
4 EL	*Balsamico-Essig*
	Salz
	gem. Pfeffer
8 EL	*Walnussöl*
einige	*frische Majoranblättchen*
200 g	*geräucherte Gänsebrust, in Scheiben*
einige	*Salatblätter*

Zubereitungszeit: 30 Minuten, ohne Einweichzeit

1. Die grünen und braunen Linsen in reichlich kaltem Wasser über Nacht einweichen.

2. Eingeweichte und rote Linsen 5–10 Minuten in kochendem Wasser garen, in ein Sieb geben, mit kaltem Wasser übergießen und abtropfen lassen.

3. Die Zwiebel abziehen und in Würfel schneiden. Gemüsefond oder -brühe mit Essig und Zwiebelwürfeln verrühren. Das Dressing mit Salz und Pfeffer würzen, das Walnussöl unterschlagen.

4. Majoranblättchen abspülen, trocken tupfen und unter das Dressing rühren.

5. Die Linsen in eine Schüssel geben, das Dressing hinzugeben und den Salat gut vermengen. Den Linsensalat etwa 30 Minuten durchziehen lassen.

6. Den Linsensalat auf Tellern mit den Gänsebrustscheiben anrichten. Die Salatblätter abspülen und trocken tupfen. Den Salat damit garnieren.

Linsensalat mit Senfdressing

Gut vorzubereiten

4–6 Portionen

Pro Portion: E: 26 g, F: 17 g, Kh: 56 g, kJ: 2030, kcal: 485, BE: 4,0

Für den Salat:

500 g getrocknete Tellerlinsen
1 3/4 l Gemüsebrühe
1 Gemüsezwiebel
1 Bund Suppengrün (Möhre, Porree, Sellerie)

Für das Dressing:

1 geh. EL Salatmayonnaise
2 geh. EL mittelscharfer Senf
60 ml Speiseöl, z. B. Sonnenblumenöl
60 ml Gemüsebrühe
1 Prise Zucker
Salz
gem. Pfeffer
2 EL Weißweinessig

1 Kästchen Kresse

Zubereitungszeit: 25 Minuten, ohne Abkühl- und Durchziehzeit
Garzeit: 35–45 Minuten

1. Für den Salat Linsen abspülen, abtropfen lassen und mit der Brühe in einem Topf zum Kochen bringen. Die Linsen 35–45 Minuten garen (dabei die Packungsanleitung beachten, die Linsen sollten noch etwas Biss haben).

2. In der Zwischenzeit die Gemüsezwiebel abziehen, halbieren und fein würfeln. Das Suppengrün putzen, abspülen, abtropfen lassen und in feine Würfel oder Streifen schneiden.

3. Zwiebelwürfel und Gemüsewürfel etwa 10 Minuten vor Ende der Garzeit zu den Linsen geben und mitkochen lassen.

4. Linsen und Gemüse in ein Sieb abgießen, dabei die Gemüsebrühe auffangen. Das Linsengemüse unter fließendem kalten Wasser abschrecken und gut abtropfen lassen. Die Zutaten erkalten lassen.

5. Für das Dressing Mayonnaise mit Senf verrühren. Speiseöl nach und nach unterschlagen. Von der aufgefangenen Gemüsebrühe 60 ml abmessen und unterrühren. Das Dressing mit Zucker, Salz, Pfeffer und Essig abschmecken, mit dem Salat vermischen. Den Linsensalat gut durchziehen lassen und bis zum Verzehr zugedeckt in den Kühlschrank stellen.

6. Kresse abspülen, trocken tupfen und mit einer Küchenschere abschneiden. Die Hälfte der Kresse unter den Salat geben. Den Linsensalat mit der restlichen Kresse garniert servieren.

Tipp: Wenn Sie mögen, können Sie noch 400 g fein gewürfelte Fleischwurst unter den Salat heben.

Löffel-Buffet | Für Gäste

je 30 Löffelportionen

Pro Portion: E: 3 g, F: 3 g, Kh: 2 g, kJ: 211, kcal: 51, BE: 0,0 (Asia-Bällchen);
E: 1 g, F: 1 g, Kh: 1 g, kJ: 72, kcal: 17, BE: 0,0 (Spargelsalat);
E: 1 g, F: 1 g, Kh: 6 g, kJ: 159, kcal: 38, BE: 0,5 (Möhren-Couscous);
E: 1 g, F: 2 g, Kh: 2 g, kJ: 134, kcal: 32, BE: 0,0 (Paprikasalat)

Für die Asia-Bällchen:

400 g Schweinegehacktes
4 EL Sojasauce
60 g frischer Ingwer
2 Knoblauchzehen
1 kleines Bund Frühlingszwiebeln
1 rote Chilischote
1 Bund Koriander
Salz
4 EL Speiseöl
etwa 100 ml süße Chilisauce

Für den Spargelsalat:

500 g grüner Spargel
1 Schalotte
2 EL weißer Balsamico-Essig
2 EL Olivenöl
gem. Pfeffer
Zucker
50 g ger. Parmesan
30 vorbereitete Petersilienblättchen

Für den Möhren-Couscous:

250 g Instant-Couscous
2 EL Olivenöl
200 g Möhren
1 Bio-Zitrone (unbehandelt, ungewachst)
1 EL flüssiger Honig

Für den Paprikasalat:

je 2 rote und gelbe Paprikaschoten
1 Zwiebel
1 Bund Thymian
2 EL Olivenöl
1 EL Weißweinessig
1 EL flüssiger Honig
Zucker
200 g Ziegenfrischkäse

Zubereitungszeit: 2 1/2 Stunden, ohne Abkühlzeit

1. Für die **Asia-Bällchen** Gehacktes mit Sojasauce in eine Rührschüssel geben. Ingwer schälen, Knoblauch abziehen und beides klein würfeln. Frühlingszwiebeln putzen, abspülen, abtropfen lassen und in feine Scheiben schneiden. Chilischote abspülen, trocken tupfen und fein hacken. Koriander abspülen und trocken tupfen. Die Blättchen von den Stängeln zupfen, 30 Stück zum Garnieren beiseitelegen. Restliche Blättchen klein schneiden. Die vorbereiteten Zutaten zum Gehackten geben, gut unterkneten, mit Salz würzen. Die Hackfleischmasse mit angefeuchteten Händen zu 30 kleinen Bällchen formen. Jeweils etwas Speiseöl in einer großen Pfanne erhitzen. Die Hackbällchen darin portionsweise von allen Seiten 2–3 Minuten anbraten, dann auf Küchenpapier abtropfen lassen. Die Chilisauce auf 30 Esslöffeln verteilen, jeweils 1 Hackbällchen darauflegen, mit Korianderblättchen garnieren.

2. Für den **Spargelsalat** vom Spargel das untere Drittel schälen und die Enden abschneiden. Spargel abspülen, abtropfen lassen und in kleine Stücke schneiden. Wasser in einem Topf zum Kochen bringen, Salz hinzufügen. Die Spargelstücke darin etwa 1 Minute kochen, dann mit kaltem Wasser abspülen und abtropfen lassen. Schalotte abziehen, klein würfeln und in eine Schüssel geben. Essig unterrühren, Olivenöl unterschlagen, mit Salz, Pfeffer und Zucker würzen. Die Spargelstücke untermischen, den Parmesan unterheben. Den Salat auf 30 Esslöffeln verteilen und mit Petersilienblättchen garnieren.

3. Für den **Möhren-Couscous** den Couscous nach Packungsanleitung zubereiten und erkalten lassen, dann Olivenöl unterrühren. Möhren putzen, schälen, abspülen, abtropfen lassen und in feine Scheiben hobeln. Die Zitrone heiß abwaschen, abtrocknen und die Schale fein abreiben. Zitrone halbieren und den Saft auspressen. Die Möhren unter den Couscous mischen. Zitronenschale und -saft mit Honig verrühren

und unterrühren. Den Salat mit Salz würzen und auf 30 Esslöffeln verteilen.

4. Für den **Paprikasalat** Paprikaschoten mit einem Sparschäler dünn schälen. Paprikaschoten halbieren, entstielen, entkernen und die weißen Scheidewände entfernen. Schotenhälften abspülen, abtropfen lassen und in feine Streifen schneiden. Zwiebel abziehen und klein würfeln. Thymian abspülen und trocken tupfen. Die Blättchen von den Stängeln zupfen. 1 Esslöffel Olivenöl in einer Pfanne erhitzen. Die Paprikastreifen darin in 2 Portionen unter Rühren in etwa 3 Minuten weich dünsten. Zwiebelwürfel und Thymianblättchen hinzugeben, etwa 1 Minute mitdünsten lassen. Essig unterrühren und verdampfen lassen. Mit Honig, Salz, Pfeffer und Zucker würzen. Paprikasalat auf 30 Esslöffeln verteilen, den Ziegenfrischkäse zerbröseln und daraufgeben.

Maiskorn-Küchlein mit Sambal

Scharf

12 Portionen

Pro Portion: E: 5 g, F: 8 g, Kh: 15 g, kJ: 657, kcal: 157, BE: 1,0

2 Frühlingszwiebeln
45 g geröstete, gesalzene Erdnüsse
90 g Cornflakes
250 g abgetropfter Gemüsemais (aus der Dose)
3 Eier (Größe L)
75 ml Milch (3,5 % Fett)
Saft von dem Gemüsemais (aus der Dose)
3 EL Weizenmehl
Salz
Cayennepfeffer
7 EL Speiseöl

Für das Sambal:

175 g Mangofruchtfleisch, geschält
½ rote Chilischote
1 kleine, rote Zwiebel
125 g Cocktailtomaten
4–5 Stängel Koriander
4 EL Limettensaft
2 EL Ketjap Manis (süße Sojasauce)
5 EL Orangensaft

Zubereitungszeit: 40 Minuten, ohne Ruhezeit

1. Die Frühlingszwiebeln putzen, abspülen, abtropfen lassen und in sehr feine Scheiben schneiden. Die Erdnüsse fein hacken und die Cornflakes leicht zerbröseln. Den Saft von dem Gemüsemais auffangen und beiseitestellen. Die Hälfte der Maiskörner fein hacken.

2. Die Eier mit Milch, dem Saft von dem Gemüsemais, Mehl, Salz und Cayennepfeffer verquirlen. Frühlingszwiebeln, Erdnüsse, Cornflakes, gehackten Mais und restliche Maiskörner mit einem Löffel gleichmäßig unterrühren. Den Teig etwa 15 Minuten ruhen lassen.

3. Die Maismasse mit leicht angefeuchteten Händen zu 12 Küchlein formen, flach drücken. Das Speiseöl in einer Pfanne bei mittlerer Hitze erhitzen. Die Küchlein portionsweise in die Pfanne geben und von jeder Seite etwa 2 Minuten goldbraun braten. Die Küchlein auf Küchenpapier abtropfen und erkalten lassen.

4. Für das Sambal das Mangofruchtfleisch in kleine Würfel schneiden. Die Chilischote abspülen, abtrocknen, entstielen und mit den Kernen fein hacken. Die Zwiebel abziehen, halbieren und fein würfeln.

5. Cocktailtomaten abspülen, abtrocknen, halbieren und evtl. die Stängelansätze herausschneiden. Die Tomaten in kleine Stückchen schneiden.

6. Koriander abspülen, trocken tupfen und die Blättchen von den Stängeln zupfen. Nach Belieben einige Blättchen zum Garnieren beiseitelegen. Die restlichen Blättchen fein hacken.

7. Mangowürfel, fein gehackte Chilischote, Zwiebelwürfel, Tomatenstückchen und fein gehackten Koriander in einer Schüssel mischen. Die Zutaten mit etwas Salz, Limettensaft, Ketjap Manis und Orangensaft verrühren.

8. Die Maisküchlein mit dem Sambal servieren und evtl. mit einigen Korianderblättchen garnieren.

Maismehl-Pfannkuchen mit Bohnenpüree | Vegetarisch

16 Stück

Pro Stück: E: 5 g, F: 7 g, Kh: 16 g, kJ: 634, kcal: 152, BE: 1,5

1 Zwiebel
1 Chilischote
2 EL Speiseöl
Zucker
500 g abgetropfte Kidneybohnen (aus der Dose)
4 EL Crème fraîche
Salz
gem. Pfeffer
Cayennepfeffer

Für den Teig:

100 g Weizenmehl
100 g Maismehl
1 Ei (Größe M)
1 TL Dr. Oetker Backin
400 ml Milch (3,5 % Fett)

4 EL Speiseöl

Zubereitungszeit: 55 Minuten, ohne Abkühlzeit

1. Die Zwiebel abziehen, halbieren und in feine Würfel schneiden. Chilischote abspülen, abtrocknen, halbieren, entstielen und entkernen. Die Schote in sehr feine Würfel schneiden.

2. Das Speiseöl in einer Pfanne erhitzen. Die Zwiebelwürfel darin andünsten. Nach wenigen Minuten die Chiliwürfel hinzufügen und kurz mitdünsten. Die Pfanne von der Kochstelle nehmen, die Chilizwiebeln mit Zucker süßen.

3. Die Bohnen in einem Sieb mit kaltem Wasser abspülen und abtropfen lassen. Die Bohnen mit so viel Wasser pürieren, dass ein sämiges Püree entsteht.

4. Die Chilizwiebeln und das Crème fraîche unterrühren. Das Bohnenpüree mit Salz, Pfeffer und Cayennepfeffer würzen.

5. Für den Teig Weizenmehl mit Maismehl in einer Rührschüssel mischen. Das Ei mit Backpulver, etwas Salz und Milch verschlagen. Die Eiermilch nach und nach unter Rühren zu der Mehlmischung geben. Dabei darauf achten, dass keine Klümpchen entstehen.

6. Das Speiseöl in einer Pfanne (Ø 16 cm) erhitzen. Den Teig gut durchrühren und eine Teiglage mit einer drehenden Bewegung gleichmäßig auf dem Boden der Pfanne verteilen. Den Pfannkuchen von beiden Seiten goldgelb backen. Auf diese Weise insgesamt 8 Pfannkuchen backen. Die Pfannkuchen erkalten lassen.

7. Die Pfannkuchen halbieren. Auf jede Pfannkuchenhälfte etwas Bohnenpüree geben und zu einer Tüte aufrollen. Die Pfannkuchen mit Servietten oder Pergamentpapier umwickeln und servieren.

Makkaroniwürfel | Für Gäste
24 Stück

Pro Stück: E: 5 g, F: 5 g, Kh: 9 g, kJ: 439, kcal: 105, BE: 1,0

Zum Vorbereiten:
120 g Sonnenblumenkerne

2 ½ l Wasser
2 ½ gestr. TL Salz
250 g Makkaroni

1 Bund Suppengrün (Möhre, Sellerie, Porree)
20 g Butter
2 EL Wasser
Salz, gem. Pfeffer
4 Eier (Größe M)
500 ml (½ l) Milch (3,5 % Fett)
ger. Muskatnuss

Zubereitungszeit: 30 Minuten, ohne Kühlzeit
Garzeit: etwa 60 Minuten

1. Zum Vorbereiten die Sonnenblumenkerne in einer Pfanne ohne Fett unter Wenden goldbraun rösten und auf einen Teller geben.

2. Das Wasser in einem großen Topf zugedeckt zum Kochen bringen. Dann Salz und Makkaroni zugeben. Die Makkaroni im geöffneten Topf bei mittlerer Hitze nach Packungsanleitung bissfest kochen, dabei gelegentlich umrühren. Anschließend die Makkaroni in ein Sieb geben, mit kaltem Wasser abspülen und abtropfen lassen.

3. Suppengrün putzen, abspülen, abtropfen lassen und in kleine Würfel schneiden. Butter in einem Topf zerlassen. Die Gemüsewürfel darin kurz andünsten, Wasser hinzugeben. Zutaten zugedeckt etwa 10 Minuten dünsten. Die Gemüsemischung mit Salz und Pfeffer würzen.

4. Den Backofen vorheizen.
Ober-/Unterhitze: etwa 180 °C
Heißluft: etwa 160 °C

5. Die Makkaroni auf etwa 24 cm Länge schneiden. Nacheinander jeweils ein Drittel der Makkaroni, des Gemüses und der Sonnenblumenkerne in eine rechteckige Auflaufform (etwa 24 x 16 cm, gefettet) schichten. Den Vorgang noch zweimal wiederholen.

6. Die Eier mit der Milch verschlagen, mit Salz, Pfeffer und Muskatnuss würzen. Die Eiermilch über die Auflaufzutaten gießen. Die Auflaufform auf dem Rost in den vorgeheizten Backofen schieben. Den Makkaroniauflauf **etwa 60 Minuten garen**, so lang, bis die Eiermilch gestockt ist.

7. Die Auflaufform auf einen Kuchenrost stellen. Den Auflauf in der Form erkalten lassen. Den Auflauf aus der Form stürzen und in 24 Würfel schneiden. Die Makkaroniwürfel auf einer Servierplatte anrichten.

Tipps: Die Makkaroniwürfel mit Tomaten-Mayonnaise servieren. Dazu die Mayonnaise mit Tomatenketchup verrühren. Sie können das Gericht bereits am Vortag zubereiten und zugedeckt in den Kühlschrank stellen. Den Auflauf aber erst kurz vor dem Verzehr würfeln.

Makrelen, marinierte I

Für Gäste

4 Portionen

Pro Portion: E: 26 g, F: 29 g, Kh: 5 g, kJ: 1600, kcal: 382, BE: 0,0

2	*frische Makrelen (je etwa 400 g)*
2	*rote Zwiebeln*
1	*Möhre*
1	*Frühlingszwiebel*
2 Stängel	*Dill*
125 ml (1/8 l)	*Rot- oder Weißweinessig*
50 ml	*Wasser*
1/2 TL	*Salz*
1 TL	*Zucker*
2	*Lorbeerblätter*
3	*Gewürznelken*
4	*Pimentkörner*
1 TL	*Senfkörner*
5 EL	*Olivenöl*
	gem. Pfeffer

Zubereitungszeit: 40 Minuten, ohne Marinierzeit

1. Die Makrelen filetieren und die Gräten evtl. mit einer Pinzette herausziehen. Makrelenfilets unter fließendem kalten Wasser abspülen und trocken tupfen.

2. Die Zwiebeln abziehen. Die Möhre putzen, schälen, abspülen und abtropfen lassen. Frühlingszwiebel putzen, abspülen und abtropfen lassen. Zwiebeln, Möhre und Frühlingszwiebel in etwa streichholzdicke Streifen schneiden. Dill abspülen und trocken tupfen.

3. Essig, Wasser, Salz und Zucker in einem Topf zum Kochen bringen. Die vorbereiteten Gemüsestifte, die Lorbeerblätter, Nelken, Piment- und Senfkörner hinzugeben.

4. Die Zutaten kurz aufkochen lassen. Das Olivenöl unterrühren.

5. Die Makrelenfilets mit Salz und Pfeffer würzen und in eine tiefe Auflaufform legen. Die Dillstängel hinzufügen. Makrelenfilets mit Olivenöl beträufeln.

6. Die Makrelenfilets mit dem kochenden Sud und Gemüse übergießen. Makrelenfilets mit Frischhaltefolie bedecken und etwa 24 Stunden im Kühlschrank marinieren.

Tipp: Die marinierten Makrelen sind im Kühlschrank etwa 1 Woche haltbar.

Makrelenfiletaufstrich I

Schnell – einfach

etwa 600 g

Insgesamt: E: 92 g, F: 123 g, Kh: 8 g, kJ: 6278, kcal: 1499, BE: 0,5

450 g geräuchertes Makrelenfilet
2 Frühlingszwiebeln
80 g Mayonnaise
Saft von
1 Zitrone
gem. Pfeffer
2–3 Tropfen Tabasco

Zubereitungszeit: 20 Minuten

1. Das Makrelenfilet enthäuten und evtl. vorhandene Gräten entfernen. Das Filet in Stücke schneiden und mit einer Gabel etwas zerdrücken.

2. Frühlingszwiebeln putzen, abspülen, gut abtropfen lassen und in feine Scheiben schneiden.

3. Mayonnaise mit Zitronensaft verrühren und mit den Frühlingszwiebeln unter das Makrelenfilet rühren. Aufstrich mit Pfeffer und Tabasco abschmecken.

4. Den Aufstrich in 2 gründlich gereinigte, gespülte und getrocknete Gläser füllen. Die Gläser mit Deckeln fest verschließen und in den Kühlschrank stellen.

Tipp: Im Kühlschrank ist der Makrelenfiletaufstrich gut verschlossen etwa 5 Tage haltbar.

Manchego-Würfel, marinierte

Einfach – mediterran

4 Portionen

Pro Portion: E: 24 g, F: 42 g, Kh: 4 g, kJ: 2052, kcal: 490, BE: 0,5

Für die Marinade:

2 Schalotten
1 Zweig Rosmarin
je 1 rote und grüne Chilischote
4 EL Olivenöl

400 g Manchego (spanischer Hartkäse aus Schafsmilch)
Salz
gem. Pfeffer

Zubereitungszeit: 30 Minuten, ohne Durchziehzeit

1. Für die Marinade Schalotten abziehen und in kleine Würfel schneiden. Rosmarinzweig abspülen, trocken tupfen und die Nadeln von den Zweigen zupfen. Die Nadeln klein schneiden. Chilischoten abspülen, trocken tupfen, halbieren, entkernen und in sehr kleine Würfel schneiden.

2. Schalottenwürfel mit Rosmarinnadeln, Chiliwürfeln und Olivenöl mischen.

3. Den Käse in Würfel schneiden. Käsewürfel in eine Schüssel geben und mit der Marinade übergießen. Zutaten mit Salz und Pfeffer würzen. Die Manchego-Würfel zugedeckt etwa 1 Stunde im Kühlschrank durchziehen lassen.

Tipp: Servieren Sie zu den Manchego-Würfeln eingelegte Oliven und frische Gemüsesticks, z.B. Möhren, Staudensellerie und Blumenkohl.

Mango-Bollywood-Krapfen I

Scharf

24 Stück

Pro Stück: E: 4 g, F: 8 g, Kh: 22 g, kJ: 751, kcal: 179, BE: 2,0

Für den Teig:

1 rote Peperoni
21 g frische Hefe
1 TL Zucker
240 ml lauwarme Milch (3,5 % Fett)
500 g Weizenmehl
1 Ei (Größe M)
1 Eigelb (Größe M)
2 EL Currypulver, scharf oder mild
Salz
50 g weiche Butter
75 g Röstzwiebeln
125 g festes Mangofruchtfleisch, geschält

1 l Speiseöl, z. B. Sonnenblumenöl

Für den Minz-Joghurt:

2 Stängel Minze
400 g Joghurt (3,5 % Fett)
2 EL Zitronensaft

175 g Mango-Chutney (aus dem Glas)

Zubereitungszeit: 50 Minuten, ohne Teiggeh- und Ausbackzeit

1. Die Peperoni abspülen, abtrocknen, entstielen, entkernen und die weißen Scheidewände entfernen. Peperoni fein würfeln.

2. Die Hefe in eine Schüssel bröckeln und mit dem Zucker in der Milch auflösen. Das Mehl in eine Rührschüssel geben. Die Hefemilch, das Ei, Eigelb, Curry, Salz und die Butter hinzufügen. Die Zutaten mit Handrührgerät mit Knethaken zunächst kurz auf niedrigster, dann auf höchster Stufe in etwa 5 Minuten zu einem glatten Teig verkneten.

3. Die Peperoni und die Röstzwiebeln zugeben und gut unterarbeiten. Den Teig zugedeckt so lange an einem warmen Ort gehen lassen, bis er sich sichtbar vergrößert hat (etwa 30 Minuten).

4. In der Zwischenzeit das Mangofruchtfleisch in feine Würfel schneiden.

5. Mangowürfel unter den gegangenen Teig kneten. Teig in 2 Portionen teilen. Jede Teigportion auf einer leicht bemehlten Arbeitsfläche zu einer etwa 30 cm langen Rolle formen. Jede Teigrolle in 12 gleich große Stücke schneiden und mit leicht bemehlten Händen zu runden Krapfen formen.

6. Die Teigkrapfen zugedeckt nochmals so lange an einem warmen Ort gehen lassen, bis sie sich sichtbar vergrößert haben (etwa 15 Minuten).

7. Speiseöl in einem Topf auf etwa 175 °C erhitzen. Die Krapfen darin in 3–4 Portionen jeweils 5–6 Minuten goldbraun ausbacken. Die fertigen Krapfen auf Küchenpapier abtropfen und erkalten lassen.

8. Für den Minz-Joghurt die Minze abspülen, trocken tupfen und die Blättchen von den Stängeln zupfen. Die Blättchen fein hacken. Den Joghurt in eine Schüssel geben. Fein gehackte Minze, Zitronensaft und etwas Salz hinzugeben und unterrühren. Die Mango-Bollywood-Krapfen mit dem Minz-Joghurt und dem Mango-Chutney in Portionen anrichten.

Mayonnaise-Variationen I

Für die Party

etwa 350–400 ml Rucola-Mayonnaise, etwa 600–700 ml Blauschimmelkäse-Mayonnaise

Rucola-Mayonnaise

(im Foto hinten)

Insgesamt: E: 19 g, F: 167 g, Kh: 5 g, kJ: 6584, kcal: 1572, BE: 0,0

60 g	*Rucola (Rauke)*
150 ml	*Olivenöl*
1	*Ei (Größe M)*
1 TL	*mittelscharfer Senf*
	Saft von
½	*Zitrone*
30 g	*frisch ger. Parmesan*
	Salz
	gem. Pfeffer
1 Prise	*Zucker*

Zubereitungszeit: 10 Minuten

1. Rucola verlesen und die dicken Stängel abschneiden. Rucola abspülen, gut abtropfen lassen oder trocken schleudern und etwas kleiner zupfen.

2. Rucola mit Olivenöl in einem hohen Rührbecher fein pürieren. Ei, Senf und Zitronensaft hinzugeben.

3. Den Pürierstab auf den Rührbecherboden setzen und während des Pürierens langsam vom Boden hochziehen, sodass eine homogene Masse entsteht.

4. Parmesan kurz unterziehen. Rucola-Mayonnaise mit Salz, Pfeffer und Zucker würzen.

Hinweis: Nur ein ganz frisches Ei verwenden, das nicht älter als 5 Tage ist (Legedatum beachten!). Die Mayonnaise im Kühlschrank aufbewahren und innerhalb von 24 Stunden verzehren.

Tipp: Sehr gut schmeckt die Mayonnaise auch, wenn Sie den Rucola durch frische Basilikumblätter oder getrocknete Tomaten ersetzen.

Blauschimmel-Mayonnaise

(im Foto vorne)

Insgesamt: E: 25 g, F: 290 g, Kh: 29 g, kJ: 11674, kcal: 2788, BE: 2,0

500 g	*Salatmayonnaise*
1 TL	*scharfer Senf*
2 EL	*Weißweinessig*
1 kleines	
Bund	*Schnittlauch*
100 g	*cremiger Blauschimmelkäse ohne Rinde, z. B. Gorgonzola*
	Salz
	gem. Pfeffer
1 Prise	*Zucker*

Zubereitungszeit: 10 Minuten

1. Die Salatmayonnaise mit Senf und Essig in einer Schüssel verrühren. Schnittlauch abspülen, trocken tupfen und in feine Röllchen schneiden.

2. Den Käse zerbröseln. Die Käsebrösel unter die Mayonnaise rühren.

3. Die Blauschimmelkäse-Mayonnaise mit Salz, Pfeffer und Zucker würzen und mit Schnittlauchröllchen bestreuen.

Tipps: Zusätzlich ½ Teelöffel rosa Pfefferbeeren unter die Blauschimmelkäse-Mayonnaise rühren. Im Kühlschrank ist die Mayonnaise gut verschlossen etwa 1 Woche haltbar.

Meeresfrüchte-Buffet I

Etwas Besonderes – mit Alkohol

je 10 Portionen

Pro Portion: E: 19 g, F: 31 g, Kh: 4 g, kJ: 1624, kcal: 388, BE: 0,0 (Garnelen im Fenchelsud);
E: 6 g, F: 6 g, Kh: 13 g, kJ: 532, kcal: 127, BE: 1,0 (Meeresfrüchtesalat)

Für die Garnelen im Fenchelsud:

2 kg Garnelen (mit Kopf)
2 Zwiebeln
2 Knoblauchzehen
1 Fenchelknolle
4 EL Olivenöl
250 ml (1/4 l) trockener Weißwein
1 EL Anislikör
Saft von
1 Zitrone
Salz, gem. Pfeffer

Für die Salsa:

80 g Rucola (Rauke)
2 Schalotten
100 g Joghurt (3,5 % Fett)
300 g Delikatess-Mayonnaise
1 Prise Zucker

Für den Meeresfrüchtesalat:

500 g gemischte TK-Meeresfrüchte
400 g festkochende Kartoffeln
2 Bund Frühlingszwiebeln
4 EL Zitronensaft
2 EL Balsamico-Essig
2 EL flüssiger Honig
50 ml Olivenöl
5 Stängel Zitronenmelisse

Zubereitungszeit: 1 3/4 Stunden, ohne Abkühl- und Auftauzeit

1. Für die **Garnelen im Fenchelsud** die Garnelen unter fließendem kalten Wasser abspülen und trocken tupfen. Zwiebeln und Knoblauch abziehen, in kleine Würfel schneiden. Die Fenchelknolle putzen, abspülen, abtropfen lassen, halbieren und in feine Streifen hobeln oder schneiden.

2. Olivenöl in einem Topf erhitzen. Zwiebel- und Knoblauchwürfel darin glasig dünsten. Fenchelstreifen hinzugeben, unter Rühren mitdünsten und mit Weißwein ablöschen. Anislikör, Zitronensaft, Salz und Pfeffer unterrühren. Die Garnelen hinzufügen und zugedeckt etwa 1 Minute kochen lassen. Den Topf von der Kochstelle nehmen. Die Garnelen in dem Fenchelsud abkühlen lassen.

3. Für die Salsa Rucola verlesen und die Stängel abschneiden. Rucola abspülen, gut abtropfen lassen oder trocken schleudern und sehr klein schneiden. Schalotten abziehen und sehr klein würfeln. Joghurt mit Mayonnaise glatt rühren. Rucola und Schalottenwürfel unterrühren. Die Salsa mit Salz, Pfeffer und Zucker würzen.

4. Die Garnelen aus dem Sud nehmen. Garnelenschwänze abschälen, den Darm entfernen. Den Fenchelsud in eine Servierschale geben. Die Garnelen dekorativ mit den Köpfen hineinlegen, mit der Salsa servieren.

5. Für den **Meeresfrüchtesalat** die Meeresfrüchte nach Packungsanleitung auftauen lassen. Kartoffeln schälen, abspülen, abtropfen lassen und klein würfeln. Kartoffelwürfel knapp mit Wasser bedeckt zum Kochen bringen. Salz hinzufügen. Die Kartoffeln in etwa 4 Minuten bissfest kochen, dann abgießen, mit kaltem Wasser abschrecken, abtropfen lassen. Meeresfrüchte kurz unter fließendem kalten Wasser abspülen und trocken tupfen.

6. Die Frühlingszwiebeln putzen, abspülen, abtropfen lassen und in feine Scheiben schneiden. Frühlingszwiebeln mit Kartoffeln und Meeresfrüchten in einer Schüssel mischen, mit Salz und Pfeffer würzen.

7. Zitronensaft mit Essig und Honig verrühren, das Olivenöl unterschlagen, mit Salz und Pfeffer würzen. Zitronenmelisse abspülen, trocken tupfen und die Blättchen von den Stängeln zupfen. Einige Blättchen zum Garnieren beiseitelegen, restliche Blättchen in feine Streifen schneiden. Zitronenmelissestreifen unter die Marinade rühren. Vor dem Servieren die Meeresfrüchte mit der Marinade vermischen. Meeresfrüchtesalat anrichten und mit Zitronenmelisse garnieren.

Mettkuchen | Raffiniert

15 Stücke

Pro Stück: E: 6 g, F: 12 g, Kh: 7 g, kJ: 666, kcal: 159, BE: 0,5

Zum Vorbereiten:

100 g	*Staudensellerie*
1	*Möhre (etwa 100 g)*
5 Stängel	*Basilikum*

Für den Teig:

100 g	*Weizenmehl (Type 550)*
30 g	*Vollkorn-Weizengrieß*
3 gestr. TL	*Dr. Oetker Backin*
30 g	*ger. Parmesan*
50 ml	*Milch (3,5 % Fett)*
2	*Eier (Größe M)*
75 ml	*Olivenöl*
300 g	*Schinken-Zwiebel-Mettwurst oder gewürztes Schweinemett*
	Semmelbrösel zum Ausstreuen für die Form

Zubereitungszeit: 40 Minuten
Backzeit: 45–55 Minuten

1. Zum Vorbereiten Staudensellerie putzen und die harten Außenfäden abziehen. Sellerie abspülen, abtropfen lassen und in sehr dünne Scheiben schneiden. Die Möhre putzen, schälen, abspülen und abtropfen lassen. Möhre in sehr kleine Würfel schneiden. Basilikum abspülen, trocken tupfen und die Blättchen von den Stängeln zupfen. Die Blättchen in feine Streifen schneiden.

2. Den Backofen vorheizen.
Ober-/Unterhitze: etwa 180 °C
Heißluft: etwa 160 °C

3. Für den Teig das Mehl mit Grieß, Backpulver und Parmesan in einer Rührschüssel mischen. Milch, Eier und Olivenöl dazugeben und mit Handrührgerät mit Rührbesen unterrühren. Die Möhrenwürfel, Selleriescheiben und Basilikumstreifen unter den Teig rühren. Mettwurst oder Schweinemett mit einem Messer in kleine Brocken teilen, auf den Teig geben und mit einem Löffel vorsichtig unterrühren, sodass kleine Mettbrocken erhalten bleiben.

4. Den Teig in eine Kastenform (25 x 11 cm, gefettet, mit Semmelbrösel ausgestreut) füllen und glatt streichen. Form auf dem Rost in den vorgeheizten Backofen schieben. Den Mettkuchen **45–55 Minuten backen.**

5. Die Form auf einen Kuchenrost stellen. Den Mettkuchen etwa 10 Minuten in der Form stehen lassen, dann auf einen mit Backpapier belegten Kuchenrost stürzen. Mettkuchen umdrehen und erkalten lassen.

Tipps: Der Teig muss nicht gesalzen werden, da das Mett und der Käse ausreichend Salz enthalten. Der Mettkuchen kann in Scheiben geschnitten gut eingefroren werden. Die aufgetauten Mettkuchen-Scheiben in heißem Speiseöl kurz von beiden Seiten anbraten.

Mini-Burger „Madras" I

Exotisch

12 Stück

Pro Stück: E: 14 g, F: 19 g, Kh: 34 g, kJ: 1501, kcal: 358, BE: 3,0

Zum Vorbereiten:

6 abgetropfte, kleine Ananasscheiben (aus der Dose)
12 kleine Hamburger-Brötchen

600 g Gehacktes (halb Rind-, halb Schweinefleisch)
Salz
gem. Pfeffer

Für die Sauce:

1 kleine Zwiebel
1 kleine Banane
4 EL Speiseöl oder Butter
1 TL Currypulver
200 g Schlagsahne (mind. 30 % Fett)
etwas Ananassaft (aus der Dose)

Zubereitungszeit: 40 Minuten, ohne Abkühlzeit

1. Zum Vorbereiten von den Ananasscheiben den Saft auffangen und für die Sauce beiseitestellen. Die Hamburger-Brötchen nach Packungsanleitung aufbacken. Hamburger-Brötchen erkalten lassen.

2. Gehacktes in eine Schüssel geben, mit Salz und Pfeffer würzen. Die Zutaten gut verkneten. Aus der Gehacktesmasse mit angefeuchteten Händen 12 kleine Hamburger formen.

3. Für die Sauce Zwiebel abziehen, halbieren und in kleine Würfel schneiden. Die Banane schälen und ebenfalls in kleine Würfel schneiden.

4. Von dem Speiseöl oder der Butter 2 Esslöffel in einem kleinen Topf erhitzen. Zwiebel- und Bananenwürfel darin anschwitzen und mit Currypulver bestäuben. Sahne und etwas von dem beiseitegestellten Ananassaft hinzufügen und etwa 10 Minuten unter gelegentlichem Rühren etwas einkochen lassen.

5. Restliches Speiseöl oder restliche Butter in einer Pfanne erhitzen. Die Hamburger und die Ananasscheiben darin 8–10 Minuten braten. Die Hamburger und die Ananasscheiben erkalten lassen.

6. Die Hamburger-Brötchen waagerecht aufschneiden. Die unteren Brötchenhälften mit jeweils 1 Hamburger und 1/2 Ananasscheibe belegen. Etwas von der Currysauce daraufgeben, mit jeweils der oberen Brötchenhälfte bedecken. Restliche Currysauce dazu servieren.

Mini-Cheesecakes „Capri“ I

Pikant

8 Stück

Pro Stück: E: 7, F: 19 g, Kh: 6 g,
kJ: 923, kcal: 221, BE: 0,5

40 g Butter
20 g Pinienkerne
35 g Grissini (dünne Teigstangen aus Hefeteig)
20 g Parmesan, am Stück
1 Bio-Zitrone (unbehandelt, ungewachst)
40 g abgetropfte, getrocknete Tomaten, in Öl
20 Basilikumblätter
225 g Ricotta (ital. Frischkäse)
100 g Crème fraîche
Salz
1 Ei (Größe M)
1 Eigelb (Größe M)
1 kleine Knoblauchzehe
1 rote Peperoni
2 EL Olivenöl
gem., schwarzer Pfeffer

Zubereitungszeit: 40 Minuten, ohne Abkühlzeit
Backzeit: etwa 40 Minuten

1. Die Butter in einem kleinen Topf zerlassen. Pinienkerne in einer Pfanne ohne Fett unter Wenden goldbraun rösten und etwas abkühlen lassen.

2. Die Grissini grob zerbrechen und mit den Pinienkernen im Blitzhacker fein zermahlen. Parmesan auf der Küchenreibe fein reiben.

3. Die Grissini-Pinienkern-Mischung mit der Butter und dem Parmesan mischen. Die Bröselmasse auf den Böden von 8 Muffin-Silikon-Förmchen verteilen und fest drücken. Die Förmchen zugedeckt in den Kühlschrank stellen.

4. Den Backofen vorheizen.
Ober-/Unterhitze: etwa 150 °C
Heißluft: etwa 130 °C

5. Die Zitrone heiß abwaschen, abtrocknen und von der Schale etwa 1 Teelöffel fein abreiben. Die Zitrone beiseitelegen. Tomaten in sehr feine Würfel schneiden.

6. Basilikumblätter abspülen, trocken tupfen und die Hälfte davon fein schneiden.

7. Ricotta mit Crème fraîche, etwas Salz, Ei und Eigelb in einer Schüssel verrühren.

8. Zitronenschale, Tomatenwürfel und fein geschnittene Basilikumblätter hinzugeben.

9. Knoblauch abziehen und durch eine Knoblauchpresse daraufpressen. Die Zutaten gut verrühren.

10. Die Frischkäsemasse in die 8 Förmchen auf die Bröselmasse geben und glatt streichen.

11. Die Förmchen auf dem Rost in den vorgeheizten Backofen (unteres Drittel) schieben. Die Mini-Cheesecakes **etwa 40 Minuten backen,** bis sie oben leicht aufreißen.

12. Die Mini-Cheesecakes auf einem Kuchenrost in den Förmchen erkalten lassen und bis zum Servieren zugedeckt in den Kühlschrank stellen.

13. Die Mini-Cheesecakes kurz vor dem Servieren vorsichtig aus den Förmchen lösen.

14. Die Peperoni abspülen, abtrocknen, halbieren, entstielen, entkernen und die weißen Scheidewände entfernen. Peperoni in kleine Würfel schneiden.

15. Die beiseitegelegte Zitrone halbieren und 1 Esslöffel Saft davon auspressen. Restliches Basilikum in gröbere Stücke schneiden.

16. Zitronensaft mit Peperoniwürfeln, Basilikum und Olivenöl verrühren und mit Pfeffer würzen. Die Zitronenvinaigrette über die Mini-Cheescakes träufeln.

Tipps: Die Backofentür während der Backzeit nicht öffnen. Wenn Sie keine Silikon-Förmchen haben, können Sie auch Papierbackförmchen verwenden. Dann aber jeweils 2 Förmchen ineinanderstellen.

Mini-Crêpes mit Bohnen | Für Gäste

24 Stück

Pro Stück: E: 7 g, F: 9 g, Kh: 13 g, kJ: 679, kcal: 162, BE: 1,0

Für den Teig:

75 g Butter
180 g Weizenmehl
4 Eier (Größe M)
1/2 TL Salz
375 ml (3/8 l) Milch (3,5 % Fett)

Für die Bohnenfüllung:

500 g abgetropfte Kidneybohnen (aus der Dose)
500 g abgetropfte, weiße Riesenbohnen (aus der Dose)
1 Zwiebel
200 g geräucherter Putenbrustaufschnitt
1 Bund Estragon
4 EL weißer Balsamico-Essig
2 TL körniger Senf
Salz, gem. Pfeffer
Cayennepfeffer
5 EL Olivenöl

5 EL Speiseöl

Zubereitungszeit: 60 Minuten, ohne Abkühlzeit

1. Für den Teig die Butter zerlassen. Das Mehl in eine Rührschüssel geben. Eier, Salz und Milch hinzufügen. Zutaten mit Handrührgerät mit Rührbesen zu einem glatten Teig verrühren. Zuletzt die zerlassene Butter unterrühren. Den Teig bis zur weiteren Verwendung zugedeckt beiseitestellen.

2. Für die Bohnenfüllung beide Bohnensorten in ein Sieb geben, kalt abspülen und abtropfen lassen. Zwiebel abziehen, halbieren und fein würfeln. Putenbrustaufschnitt in kleine Würfel schneiden. Den Estragon abspülen, trocken tupfen und die Blättchen von den Stängeln zupfen. Einige Estragonblättchen zum Garnieren beiseitelegen, die restlichen Estragonblättchen klein schneiden.

3. Essig mit Senf in einer Schüssel glatt rühren, mit Salz, Pfeffer und Cayennepfeffer würzen. Das Olivenöl unterschlagen. Die Senfsauce mit den Bohnen, dem Estragon sowie den Zwiebel- und Putenbrustwürfeln mischen.

4. Etwas von dem Speiseöl in einer Pfanne (Ø etwa 15 cm) erhitzen. Den Teig gut durchrühren und eine sehr dünne Teiglage mit einer drehenden Bewegung gleichmäßig auf dem Boden der Pfanne verteilen. Den Crêpe von beiden Seiten goldbraun backen. Auf diese Weise insgesamt 24 Crêpes backen. Die Crêpes erkalten lassen.

5. Den Bohnensalat nochmals mit Salz, Pfeffer und Cayennepfeffer abschmecken. Die Crêpes zu Tüten formen, mit dem Bohnensalat füllen und evtl. mit Servietten oder Butterbrotpapier umwickeln. Dann Crêpes mit den beiseitegelegten Estragonblättchen garnieren.

Mini-Crêpes mit Lachs und Spinat | Für die Party

12 Stück

Pro Stück: E: 6 g, F: 8 g, Kh: 6 g, kJ: 509, kcal: 122, BE: 0,5

Für den Teig:

80 g Weizenmehl
2 Eier (Größe M)
1 Prise Salz
250 ml (1/4 l) Milch (3,5 % Fett)

etwas Butter zum Ausbacken

Für die Füllung:

300 g Blattspinat
1 Zwiebel
1 Knoblauchzehe
40 g Butter
Salz, gem. Pfeffer
200 g Räucherlachs, in Scheiben

12 Holzspießchen

Zubereitungszeit: 40 Minuten, ohne Ruhe- und Abkühlzeit

1. Für den Teig Mehl in eine Schüssel geben. Eier mit Salz und Milch verschlagen. Die Eiermilch nach und nach unter Rühren zu dem Mehl geben. Dabei darauf achten, dass keine Klümpchen entstehen. Den Teig etwa 30 Minuten ruhen lassen.

2. Für die Füllung in der Zwischenzeit Blattspinat putzen, längs halbieren, abspülen und abtropfen lassen. Die einzelnen Blätter etwa 1 Minute in kochendem Salzwasser blanchieren, anschließend gut mit kaltem Wasser abschrecken und abtropfen lassen.

3. Zwiebel und Knoblauch abziehen und in kleine Würfel schneiden.

4. Etwas von der Butter zum Ausbacken in einer kleinen Pfanne zerlassen. Den Teig gut durchrühren und eine sehr dünne Teiglage mit einer drehenden Bewegung gleichmäßig auf dem Boden der Pfanne verteilen. Den Crêpe von beiden Seiten goldgelb backen. Auf diese Weise insgesamt 12 Crêpes backen. Die Crêpes erkalten lassen.

5. Die 40 g Butter in einer Pfanne zerlassen. Zwiebel-, Knoblauchwürfel und Spinat darin andünsten. Die Spinat-Zwiebel-Mischung mit Salz und Pfeffer würzen.

6. Die Crêpes auf einer Arbeitsfläche ausbreiten, zunächst mit Blattspinat, dann mit Räucherlachs belegen und aufrollen. Die Crêpes nach Belieben halbieren oder in 3–4 cm dicke Scheiben schneiden und mit Spießen feststecken.

Tipp: Dazu schmeckt als Dip etwas Kräuter-Crème-fraîche.

Mini-Empanadas | Für Gäste

18 Stück

Pro Stück (mit Dip): E: 5 g, F: 6 g, Kh: 11 g, kJ: 496, kcal: 119, BE: 1,0

Für die Zwiebel-Fleisch-Füllung:

1 Zwiebel
1 EL Speiseöl
100 g Gehacktes (halb Rind-, halb Schweinefleisch)
15 g TK-Kräuter der Provence
Salz
gem. Pfeffer

Für die Tunfisch-Oliven-Füllung:

80 g abgetropfte, grüne Oliven (mit Paprika gefüllt)
80 g abgetropfter Tunfisch, im eigenen Saft (aus der Dose)

Für den Dip:

150 g Crème légère
15 g TK-Kräuter der Provence
2 EL Tomatenketchup

400 g Pizzateig (aus dem Kühlregal, fertig und ausgerollt)
1 Ei

Zubereitungszeit: 65 Minuten, ohne Abkühlzeit
Backzeit: etwa 15 Minuten

1. Für die Zwiebel-Fleisch-Füllung Zwiebel abziehen, halbieren und in Würfel schneiden. Speiseöl in einer Pfanne erhitzen. Die Zwiebelwürfel darin andünsten.

2. Gehacktes hinzufügen und anbraten, dabei vorhandene Klümpchen mit einer Gabel zerdrücken. Die Gehacktesmasse mit Kräutern, Salz und Pfeffer würzen. Gehacktesmasse abkühlen lassen.

3. Für die Tunfisch-Oliven-Füllung die Oliven in kleine Stücke schneiden. Den Tunfisch in kleine Stücke zupfen und mit den Oliven in einer Schüssel vermengen. Tunfisch-Oliven-Masse mit Salz und Pfeffer würzen.

4. Für den Dip Crème légère mit Kräutern und Ketchup glatt rühren. Den Dip mit Salz und Pfeffer würzen.

5. Den Backofen vorheizen.
Ober-/Unterhitze: etwa 180 °C
Heißluft: etwa 160 °C

6. Den Pizzateig auf einer Arbeitsfläche ausbreiten. Mit einer runden Ausstechform oder mit einem Glas (Ø etwa 7 cm) 15 Scheiben ausstechen.

7. Die Teigreste wieder zusammenkneten, ausrollen und weitere 3 Scheiben daraus ausstechen. Das Ei verschlagen.

8. Je 1 Teelöffel von der Gehacktesmasse auf die Hälfte der Teigscheiben geben, den Rand dabei frei lassen.

9. Die Teigränder mit verschlagenem Ei bestreichen. Die belegten Teigscheiben zusammenklappen und die Ränder gut andrücken (evtl. mit einer Gabel).

10. Auf die restlichen Teigscheiben die Tunfisch-Oliven-Füllung geben und wie zuvor beschrieben zusammenklappen und andrücken.

11. Die gefüllten Teigtaschen auf ein Backblech (mit Backpapier belegt) legen und mit dem restlichen verschlagenen Ei bestreichen.

12. Das Backblech in den vorgeheizten Backofen schieben. Die Mini-Empanadas **etwa 15 Minuten backen.**

13. Die Mini-Empanadas mit dem Backpapier von dem Backblech auf einen Kuchenrost ziehen und erkalten lassen.

14. Mini-Empanadas vom Backpapier lösen, auf eine Platte legen und mit dem Dip servieren.

Tipps: Sie können den Pizzateig auch mit einer Backmischung Pizzateig selbst zubereiten oder den Pizzateig durch Blätterteig ersetzen. Die Mini-Empanadas mit Petersilienblättchen garnieren.

Mini-Gewürz-Zwiebeln I

Exotisch

4 Portionen

Pro Portion: E: 6 g, F: 11 g, Kh: 68 g, kJ: 1719, kcal: 412, BE: 4,5

1 kg	*kleine Zwiebeln*
500 ml (1/2 l)	*Gemüsebrühe*
250 ml (1/4 l)	*Obstessig*
150 g	*Honig*
150 g	*Sultaninen*
4 EL	*Tomatenpüree (Tetra Pak®)*
4 EL	*Olivenöl*
1	*Lorbeerblatt*
1 Msp.	*gem. Kreuzkümmel (Cumin)*
1	*Sternanis*
	Salz
	gem. Pfeffer

Zubereitungszeit: 20 Minuten, ohne Abkühlzeit
Garzeit: etwa 30 Minuten

1. Die Zwiebeln abziehen und in einen Topf geben. Die restlichen Zutaten hinzufügen und zum Kochen bringen.

2. Zwiebeln zugedeckt etwa 30 Minuten köcheln lassen, bis sie weich sind.

3. Die Zwiebeln mit Salz und Pfeffer abschmecken und erkalten lassen.

Tipps: Dazu ist knuspriges Fladenbrot eine ideale Beilage. Die Zwiebeln lassen sich sehr gut vorbereiten. Füllen Sie sie einfach mit dem Sud in gründlich gereinigte, getrocknete Gläser. Gläser mit Twist-off-Deckeln® fest verschließen und in den Kühlschrank stellen. Die Mini-Gewürz-Zwiebeln sind dann etwa 1 Woche haltbar.

Mini-Nudel-Salat | Einfach

6 Portionen

Pro Portion: E: 21 g, F: 33 g, Kh: 70 g, kJ: 2767, kcal: 662, BE: 6,0

5 l Wasser
5 gestr. TL Salz
500 g Mini-Nudeln, z. B. Penne
200 getrocknete Tomaten, in Öl
200 g abgetropfte, schwarze Oliven (ohne Stein)
2 Knoblauchzehen
2 EL Tomatenmark
4 EL kaltes Wasser
1–2 EL Balsamico-Essig
Salz, gem. Pfeffer
6 EL Olivenöl
5 Stängel Basilikum
120 g Parmesan, am Stück

Zubereitungszeit: 30 Minuten

1. Wasser in einem großen Topf zugedeckt zum Kochen bringen. Salz und Nudeln zugeben. Nudeln im geöffneten Topf bei mittlerer Hitze nach Packungsanleitung bissfest kochen, dabei gelegentlich umrühren.

2. Die Tomaten in feine Streifen schneiden und die Oliven in Scheiben schneiden.

3. Die Nudeln in ein Sieb geben, mit kaltem Wasser abspülen und abtropfen lassen.

4. Die Tomatenstreifen und Olivenscheiben unter die Nudeln mischen. Knoblauch abziehen und durch eine Knoblauchpresse drücken oder sehr fein hacken.

5. Knoblauch mit Tomatenmark, Wasser und Essig verrühren, mit Salz und Pfeffer würzen. Das Olivenöl unterrühren. Anschließend die Salatsauce unter die Nudeln heben.

6. Basilikum abspülen, trocken tupfen und die Blättchen von den Stängeln zupfen. Blättchen fein schneiden. Den Käse raspeln. Den Salat mit Basilikum und Käse bestreuen und servieren.

Tipps: Für den Salat eignen sich auch andere Nudelsorten, wie z. B. Makkaroni-Chips, Hörnchen oder Muschelnudeln. Wenn Sie Tortellini mögen, dann machen Sie einen Tortellini-Salat daraus. Dafür statt der Nudeln Tortellini aus dem Kühlregal nach Packungsanleitung zubereiten, etwas abkühlen lassen und mit der Sauce vermischen.

Mini-Pilz-Calzone | Für Gäste

18 Stück

Pro Stück: E: 7 g, F: 7 g, Kh: 18 g, kJ: 694, kcal: 166, BE: 1,5

Für den Hefeteig:

400 g Weizenmehl
42 g frische Hefe
½ TL Zucker
250 ml (¼ l) warmes Wasser
2 gestr. TL Salz
4 EL Olivenöl

Für die Füllung:

1 Bund Frühlingszwiebeln
3 große Tomaten
250 g Champignons
250 g Austernpilze
1 Bund Petersilie
3 Knoblauchzehen
150 g Parmesan, am Stück
Salz
gem. Pfeffer

Zum Bestreichen:

2 Eigelb
2 EL Olivenöl

Zubereitungszeit: 40 Minuten, ohne Teiggehzeit
Backzeit: etwa 25 Minuten je Backblech

1. Für den Teig Mehl in eine Rührschüssel geben und in die Mitte eine Vertiefung eindrücken. Hefe hineinbröckeln, mit Zucker und 4 Esslöffeln von dem Wasser verrühren und etwa 15 Minuten stehen lassen.

2. Anschließend restliches Wasser, Salz und Olivenöl hinzufügen und mit Handrührgerät mit Knethaken zunächst kurz auf niedrigster, dann auf höchster Stufe in etwa 5 Minuten zu einem glatten Teig verarbeiten. Teig zu einer Kugel formen und zugedeckt so lange an einem warmen Ort gehen lassen, bis er sich sichtbar vergrößert hat (etwa 30 Minuten).

3. Für die Füllung in der Zwischenzeit die Frühlingszwiebeln putzen, abspülen, abtropfen lassen und in feine Scheiben schneiden. Die Tomaten abspülen, abtrocknen, halbieren, entkernen und die Stängelansätze herausschneiden. Tomaten in kleine Würfel schneiden.

4. Champignons und Austernpilze putzen, evtl. kurz abspülen und trocken tupfen. Die Pilze ebenfalls in kleine Würfel schneiden.

5. Petersilie abspülen, trocken tupfen und die Blättchen von den Stängeln zupfen. Blättchen fein hacken. Knoblauch abziehen und durch eine Knoblauchpresse drücken oder sehr fein hacken. Den Parmesan grob reiben. Die vorbereiteten Zutaten für die Füllung in einer Schüssel mischen, mit Salz und Pfeffer kräftig würzen.

6. Den Backofen vorheizen.
Ober-/Unterhitze: etwa 200 °C
Heißluft: etwa 180 °C

7. Den Teig in etwa 18 gleich große Stücke teilen. Die Teigstücke mit bemehlten Händen zu Kugeln formen und auf einer leicht bemehlten Arbeitsfläche zu dünnen, runden Teigplatten (Ø je etwa 18 cm) ausrollen.

8. Jeweils 2 Esslöffel von der Füllung in die Mitte jeder Teigplatte geben. Die Teigplatten zu Halbmonden zusammenklappen und die Teigränder fest zusammendrücken (evtl. mit einer Gabel). Die Mini-Pilz-Calzone auf Backbleche (mit Backpapier belegt) legen. Dabei ein wenig Abstand zwischen den Mini-Pilz-Calzone lassen.

9. Zum Bestreichen Eigelb mit Olivenöl verschlagen und die Oberflächen damit bestreichen. Die Backbleche nacheinander (bei Heißluft zusammen) in den vorgeheizten Backofen schieben. Die Mini-Pilz-Calzone **etwa 25 Minuten je Backblech backen.**

10. Die Mini-Pilz-Calzone mit dem Backpapier von den Backblechen auf Kuchenroste ziehen und erkalten lassen.

Abwandlung: Für **Mini-Zucchini-Calzone** die Champignons und Austernpilze durch 500 g Zucchini ersetzen. Dafür die Zucchini abspülen, abtrocknen, die Enden abschneiden und die Zucchini fein raspeln.

Mini-Schnitzel mit Salaten I

Für die Party

8 Portionen

Pro Portion: E: 22 g, F: 16 g, Kh: 16 g, kJ: 1240, kcal: 296, BE: 1,0

8 kleine Schweineschnitzel (je etwa 80 g)
Salz
gem. Pfeffer
2 Eier (Größe M)
2 EL Weizenmehl
120 g Semmelbrösel
80 g Butter
2 EL Speiseöl, z. B. Sonnenblumenöl

Für die Salate:

1 kleine Salatgurke (etwa 250 g)
2 EL Schlagsahne (mind. 30 % Fett)
1–2 EL Weißweinessig
4 Möhren (etwa 250 g)
1 EL Zitronensaft
1–2 TL Zucker
2 gelbe Paprikaschoten
2 Bund Radieschen
3 EL Weißweinessig
4–5 EL Olivenöl

1 Kästchen Kresse

Zubereitungszeit: 45 Minuten, ohne Durchziehzeit

1. Die Schnitzel mit Küchenpapier trocken tupfen und zwischen Frischhaltefolie flach klopfen. Schnitzel aus der Folie nehmen, mit Salz und Pfeffer würzen. Die Eier in einer flachen Schüssel verschlagen.

2. Die Schnitzel zuerst in Mehl (überschüssiges Mehl abklopfen), dann in den verschlagenen Eiern und zuletzt in den Semmelbröseln wenden. Die Panade fest andrücken.

3. Die Butter mit dem Speiseöl in einer großen Pfanne erhitzen. Die Schnitzel darin (evtl. in 2 Portionen) von beiden Seiten etwa 10 Minuten braten, dann herausnehmen und auf Küchenpapier erkalten lassen.

4. Für die Salate Gurke abspülen, abtrocknen und die Enden abschneiden. Die Gurke mit einem Gemüsehobel in dünne Scheiben hobeln. Gurkenscheiben in eine Schüssel geben, mit Salz und Pfeffer würzen. Sahne mit Essig verrühren und unter die Gurkenscheiben mischen.

5. Möhren putzen, schälen, abspülen und abtropfen lassen. Die Möhren grob raspeln, mit Salz, Pfeffer, Zitronensaft und Zucker abschmecken.

6. Paprikaschoten halbieren, entstielen, entkernen und die weißen Scheidewände entfernen. Schoten abspülen, abtropfen lassen und in dünne Streifen schneiden.

7. Radieschen putzen, abspülen, abtropfen lassen und in dünne Scheiben schneiden. Die Paprikastreifen und Radieschenscheiben getrennt voneinander mit Salz, Pfeffer, Essig und Olivenöl abschmecken. Die Salate zugedeckt für etwa 1 Stunde in den Kühlschrank stellen und durchziehen lassen.

8. Die Kresse abspülen, mit einer Küchenschere abschneiden und trocken tupfen. Die Mini-Schnitzel mit den Salaten anrichten und mit der Kresse garniert servieren.

Mini-Spiegeleier auf Rote-Bete-Forellen-Tatar I

Edle Häppchen – schnell

16 Stück

Pro Stück: E: 3 g, F: 4 g, Kh: 4 g, kJ: 264, kcal: 63, BE: 0,5

125 g gekochte Rote Bete (vakuumverpackt)
1 Schalotte
2 EL Crème fraîche
1 EL Zitronensaft
1 EL Sahnemeerrettich
Salz
gem., schwarzer Pfeffer
50 g geräuchertes Forellenfilet
2 EL Speiseöl
16 Wachteleier
3 Stängel Dill
16 Scheiben Mini-Zwieback (etwa 75 g)

Zubereitungszeit: 35 Minuten

1. Die Rote Bete in sehr feine Würfel schneiden. Die Schalotte abziehen und ebenfalls in sehr feine Würfel schneiden.

2. Crème fraîche mit Zitronensaft und Sahnemeerrettich verrühren, mit Salz und Pfeffer würzen. Rote-Bete- und Schalotten-Würfel unter die Crème-fraîche-Masse rühren. Forellenfilet in kleine Stückchen zupfen.

3. Das Speiseöl in einer Pfanne erhitzen. Die Eier vorsichtig an einem scharfkantigen Gegenstand aufschlagen und in dem heißen Speiseöl bei mittlerer Hitze wie Spiegeleier braten. Die Spiegeleier mit Salz würzen.

4. Den Dill abspülen und trocken tupfen. Zwei Drittel davon fein schneiden und kurz vor dem Servieren mit dem Forellenfilet unter die Rote-Bete-Mischung rühren.

5. Das Rote-Bete-Forellen-Tatar auf den Mini-Zwieback-Scheiben verteilen. Jeweils 1 Wachtelspiegelei daraufsetzen und mit dem restlichen Dill garnieren.

Mortadella-Mozzarella-Salat mit Focaccias I

Mediterran

8 Portionen

Pro Portion: E: 16 g, F: 28 g, Kh: 29 g, kJ: 1838, kcal: 439, BE: 2,5

Für die Focaccias:

1 TL frische Rosmarinnadeln
7 g frische Hefe
150 ml lauwarmes Wasser
275 g Weizenmehl
Salz
5 EL Olivenöl
20 Cocktailtomaten
1 EL Fenchelsamen
gem., schwarzer Pfeffer
grobes Meersalz

Für den Salat:

150 g Mortadella, in Scheiben
375 g Mozzarella
50 g abgetropfte Kapernäpfel (aus dem Glas)
125 g Fenchelknollen
4 EL weißer Balsamico-Essig
6 EL Olivenöl
½ Bund glatte Petersilie
4 Stängel Basilikum

Zubereitungszeit: 55 Minuten, ohne Teiggeh- und Abkühlzeit
Backzeit: etwa 20 Minuten

1. Für die Focaccias die Rosmarinnadeln abspülen, trocken tupfen und fein schneiden. Rosmarin und die zerbröselte Hefe in 150 ml Wasser einrühren und so lange rühren, bis sich die Hefe gelöst hat.

2. Mehl mit Salz in einer Rührschüssel mischen. Die Hefemischung und 1 Esslöffel Olivenöl hinzugeben. Zutaten mit Handrührgerät mit Knethaken zunächst kurz auf niedrigster, dann auf höchster Stufe in etwa 5 Minuten zu einem glatten Teig verarbeiten. Den Teig zugedeckt etwa 90 Minuten an einem warmen Ort gehen lassen.

3. Den Teig auf einer leicht bemehlten Arbeitsfläche zu einer Rolle formen. Teigrolle in 8 Stücke schneiden und diese zu jeweils kreisrunden, etwa 1 cm hohen Fladen drücken. Die Teigfladen auf ein Backblech (mit Backpapier belegt) legen und zugedeckt an einem warmen Ort weitere etwa 30 Minuten gehen lassen.

4. Den Backofen vorheizen.
Ober-/Unterhitze: etwa 220 °C
Heißluft: etwa 200 °C

5. Die Tomaten abspülen, abtrocknen, halbieren und evtl. die Stängelansätze herausschneiden. Mit den Fingerspitzen viele kleine Mulden in die Teigfladen drücken.

6. Die Fladen mit den Tomatenhälften belegen und mit Fenchelsamen bestreuen. Dann die Fladen mit dem restlichen Olivenöl besprenkeln und mit Pfeffer bestreuen.

7. Das Backblech in den vorgeheizten Backofen (unteres Drittel) schieben. Die Focaccias **etwa 20 Minuten backen.**

8. Das Backblech auf einen Kuchenrost stellen. Die Focaccias mit etwas Meersalz bestreuen und erkalten lassen.

9. Für den Salat Mortadellascheiben in etwa 2 cm große Stücke schneiden. Den Mozzarella in dünne Scheiben scheiden. Von den Kapernäpfel den Stiel abschneiden und die Früchte halbieren. Fenchel putzen, abspülen, abtropfen lassen, halbieren und in sehr kleine Würfel schneiden.

10. Mortadella, Mozzarella, Kapernäpfel und Fenchel in einer Schüssel mischen. Die Zutaten mit Salz, Pfeffer, Essig und Olivenöl mischen und bis zum Servieren zugedeckt in den Kühlschrank stellen.

11. Petersilie und Basilikum abspülen, trocken tupfen und die Blättchen von den Stängeln zupfen. Die Blättchen grob schneiden und unter den Salat mischen.

12. Den Mortadella-Mozzarella-Salat mit Focaccias in Portionen anrichten.

Mozzarella-Nudel-Salat

Mediterran

4–6 Portionen

Pro Portion: E: 21 g, F: 47 g, Kh: 42 g, kJ: 2825, kcal: 674, BE: 3,5

2 ½ l Wasser
2 ½ gestr. TL Salz
250 g dreifarbige Farfalle (Schmetterlingsnudeln)

250 g Mozzarella
250 g Cocktailtomaten
200 g kleine Champignons
2 Bund Rucola (Rauke)
60 g Pinienkerne

Für die Salatsauce:

5 EL Weißweinessig
2 EL Basilikum- oder Kräuteressig
1 gestr. TL Salz
2 gestr. TL Zucker
knapp 1 gestr. TL geschroteter Pfeffer
150 ml Olivenöl
5 EL Wasser
1 Topf frisches Basilikum

Zubereitungszeit: 40 Minuten, ohne Abkühl- und Durchziehzeit

1. Das Wasser in einem großen Topf zugedeckt zum Kochen bringen. Dann Salz und Nudeln zugeben. Die Nudeln im geöffneten Topf bei mittlerer Hitze nach Packungsanleitung bissfest kochen, dabei gelegentlich umrühren. Anschließend die Nudeln in ein Sieb geben, mit kaltem Wasser abspülen und abtropfen lassen.

2. Mozzarella in Würfel schneiden. Tomaten abspülen, abtrocknen, halbieren und evtl. die Stängelansätze herausschneiden.

3. Die Champignons putzen, evtl. kurz abspülen und trocken tupfen. Größere Champignons evtl. halbieren oder vierteln. Rucola verlesen und dicke Stängel abschneiden. Rucola abspülen, gut abtropfen lassen oder trocken schleudern und in grobe Blätter zupfen.

4. Die Pinienkerne in einer Pfanne ohne Fett unter Wenden goldbraun rösten und erkalten lassen.

5. Für die Sauce den Weißwein- und Basilikum- oder Kräuteressig mit Salz, Zucker und Pfeffer gut verrühren. Das Olivenöl unterschlagen, das Wasser unterrühren. Die Basilikumstängel abschneiden, abspülen, trocken tupfen und die Blättchen von den Stängeln zupfen. Blättchen in Streifen schneiden.

6. Nudeln in eine Schüssel geben und mit der Salatsauce mischen. Den Salat zugedeckt 1–2 Stunden durchziehen lassen.

7. Mozzarellawürfel, Tomatenhälften, Champignons und Rucola unter den Salat heben. Den Mozzarella-Nudel-Salat mit Pinienkernen bestreut anrichten.

Mozzarella-Sülzen | Für Gäste

4 Portionen

Pro Portion: E: 10 g, F: 22 g, Kh: 3 g, kJ: 1062, kcal: 254, BE: 0,0

6 Blatt	*weiße Gelatine*
1	*Schalotte*
1	*Knoblauchzehe*
100 ml	*Gemüsebrühe*
200 g	*Schlagsahne (mind. 30 % Fett)*
40 ml	*Weißweinessig*
1 TL	*gerebeltes Basilikum*
	Salz
	gem. Pfeffer
2	*gleich große Tomaten*
125 g	*Mozzarella*

Zubereitungszeit: 25 Minuten, ohne Kühlzeit

1. Die Gelatine nach Packungsanleitung einweichen. Schalotte und Knoblauch abziehen und in feine Würfel schneiden.

2. Gelatine leicht ausdrücken und in einem Topf mit der Gemüsebrühe unter Rühren erwärmen, bis sie völlig gelöst ist. Schalotten-, Knoblauchwürfel, Sahne und Essig unterrühren. Gelatinemischung mit Basilikum, Salz und Pfeffer kräftig abschmecken.

3. Jeweils 2 Esslöffel von der Gelatinemischung in 4 kleine Förmchen (je etwa 170 ml Inhalt, kalt ausgespült) füllen und für etwa 10 Minuten in den Kühlschrank stellen.

4. Tomaten kreuzweise einschneiden und mit kochendem Wasser übergießen. Nach 1–2 Minuten herausnehmen und mit kaltem Wasser abschrecken. Tomaten enthäuten, halbieren und die Stängelansätze herausschneiden. Von jeder Tomate 4 etwa gleich große Scheiben abschneiden.

5. Den Mozzarella abtropfen lassen und in 4 Scheiben schneiden. In jedes Förmchen nacheinander 1 Tomaten-, 1 Mozzarella- und wieder 1 Tomatenscheibe legen. Förmchen vorsichtig mit der Gelatinemischung befüllen und zugedeckt mindestens 3 Stunden in den Kühlschrank stellen.

6. Die Förmchen etwa 10 Sekunden in heißes Wasser tauchen und die Sülzen stürzen.

Tipps: Garnieren Sie die kleinen Mozzarella-Sülzen mit frischem Basilikum und Tomatenstreifen. Die Sülzen sind im Kühlschrank etwa 3 Tage haltbar.

Müsliriegel „Cook Island“ I

Zum Mitnehmen

40 Riegel

Pro Stück: E: 2 g, F: 7 g, Kh: 18 g,
kJ: 595, kcal: 142, BE: 1,5

4 EL Sesamsamen
4 EL Kokosraspel
100 g geröstete, gesalzene Macadamianusskerne
200 g getrocknete Soft-Früchte, z. B. Papaya, Ananas und Mango
275 g brauner Zucker
150 g flüssiger Honig
3 EL Limettensaft
40 g Butter
300 g kernige Haferflocken

Für den Guss:

150 g Edelbitter-Schokolade (etwa 70 % Kakaoanteil)
20 g Schlagsahne (mind. 30 % Fett)

Zubereitungszeit: 40 Minuten, ohne Abkühlzeit
Backzeit: 12–15 Minuten

1. Sesam und Kokosraspel in einer Pfanne ohne Fett unter Wenden goldbraun rösten und auf einen Teller geben. Die Macadamianusskerne grob hacken. Soft-Früchte ebenfalls grob hacken.

2. Den Backofen vorheizen.
Ober-/Unterhitze: etwa 160 °C
Heißluft: etwa 140 °C

3. Zucker, Honig, Limettensaft und Butter in einen Topf geben und unter Rühren zum Kochen bringen. Haferflocken, Sesamsamen, Kokosraspel, Macadamianusskerne und Soft-Früchte hinzugeben. Die Zutaten auf der ausgeschalteten Kochstelle gut vermischen.

4. Die Müslimasse auf ein Backblech (30 x 40 cm, gefettet, mit Backpapier belegt) geben, glatt streichen und etwas andrücken. Das Backblech in den vorgeheizten Backofen (unteres Drittel) schieben. Die Müslimasse **12–15 Minuten backen,** bis sich eine einheitliche Masse gebildet hat.

5. Das Backblech auf einen Kuchenrost stellen. Die Müsliplatte etwas abkühlen lassen.

6. Die Müslimasse mit einem Sägemesser in etwa 40 gleich große, längliche Riegel schneiden.

7. Für den Guss Schokolade in Stücke brechen, mit der Sahne in einem kleinen Topf im Wasserbad bei schwacher Hitze unter Rühren schmelzen.

8. Die Schokolade am besten in eine kleine, hohe Schüssel füllen. Die Müsliriegel knapp bis zur Hälfte in die Schokolade tauchen. Herunterlaufende Schokolade am Schüsselrand abstreifen. Die Müsliriegel auf etwas Backpapier legen. Die Schokolade trocknen lassen.

Tipp: Die Müsliriegel in einer gut schließenden Dose aufbewahren.

Nuss-Stangen, pikante

Für Gäste

26–28 Stück

Pro Stück: E: 2 g, F: 8 g, Kh: 6 g, kJ: 445, kcal: 106, BE: 0,5

450 g TK-Blätterteig

Für den Belag:

100 g Rauchmandeln
50 g geröstete, gesalzene Cashewkerne
1 Eiweiß (Größe M)
Cayennepfeffer

Zum Bestreichen:

1 Eigelb
1 EL Milch

Zubereitungszeit: 25 Minuten, ohne Auftau- und Ruhezeit
Backzeit: etwa 15 Minuten je Backblech

1. Den Blätterteig zugedeckt nach Packungsanleitung auftauen lassen.

2. Für den Belag Rauchmandeln und Cashewkerne mit einem Messer oder im Blitzhacker fein hacken und in eine Schüssel geben. Dann das Eiweiß hinzufügen und unterarbeiten. Die Nusskernmischung mit Cayennepfeffer würzen.

3. Die Hälfte der Blätterteigplatten aufeinanderlegen und auf einer leicht bemehlten Arbeitsfläche zu einem Rechteck (etwa 20 x 40 cm) ausrollen.

4. Zum Bestreichen das Eigelb mit der Milch verquirlen. Das Blätterteigrechteck damit bestreichen. Die Hälfte der Nusskernmischung in Klecksen auf einer Teighälfte (etwa 20 x 20 cm) verteilen und mit einem Messer verstreichen. Die zweite Teighälfte daraufklappen und andrücken.

5. Das entstandene Blätterteigquadrat mit einem scharfen Messer in etwa 1 ½ cm breite Streifen schneiden. Die Streifen spiralförmig drehen und auf ein Backblech (mit Backpapier belegt) legen. Die Spiralenden auf dem Backpapier andrücken.

6. Den Backofen vorheizen.
Ober-/Unterhitze: etwa 200 °C
Heißluft: etwa 180 °C

7. Die restlichen Blätterteigplatten und die restliche Nusskernmischung auf die gleiche Weise verarbeiten. Die Nuss-Stangen ebenfalls auf ein Backblech (mit Backpapier belegt) legen. Nuss-Stangen etwa 10 Minuten ruhen lassen.

8. Die Teigseiten der Spiralen mit dem restlichen verquirlten Eigelb bestreichen. Die Backbleche nacheinander (bei Heißluft zusammen) in den vorgeheizten Backofen schieben. Die Nuss-Stangen **etwa 15 Minuten je Backblech backen.**

9. Die Nuss-Stangen mit dem Backpapier auf Kuchenrosten erkalten lassen.

Obatzter | Klassisch

etwa 550 g

Insgesamt: E: 103 g, F: 153 g, Kh: 7 g, kJ: 7760, kcal: 1855, BE: 0,0

4	*Camemberts (je 125 g, 45 % Fett)*
50 g	*weiche Butter*
1	*Zwiebel*
1 EL	*ganze Kümmelsamen*
	Salz
	gem. Pfeffer
etwas	*Paprikapulver edelsüß*

Zubereitungszeit: 30 Minuten

1. Die Camemberts in Stücke schneiden und in eine Schüssel geben. Butter hinzufügen. Mithilfe einer Gabel die Camembertstücke mit der Butter vermengen.

2. Zwiebel abziehen, halbieren und in kleine Würfel schneiden. Die Zwiebelwürfel und den Kümmel unter die Käsemasse kneten. Die Käsemasse mit Salz, Pfeffer und Paprikapulver abschmecken. Obatzter in ein verschließbares Gefäß füllen und in den Kühlschrank stellen.

Tipps: Dazu schmecken Laugenbrezel. Zum Servieren 1 Zwiebel abziehen, in Ringe schneiden und in Paprikapulver wälzen. Obatzter mit den Zwiebelringen und mit einigen Petersilienblättchen garnieren. Im Kühlschrank ist der Aufstrich etwa 3 Tage haltbar.

Olivenpaste | Schnell

etwa 400 g

Insgesamt: E: 7 g, F: 147 g, Kh: 16 g, kJ: 5872, kcal: 1402, BE: 1,0

200 g abgetropfte, schwarze Oliven (ohne Stein)
2 Knoblauchzehen
1 Schalotte
1–2 Chilischoten
1 große Tomate
1 EL abgetropfte Kapern (aus dem Glas)
etwa 75 ml Olivenöl
gem. Pfeffer
gerebelter Thymian

Zubereitungszeit: 20 Minuten

1. Die Oliven in kleine Stücke schneiden. Knoblauch und Schalotte abziehen und fein würfeln. Chilischoten abspülen, abtrocknen, längs aufschneiden und entkernen. Chilischoten in kleine Stücke schneiden.

2. Die Tomate kreuzweise einschneiden und mit kochendem Wasser übergießen. Nach 1–2 Minuten herausnehmen und mit kaltem Wasser abschrecken. Die Tomate enthäuten, halbieren, entkernen und den Stängelansatz herausschneiden. Tomate fein würfeln.

3. Olivenstücke, Knoblauch- und Schalottenwürfel, Kapern, Chilistücke, Tomatenwürfel und Olivenöl in einen hohen Rührbecher geben. Die Zutaten mit einem Stabmixer grob pürieren.

4. Die Olivenpaste mit Pfeffer und Thymian abschmecken, in ein verschließbares, gründlich gereinigtes Gefäß füllen, mit einem Deckel verschließen und in den Kühlschrank stellen.

Tipps: Die Olivenpaste schmeckt herrlich auf gerösteten Baguette- oder Ciabattascheiben. Im Kühlschrank ist sie 4–5 Tage haltbar.

Paprikasalat mit Minze

Für Gäste

4 Portionen

Pro Portion: E: 7 g, F: 24 g, Kh: 9 g, kJ: 1168, kcal: 279, BE: 0,5

je 1 rote, gelbe und grüne Paprikaschote
250 g mittelgroße Tomaten
100 g Schafskäse
100 g Zwiebeln
1/2 Bund frische Minze
4 EL Weißweinessig
6 EL Olivenöl
Salz
gem. Pfeffer
100 g abgetropfte, grüne Oliven (mit Paprika gefüllt)

Zubereitungszeit: 30 Minuten, ohne Durchziehzeit

1. Paprikaschoten halbieren, entstielen, entkernen und die weißen Scheidewände entfernen. Schoten abspülen, abtropfen lassen und in etwa 2 cm große Stücke schneiden.

2. Die Tomaten abspülen, abtrocknen, halbieren, entkernen und die Stängelansätze herausschneiden. Die Tomaten in etwa 1 cm dicke Spalten schneiden. Den Schafskäse in etwa 1 x 1 cm große Stücke schneiden.

3. Die Zwiebeln abziehen, halbieren und fein würfeln. Die Minze abspülen, trocken tupfen und die Blättchen von den Stängeln zupfen. Blättchen in feine Streifen schneiden.

4. Den Essig mit dem Olivenöl verrühren, mit Salz und Pfeffer würzen. Paprikastücke, Tomatenspalten, Schafskäsestücke, Zwiebelwürfel, Minzestreifen und Oliven hinzufügen. Die Zutaten mit dem Dressing gut verrühren. Den Paprikasalat mindestens 10 Minuten ziehen lassen.

Parmaschinken mit Melone I

Schnell – für Gäste

6 Portionen

Pro Portion: E: 8 g, F: 2 g, Kh: 6 g, kJ: 320, kcal: 76, BE: 0,5

1 Honigmelone
12 Scheiben Parmaschinken (dünn geschnitten)
gem., schwarzer Pfeffer

Zubereitungszeit: 15 Minuten, ohne Kühlzeit

1. Die Melone einige Stunden im Kühlschrank durchkühlen lassen.

2. Die Melone halbieren und entkernen. Die Melonenhälften in jeweils 6 Spalten schneiden.

3. Jede Melonenspalte mit 1 Schinkenscheibe belegen und mit Pfeffer bestreuen.

Tipps: Die Honigmelone sollte einen intensiven Geschmack als Gegengewicht zum Schinken haben. Statt Parmaschinken schmecken auch geräucherter Putenbrustaufschnitt oder Bündner Fleisch.

Parmesan-Mandel-Cantuccini I

Zum Verschenken
60 Stück

Pro Stück: E: 3 g, F: 4 g, Kh: 7 g,
kJ: 306, kcal: 73, BE: 0,5

Zum Vorbereiten:

75 g getrocknete Aprikosen
10–12 frische Salbeiblätter
75 g Parmesan, am Stück

Für den Teig:

425 g Weizenmehl
1 TL Dr. Oetker Backin
1 TL Salz
75 g kalte Butter
2 Eier (Größe S)
125 ml (1/8 l) Milch (3,5 % Fett)
150 g Salzmandeln, geröstet

1 Eigelb

Zubereitungszeit: 40 Minuten, ohne Abkühlzeit
Backzeit: etwa 60 Minuten

1. Zum Vorbereiten die Aprikosen in etwa 1 cm große Stücke schneiden. Die Salbeiblätter abspülen, trocken tupfen und fein hacken. Den Parmesan fein reiben.

2. Den Backofen vorheizen.
Ober-/Unterhitze: etwa 180 °C
Heißluft: etwa 160 °C

3. Für den Teig Mehl mit Backpulver, Salz und 50 g von dem Parmesan in einer Rührschüssel mischen. Die Butter in Würfel schneiden und dazugeben.

4. Die Zutaten mit Handrührgerät mit Knethaken zunächst kurz auf niedrigster, dann auf höchster Stufe zu einem grobkrümeligen Teig verkneten. Dabei nicht zu lange kneten. Die Eier mit der Milch verquirlen, dazugeben und kurz unterkneten, sodass ein glatter Teig entsteht.

5. Den Teig auf eine leicht bemehlte Arbeitfläche geben. Salzmandeln, Aprikosenstücke und fein gehackten Salbei mit den Händen kurz und gleichmäßig unterkneten. Den Teig in 2 Portionen teilen. Jede Teigportion zu 1 Teigstange formen (je etwa 35 cm lang, 5 cm breit, 2 cm hoch).

6. Die Teigstangen auf ein Backblech (mit Backpapier belegt) legen. Dabei etwas Abstand zwischen den Teigstangen lassen. Das Eigelb verquirlen. Die Teigstangen damit bestreichen und mit dem restlichen Parmesan bestreuen.

7. Das Backblech in den vorgeheizten Backofen (unteres Drittel) schieben. Die Teigstangen **etwa 30 Minuten vorbacken.** Das Backblech auf einen Kuchenrost stellen. Die **Backofentemperatur um etwa 20 °C herunterschalten.** Das Gebäck etwa 10 Minuten abkühlen lassen.

8. Das Gebäck mit einem Sägemesser leicht schräg in etwa 1 cm breite Scheiben schneiden. Die Scheiben nebeneinander auf 2 Backbleche (mit Backpapier belegt) legen.

9. Die Backbleche nacheinander (bei Heißluft zusammen) in den heißen Backofen schieben. Die Cantuccini **weitere etwa 30 Minuten je Backblech backen.** Dabei die Cantuccini nach etwa 15 Minuten Backzeit einmal wenden.

10. Die Cantuccini mit dem Backpapier von dem Backblech auf einen Kuchenrost ziehen und erkalten lassen.

Tipps: Die Cantuccini lassen sich gut vorbereiten. In einer gut schließenden Blechdose können Sie sie etwa 1 Woche aufbewahren.

Party-Bruschettas | Mediterran

24 Stück

Pro Stück: E: 2 g, F: 2 g, Kh: 13 g, kJ: 337, kcal: 80, BE: 1,0

6 reife Tomaten
1 Bund Basilikum
grobes Meersalz
50 ml Olivenöl
2 Ciabatta (je etwa 300 g)

Zubereitungszeit: 40 Minuten

1. Die Tomaten abspülen, abtrocknen, halbieren, entkernen und die Stängelansätze herausschneiden. Die Tomaten in schmale Streifen schneiden. Basilikum abspülen, trocken tupfen und die Blättchen von den Stängeln zupfen. Blättchen in feine Streifen schneiden.

2. Tomaten- und Basilikumstreifen in einer Schüssel mischen und mit Meersalz würzen. 4 Esslöffel von dem Olivenöl unter die Tomaten-Basilikum-Mischung heben.

3. Die Ciabattabrote in 24 Scheiben schneiden. Jeweils 3 Esslöffel des restlichen Olivenöls in einer großen Pfanne erhitzen. Die Brotscheiben darin portionsweise von jeder Seite anbraten, herausnehmen und leicht mit Meersalz bestreuen.

4. Die Brotscheiben auf einer Servierplatte anrichten. Die Tomaten-Basilikum-Mischung auf den Brotscheiben verteilen. Bruschettas etwas stehen lassen, bis der Tomatensaft die Brotscheiben durchtränkt hat.

Party-Toasts | Raffiniert

20 Stück

Pro Stück: E: 6 g, F: 13 g, Kh: 7 g, kJ: 699, kcal: 167, BE: 0,5

3	*Frühlingszwiebeln*
1	*Knoblauchzehe*
200 g	*Shrimps (gekocht, geschält, glasiert)*
3 EL	*Sesamöl*
3 EL	*Sojasauce*
3 EL	*Limettensaft*
	Salz
10 Scheiben	*Toastbrot*
750 ml (3/4 l)	*Speiseöl*
4	*Eiweiß (Größe M)*
3 EL	*kaltes Wasser*
200 g	*schwarze Sesamsamen (erhältlich im Asialaden)*
200 g	*weiße Sesamsamen*

Zubereitungszeit: 60 Minuten

1. Die Frühlingszwiebeln putzen, abspülen, abtropfen lassen und in feine Scheiben schneiden. Knoblauch abziehen und sehr fein schneiden. Die Shrimps unter fließendem kalten Wasser abspülen, trocken tupfen und im Blitzhacker zerkleinern oder mit einem Messer sehr fein hacken.

2. Frühlingszwiebelscheiben, Knoblauch und Shrimps in eine Schüssel geben. Sesamöl, Sojasauce und den Limettensaft gut untermischen, mit Salz würzen.

3. Die Toastbrotscheiben entrinden. Shrimpsmasse auf 5 Toastbrotscheiben verteilen und glatt streichen. Jeweils eine zweite Toastbrotscheibe darauflegen und fest andrücken.

4. Die Party-Toasts zweimal diagonal halbieren, sodass jeweils 4 Dreiecke entstehen.

5. Das Speiseöl in einem breiten Topf oder in einer Fritteuse auf etwa 175 °C erhitzen. Eiweiß mit Wasser in einem tiefen Teller verschlagen. Schwarze und weiße Sesamsamen auf je einen flachen Teller geben.

6. Die Seiten der Brotdreiecke in Eiweiß tauchen und abwechselnd in schwarzen und weißen Sesamsamen drücken. Die Brotdreiecke nacheinander in dem erhitzten Speiseöl von jeder Seite etwa 1 Minute frittieren.

7. Die Party-Toasts mit einer Schaumkelle herausnehmen, auf Küchenpapier abtropfen lassen und auf einer Platte anrichten.

Party-Zwiebelbrot | Für Gäste

2 Brote (je etwa 500 g)

Pro Brot: E: 54 g, F: 68 g, Kh: 249 g, kJ: 7775, kcal: 1858, BE: 20,0

Für den Hefeteig:

600 g Weizenmehl
2 Pck. Dr. Oetker Trockenbackhefe
1 EL Zucker
1 gestr. TL Salz
200 g Kräuter-Schmelzkäse
gut 250 ml
(1/4 l) Wasser

Außerdem:

100 g weiche Butter
1 Pck. Zwiebelsuppe (Instant)

Zubereitungszeit: 40 Minuten, ohne Teiggehzeit
Backzeit: etwa 25 Minuten

1. Für den Teig Mehl in eine Rührschüssel geben und mit Trockenbackhefe sorgfältig vermischen. Zucker, Salz, Schmelzkäse und Wasser hinzufügen. Die Zutaten mit Handrührgerät mit Knethaken zunächst kurz auf niedrigster, dann auf höchster Stufe in etwa 5 Minuten zu einem glatten Teig verarbeiten. Den Teig zugedeckt so lange an einem warmen Ort gehen lassen, bis er sich sichtbar vergrößert hat (etwa 40 Minuten).

2. Butter mit Zwiebelsuppenpulver verrühren. Den gegangenen Teig auf der leicht bemehlten Arbeitsfläche nochmals gut durchkneten. Den Teig zu einem Rechteck (etwa 30 x 50 cm) ausrollen.

3. Die Butter-Zwiebelsuppen-Masse gleichmäßig auf dem Teigrechteck verteilen und glatt streichen. Den Teig von der kürzeren Seite aus aufrollen. Die Rolle der Länge nach halbieren.

4. Die halben Teigrollen mit der Schnittfläche nach unten auf ein Backblech (mit Backpapier belegt) legen und nochmals zugedeckt so lange an einem warmen Ort gehen lassen, bis sie sich sichtbar vergrößert haben (etwa 30 Minuten).

5. Den Backofen vorheizen.
Ober-/Unterhitze: etwa 200 °C
Heißluft: etwa 180 °C

6. Backblech in den vorgeheizten Backofen schieben. Die Zwiebelbrote **etwa 25 Minuten backen.**

7. Die Zwiebelbrote mit dem Backpapier auf einem Kuchenrost erkalten lassen.

Pellkartoffelsalat mit Salami I

Mediterran – schnell

4 Portionen

Pro Portion: E: 17 g, F: 27 g, Kh: 37 g, kJ: 1964, kcal: 469, BE: 2,5

750 g gegarte Pellkartoffeln, z. B. vom Vortag

Für die Marinade:

125 ml (1/8 l) heiße Gemüsebrühe
4–6 EL Zitronensaft
25 g TK-Italienische Kräuter
6 EL Olivenöl
Salz
gem. Pfeffer

350 g abgetropfte, grüne Bohnen (aus dem Glas)
250 g abgetropfte, weiße Bohnen (aus dem Glas)
2 rote Zwiebeln
2 Fleischtomaten
150 g Salami, in Scheiben
etwas Zitronensaft

Zubereitungszeit: 25 Minuten

1. Pellkartoffeln pellen, vierteln, in Stücke schneiden und in eine große Salatschüssel geben.

2. Für die Marinade die Brühe mit Zitronensaft und Kräutern verrühren. Das Olivenöl unterschlagen. Die Marinade mit Salz und Pfeffer würzen, zu den Kartoffelstücken geben und gut untermischen. Die Bohnen unterheben. Den Pellkartoffelsalat etwa 5 Minuten durchziehen lassen.

3. In der Zwischenzeit Zwiebeln abziehen, halbieren und in Scheiben schneiden. Tomaten abspülen, abtrocknen und die Stängelansätze herausschneiden. Tomaten in Stücke schneiden.

4. Salami in kleine Würfel schneiden. Zwiebelscheiben, Tomatenstücke und Salamiwürfel unter den Salat heben. Den Pellkartoffelsalat mit Salz, Pfeffer und Zitronensaft abschmecken.

Tipp: Sie können auch fertig gekauften Kartoffelsalat im Handumdrehen in diesen leckeren, italienisch angehauchten Salat verwandeln. Dafür etwa 800 g Kartoffelsalat mit Essig-Öl-Dressing (aus dem Kühlregal) mit den abgetropften Bohnen und den TK-Kräutern oder 2 Esslöffeln Pesto (aus einem Glas) vermischen. Zwiebelringe, Tomatenstücke und Salamiwürfel unterheben. Den Salat nochmals abschmecken.

Picandou mit Pinien-Pfeffer-Kruste | Schnell – etwas Besonderes

12 Stück

Pro Stück: E: 8 g, F: 12 g, Kh: 23 g, kJ: 1017, kcal: 243, BE: 2,0

Für das Aprikosen-Chutney:

60 g getrocknete Aprikosen
100 g Zwiebeln
3 EL Speiseöl
4 EL Weißweinessig
300 g Orangenmarmelade
Salz
gem., schwarzer Pfeffer
1 EL frische, gehackte Thymianblättchen

50 g Pinienkerne
15 g Orangeat
2 TL flüssiger Honig
2 EL rosa Pfefferbeeren
12 Picandou-Taler (Ziegenweichkäse-Taler, je etwa 40 g)
12 kleine Stängel Thymian
3 TL gem. Koriander
3 TL gem. Piment (Nelkenpfeffer)

Zubereitungszeit: 30 Minuten, ohne Abkühlzeit

1. Für das Aprikosen-Chutney die Aprikosen in kleine Stückchen schneiden. Zwiebeln abziehen, halbieren und fein würfeln.

2. Speiseöl in einer Pfanne erhitzen. Die Zwiebeln darin bei schwacher Hitze langsam glasig dünsten. Die Zwiebeln mit dem Essig ablöschen. Orangenmarmelade und Aprikosen unterrühren.

3. Die Aprikosen-Zwiebel-Mischung mit Salz und Pfeffer würzen, etwa 2 Minuten köcheln lassen. Die Pfanne von der Kochstelle nehmen. Den Thymian untermischen und das Aprikosen-Chutney erkalten lassen.

4. Die Pinienkerne in einer Pfanne ohne Fett unter Wenden goldbraun rösten und erkalten lassen. Die Pinienkerne in grobe und das Orangeat in sehr kleine Stücke hacken.

5. Pinienkerne und Orangeat mit Honig und rosa Pfefferbeeren mischen.

6. Die Picandou-Taler portionsweise auf kleinen Tellern oder einer Servierplatte anrichten. Die Pinien-Pfeffer-Mischung kurz vor dem Servieren darauf verteilen.

7. Die Thymianstängel abspülen und trocken tupfen. Jeden Käsetaler mit 1 Thymianstängel garnieren.

8. Das Aprikosen-Chutney zusammen mit den Picandou-Talern anrichten. Daneben dekorativ je eine kleine „Straße" aus fein gemahlenem Pfeffer, Koriander und Piment bilden.

Tipp: Dazu schmeckt frisches Nussbrot.

Pilzsalat mit Hackfleischbällchen | Einfach – mit Alkohol

8–10 Portionen

Pro Portion: E: 15 g, F: 24 g, Kh: 11 g, kJ: 1354, kcal: 323, BE: 1,0

450 g TK-Erbsen
1 Gemüsezwiebel (etwa 250 g)
2 Knoblauchzehen
4 EL Sonnenblumenöl
200 g Schinkenwürfel (aus dem Kühlregal)
185 g abgetropfte Pfifferlinge (aus dem Glas)
460 g abgetropfte Champignons (aus der Dose oder dem Glas)
300 g Geflügel-Hackbällchen (aus dem Kühlregal)

Für die Salatsauce:
8 EL Rotweinessig
Salz, gem., schwarzer Pfeffer
100 ml Sonnenblumenöl
1 Bund glatte Petersilie

Zubereitungszeit: 45 Minuten, ohne Auftau- und Abkühlzeit

1. Die Erbsen nach Packungsanleitung auftauen lassen. Gemüsezwiebel und Knoblauchzehen abziehen und in feine Würfel schneiden.

2. Das Sonnenblumenöl in einer Pfanne erhitzen. Die Zwiebel- und Knoblauchwürfel darin goldbraun anrösten. Die Schinkenwürfel hinzugeben und kurz mit andünsten. Die Schinken-Zwiebel-Mischung herausnehmen und in eine Salatschüssel geben.

3. Die Erbsen in die Pfanne geben und etwa 3 Minuten garen. Erbsen etwas abkühlen lassen, anschließend zu der Schinken-Zwiebel-Mischung in die Salatschüssel geben.

4. Pfifferlinge, Champignons und Geflügel-Hackbällchen ebenfalls hinzufügen. Zutaten gut vermengen.

5. Für die Salatsauce den Rotweinessig mit Salz und Pfeffer verrühren, das Sonnenblumenöl unterschlagen. Die Salatsauce mit den Salatzutaten vermengen.

6. Petersilie abspülen, trocken tupfen und die Blättchen von den Stängeln zupfen. Blättchen fein schneiden und unter den Pilzsalat heben.

Tipps: Sie können auch frische Champignons verwenden. Dafür etwa 1 kg Champignons putzen, evtl. kurz abspülen und gut abtropfen lassen. Champignons vor den Erbsen in der Pfanne anbraten, mit Salz und Pfeffer würzen. So lange garen, bis die Flüssigkeit fast verdampft ist. Die Erbsen hinzufügen und wie unter Punkt 3 beschrieben fortfahren. Reichen Sie ein kräftiges Mischbrot oder Roggenbrötchen zu dem Pilzsalat.

Pitabrote, gefüllte | Zum Mitnehmen

12 Stück

Pro Stück: E: 14 g, F: 12 g, Kh: 39 g, kJ: 1348, kcal: 322, BE: 3,0

6 große
Blätter Eisbergsalat
1 Gemüsezwiebel
1 Salatgurke
6 Tomaten
400 g Schafskäse
Salz
gem. Pfeffer
gerebelter Oregano

4 Knoblauchzehen
500 g Joghurt (3,5 % Fett)
4 EL Olivenöl
12 Pitabrot-Taschen (frisch oder abgepackt)

Zubereitungszeit: 40 Minuten

1. Die Salatblätter abspülen, trocken tupfen, halbieren und in schmale Streifen schneiden. Gemüsezwiebel abziehen und in dünne Ringe oder Streifen schneiden. Die Gurke abspülen, abtrocknen und die Enden abschneiden. Nach Belieben schälen und in Scheiben schneiden.

2. Tomaten abspülen, abtrocknen und die Stängelansätze herausschneiden. Die Tomaten in dünne Scheiben schneiden. Den Käse ebenfalls in möglichst dünne Scheiben schneiden. Tomaten- und Käsescheiben mit Salz, Pfeffer und Oregano würzen.

3. Für die Sauce Knoblauchzehen abziehen und durch eine Knoblauchpresse drücken oder sehr fein hacken. Joghurt mit Olivenöl und Knoblauch verrühren, mit Salz und Pfeffer abschmecken.

4. Abgepackte Pitabrote im Toaster nach Packungsanleitung nacheinander toasten. Die frischen oder getoasteten Pitabrote mit dem vorbereiteten Salat und den Zwiebel-, Gurken-, Tomaten- und Käsescheiben füllen. Die Pitabrote mit der Joghurtsauce servieren.

Tipps: Frisches Pitabrot bekommen Sie in türkischen Lebensmittelläden. Anstelle der selbst gemachten Joghurtsauce Zaziki (etwa 600 g, aus dem Kühlregal) nehmen.

Provenzalische Oliven I

Gut vorzubereiten

etwa 800 g

Insgesamt: E: 11 g, F: 261 g, Kh: 27 g, kJ: 10552, kcal: 2520, BE: 2,0

4 Knoblauchzehen
1 Stängel Rosmarin
3 Stängel Thymian
5 Salbeiblättchen
500 g abgetropfte, schwarze Oliven (mit Stein)

Für die Essiglösung:

150 ml Rotweinessig
75 ml Wasser
12 schwarze Pfefferkörner

100 ml Olivenöl

Zubereitungszeit: 25 Minuten, ohne Durchziehzeit

1. Knoblauchzehen abziehen und in dünne Scheiben schneiden. Rosmarin, Thymian und Salbei abspülen und trocken tupfen. Von Rosmarin und Thymian die Blättchen von den Stängeln zupfen.

2. Die Oliven, Knoblauchscheiben und Kräuter in ein großes oder mehrere kleine Einmachgläser oder in einen Steintopf schichten.

3. Für die Essiglösung Essig mit Wasser und Pfefferkörnern in einem Topf zum Kochen bringen.

4. Die Essiglösung kochendheiß über die Oliven gießen. Oliven erkalten lassen.

5. Anschließend das Olivenöl darübergießen.

6. Das bzw. die Einmachgläser oder den Steintopf gut verschließen. Die Oliven kühl gestellt aufbewahren und 5–6 Tage durchziehen lassen.

Tipp: Die Oliven sind etwa 4 Wochen haltbar.

Pumpernickeltaler I

Klassisch – für Gäste

je 25–30 Stück

Pro Stück: E: 2 g, F: 4 g, Kh: 5 g, kJ: 283, kcal: 68, BE: 0,5 (mit Frischkäse);
E: 3 g, F: 5 g, Kh: 4 g, kJ: 307, kcal: 73, BE: 0,5 (mit Matjes);
E: 2 g, F: 2 g, Kh: 5 g, kJ: 208, kcal: 50, BE: 0,5 (mit Quark-Frischkäse)

Für Pumpernickeltaler mit Frischkäse:

200 g Doppelrahm-Frischkäse
150 g Crème fraîche
1 EL Milch
2 Frühlingszwiebeln, in Scheiben geschnitten
Worchestersauce
Salz
gem. Pfeffer

75–90 Pumpernickeltaler

je 1 rote und grüne Paprikaschote, in kleine Würfel geschnitten
15 abgetropfte, grüne Oliven, in Scheiben geschnitten

Für Pumpernickeltaler mit Matjes:

400 g Matjesfilet
2 Schalotten
2 Gewürzgurken
2 Tomaten
1 EL fein geschnittener Dill
1 EL fein geschnittene Petersilie
4 EL Sonnenblumenöl
2 EL Weißweinessig
etwas Zucker
30 g weiche Butter
einige vorbereitete Stängel Dill

Für Pumpernickeltaler mit Quark-Frischkäse:

200 g Doppelrahm-Frischkäse
125 g Magerquark
gem. Kümmelsamen
einige Spritzer Tabasco
Paprikapulver rosenscharf und edelsüß
blaue und grüne, kernlose Weintraubenhälften

Zubereitungszeit: 50 Minuten, ohne Durchziehzeit

1. Für die **Pumpernickeltaler mit Frischkäse** den Frischkäse mit Crème fraîche und Milch verrühren. Die Hälfte der Frühlingszwiebelscheiben unterrühren. Die Frischkäsemasse mit Worchestersauce, Salz und Pfeffer würzen und kuppelförmig auf 25–30 Pumpernickeltaler streichen. Pumpernickeltaler mit Paprikawürfeln und Olivenscheiben garnieren.

2. Für die **Pumpernickeltaler mit Matjes** Matjesfilets evtl. entgräten und sehr fein würfeln. Die Schalotten abziehen. Gurken und Schalotten ebenfalls sehr fein würfeln.

3. Die Tomaten kreuzweise einschneiden und mit kochendem Wasser übergießen. Nach 1–2 Minuten herausnehmen und mit kaltem Wasser abschrecken. Tomaten enthäuten, halbieren und die Stängelansätze herausschneiden. Die Tomaten fein würfeln.

4. Matjes-, Gurken-, Schalotten- und Tomatenwürfel mit Dill und Petersilie vermengen. Sonnenblumenöl und Essig unterrühren, mit Salz, Pfeffer und Zucker würzen. Die Matjesmischung etwas durchziehen lassen.

5. Dann 25–30 Pumpernickeltaler mit etwas Butter bestreichen. Die Matjesfiletmischung mit einem Eisportionierer oder 2 Teelöffeln formen, daraufsetzen und mit den Dillstängeln garnieren.

6. Für die **Pumpernickeltaler mit Quark-Frischkäse** den Frischkäse mit Magerquark verrühren, mit Kümmel, Salz, Pfeffer, Tabasco und Paprikapulver würzen.

7. Frischkäsemasse in einen Spritzbeutel mit Sterntülle füllen und als Tuffs auf 25–30 Pumpernickeltaler spritzen. Die Pumpernickeltaler mit den Weintraubenhälften garnieren.

Quarkcreme, gekochte | Mit Alkohol

4–6 Portionen

Pro Portion: E: 13 g, F: 12 g, Kh: 31 g, kJ: 1195, kcal: 285, BE: 2,5

1 Pck.	*Saucenpulver Vanille-Geschmack zum Kochen*
20 g	*Speisestärke*
375 ml (3/8 l)	*kalte Milch*
2	*Eigelb (Größe M)*
25 g	*Butter*
	Salz
2	*Eiweiß (Größe M)*
250 g	*Magerquark*
75 g	*Zucker*
einige Tropfen	*Rum-Aroma*
	weiße und dunkle, geschabte Schokolade

Zubereitungszeit: 20 Minuten, ohne Kühlzeit

1. Saucenpulver und Speisestärke mit 6 Esslöffeln von der Milch und dem Eigelb verrühren.

2. Die übrige Milch mit Butter und Salz zum Kochen bringen. Die Milch von der Kochstelle nehmen und das angerührte Saucenpulver einrühren. Die Sauce zum Kochen bringen, kurz aufkochen lassen.

3. Das Eiweiß steif schlagen und unter den noch heißen Pudding heben. Den Pudding kalt stellen und ab und zu durchrühren.

4. Quark mit Zucker geschmeidig rühren. Die erkaltete Creme esslöffelweise unterrühren und mit Rum-Aroma abschmecken.

5. Die Quarkcreme in Schälchen füllen und mit geschabter Schokolade bestreuen.

Quarktaschen, pikante

Zum Mitnehmen – vegetarisch
9 Stück

Pro Stück: E: 9 g, F: 17 g, Kh: 26 g, kJ: 1247, kcal: 298, BE: 2,0

Für die Füllung:
285 g abgetropfter Gemüsemais (aus der Dose)
½ Bund Schnittlauch
125 g Magerquark
1 EL Olivenöl
1 Prise Salz
gem. Pfeffer
Paprikapulver rosenscharf

Für den Quark-Öl-Teig:
250 g Weizenmehl
1 gestr. TL Dr. Oetker Backin
125 g Magerquark
4 EL Milch
125 ml (⅛ l) Speiseöl, z. B. Sonnenblumenöl
1 Ei (Größe M)
½ gestr. TL Salz

Zum Bestreichen:
1 Eiweiß
1 Eigelb
1 EL Milch

Zubereitungszeit: 40 Minuten
Backzeit: etwa 25 Minuten

1. Für die Füllung den Mais in einem Sieb abspülen und abtropfen lassen. Schnittlauch abspülen, trocken tupfen und in Röllchen schneiden. Den Quark mit dem Olivenöl in einer Schüssel glatt rühren. Dann Mais und Schnittlauch unterrühren. Den Mais-Schnittlauch-Quark mit Salz, Pfeffer und Paprika würzen.

2. Den Backofen vorheizen.
Ober-/Unterhitze: etwa 200 °C
Heißluft: etwa 180 °C

3. Für den Teig das Mehl mit Backpulver in einer Rührschüssel mischen. Quark, Milch, Speiseöl, Ei und Salz hinzufügen. Die Zutaten mit Handrührgerät mit Knethaken zunächst auf niedrigster, dann auf höchster Stufe in etwa 1 Minute zu einem Teig verarbeiten (nicht zu lange, Teig klebt sonst).

4. Anschließend auf einer leicht bemehlten Arbeitsfläche zu einem Quadrat (etwa 36 x 36 cm) ausrollen. Aus dem Teigquadrat 9 Quadrate (etwa je 12 x 12 cm) schneiden. Die Füllung auf jeweils eine Hälfte der Quadrate geben, dabei rundherum einen etwa 1 cm breiten Rand frei lassen.

5. Zum Bestreichen Eiweiß mit einer Gabel verschlagen und auf die Teigränder streichen. Die Quadrate zu Dreiecken zusammenklappen und die Ränder mit einer Gabel andrücken. Die Teigdreiecke auf ein Backblech (mit Backpapier belegt) legen.

6. Das Eigelb mit der Milch verschlagen. Die Teigdreiecke mit der Eiermilch bestreichen. Das Backblech in den vorgeheizten Backofen schieben. Quarktaschen **etwa 25 Minuten backen.**

7. Die Quarktaschen mit dem Backpapier auf einem Kuchenrost erkalten lassen.

Radieschensülze | Für Gäste

4–6 Portionen

Pro Portion: E: 23 g, F: 13 g, Kh: 3 g, kJ: 925, kcal: 221, BE: 0,0

8 Blatt	*weiße Gelatine*
300 ml	*Fleischbrühe*
350 g	*Sülze vom Metzger, z. B. Eisbeinsülze*
150 ml	*Weißweinessig*
1 gestr. TL	*Salz*
	gem. Pfeffer
2 Bund	*Radieschen*
200 g	*Fleischwurst*
1	*rote Zwiebel*
2 EL	*gehackte Petersilie*

Zubereitungszeit: 40 Minuten, ohne Kühlzeit

1. Die Gelatine nach Packungsanleitung einweichen. Die Fleischbrühe erwärmen und die Sülze darin unter Rühren auflösen. Gelatine leicht ausdrücken und in der warmen Sülzenflüssigkeit unter Rühren ebenfalls auflösen. Den Essig unterrühren. Die Sülzenflüssigkeit mit Salz und Pfeffer kräftig abschmecken.

2. Den Boden einer Form (etwa 1,2 l Inhalt, kalt ausgespült oder mit Frischhaltefolie ausgelegt) etwa 1 cm hoch mit der Sülzenflüssigkeit bedecken. Die Form für etwa 10 Minuten in den Kühlschrank stellen.

3. Radieschen putzen, abspülen und abtropfen lassen. 10 Radieschen in Scheiben schneiden. Restliche Radieschen je nach Größe vierteln oder achteln. Die Fleischwurst enthäuten und in kleine Würfel schneiden. Zwiebel abziehen und in Scheiben schneiden.

4. Die Radieschenscheiben in die Form schichten. Wurstwürfel, Radieschenviertel, Zwiebelscheiben und Petersilie unter die restliche Sülzenflüssigkeit rühren und in die Form füllen. Die Form zugedeckt mindestens 6 Stunden oder über Nacht in den Kühlschrank stellen.

5. Die Form kurz in heißes Wasser tauchen und die Radieschensülze auf eine Platte stürzen, evtl. die Frischhaltefolie entfernen. Zum Servieren die Radieschensülze mit gehackter Petersilie bestreuen und in Scheiben schneiden.

Tipp: Die Sülze möglichst frisch verzehren, da sich ihre Farbe verändert.

Reibekuchen mit süßem Quark I

Raffiniert

4 Portionen

Pro Portion: E: 20 g, F: 24 g, Kh: 53 g, kJ: 2138, kcal: 510, BE: 4,5

Für die Reibekuchen:

1 kg festkochende Kartoffeln
1 Zwiebel
3 Eier (Größe M)
1 gestr. TL Salz
40 g Weizenmehl
100 ml Speiseöl

Für den Quark:

250 g Magerquark
125 ml (1/8 l) Milch (3,5 % Fett)
40 g Zucker
1 Pck. Dr. Oetker Bourbon-Vanille-Zucker

Zubereitungszeit: 45 Minuten, ohne Abkühlzeit

1. Kartoffeln schälen und abspülen. Die Zwiebel abziehen. Kartoffeln und Zwiebel auf der Küchenreibe grob reiben. Die Eier mit Salz und Mehl dazugeben. Die Zutaten in einer Schüssel gut verrühren.

2. Etwas von dem Speiseöl in einer Pfanne erhitzen. Den Teig portionsweise mit einer Saucenkelle oder einem Esslöffel in die Pfanne geben, sofort flach drücken und bei mittlerer Hitze von beiden Seiten braten, bis der Rand knusprig braun ist.

3. Die fertigen Reibekuchen aus der Pfanne nehmen, auf Küchenpapier abtropfen und erkalten lassen. Den restlichen Teig auf die gleiche Weise braten.

4. Für den Quark den Magerquark mit der Milch in einer Schüssel glatt rühren. Zucker und Vanille-Zucker unterrühren. Die Reibekuchen mit dem süßen Quark servieren.

Tipps: Die Reibekuchen werden knuspriger, wenn Sie die Hälfte des Mehls durch 2–3 Esslöffel Haferflocken ersetzen. Dazu Apfelmus (aus dem Glas) reichen.

Reisröllchen | Vegetarisch

15 Stück

Pro Stück: E: 4 g, F: 11 g, Kh: 15 g, kJ: 717, kcal: 171, BE: 1,0

250 ml (1/4 l) Gemüsebrühe
120 g Langkornreis
200 g Doppelrahm-Frischkäse
100 g Rosinen
40 g Pistazienkerne
30 g Pinienkerne
30 g gehackte Mandeln
2 TL Garam Masala (indische Gewürzmischung)
15 Blätter TK-Frühlingsrollen-Teig (je 20 x 20 cm, erhältlich im Asialaden)

1 l Sojaöl
evtl. 15 Zahnstocher

Zubereitungszeit: 30 Minuten, ohne Abkühl- und Antauzeit
Garzeit: 20–30 Minuten

1. Die Gemüsebrühe zugedeckt in einem Topf zum Kochen bringen. Den Reis darin nach Packungsanleitung in 20–30 Minuten ausquellen lassen. Reis erkalten lassen.

2. Den Reis mit Frischkäse, Rosinen, Pistazienkernen, Pinienkernen, Mandeln und Garam Masala gut vermischen.

3. Den Frühlingsrollenteig etwas antauen lassen, die Blätter vorsichtig voneinander lösen und nebeneinander auf eine Arbeitsfläche legen.

4. Jeweils etwas von der Füllung auf das untere Drittel geben und als Streifen glatt streichen, dabei einen etwa 1 cm breiten Rand frei lassen. Jeweils die rechte und linke Seite eines Teigblattes etwa 1 cm einschlagen, sodass ein Teil über der Füllung liegt. Anschließend den Teig möglichst fest zu einer Rolle aufrollen. Die Röllchen evtl. mit Zahnstochern feststecken.

5. Das Sojaöl in einem Topf auf etwa 175 °C erhitzen. Die Röllchen darin evtl. portionsweise in 1–2 Minuten knusprig braun ausbacken. Die fertigen Reisröllchen auf Küchenpapier abtropfen und erkalten lassen.

Reis-Schafskäse-Salat I

Beliebt

4 Portionen

Pro Portion: E: 17 g, F: 24 g, Kh: 48 g, kJ: 2014, kcal: 481, BE: 4,0

1 1/4 l Gemüsebrühe
175 g Langkorn-Wildreis-Mischung
1 rote Paprikaschote
2 Frühlingszwiebeln
140 g abgetropfter Gemüsemais (aus der Dose)
140 g abgetropfte Erbsen (aus der Dose)

Für die Sauce:

1/2–1 gestr. TL Sambal Oelek
1/2–1 gestr. TL Salz
1 gestr. TL Paprikapulver edelsüß
2 EL Weißweinessig
3 EL Olivenöl
40 g Tomatenmark
75 g Schlagsahne

Außerdem:

200 g Schafskäse

Zubereitungszeit: 25 Minuten, ohne Abkühlzeit

1. Die Gemüsebrühe zugedeckt in einem Topf zum Kochen bringen. Reismischung darin nach Packungsanleitung ausquellen lassen. Den Reis in ein Sieb geben, mit kaltem Wasser abspülen und gut abtropfen lassen. Den Reis in eine große Schüssel geben und abkühlen lassen, dabei gelegentlich umrühren.

2. Inzwischen die Paprikaschote halbieren, entstielen, entkernen und die weißen Scheidewände entfernen. Die Schote abspülen, abtropfen lassen, vierteln und in dünne Streifen schneiden. Frühlingszwiebeln putzen, abspülen, abtropfen lassen und schräg in feine Scheiben schneiden.

3. Mais und Erbsen zum Reis in die Schüssel geben. Paprikastreifen und Frühlingszwiebelstücke ebenfalls zum Reis geben und untermischen.

4. Für die Sauce Sambal Oelek mit Salz, Paprikapulver und Essig verrühren. Das Olivenöl unterschlagen. Tomatenmark und Sahne unterrühren.

5. Vor dem Servieren Schafskäse in Würfel schneiden oder in kleine Stücke zerbröseln. Gut zwei Drittel davon unter den Salat heben. Den Salat in Gläsern anrichten und die Sauce daraufgeben. Die restlichen Schafskäsewürfel oder -stücke auf dem Salat verteilen.

Tipps: Der Salat schmeckt intensiver, wenn Sie ihn mit der Sauce gut vermischen und 2–3 Stunden zugedeckt im Kühlschrank durchziehen lassen. Probieren Sie diesen Salat statt mit der Langkorn-Wildreis-Mischung mit Naturreis oder mit Zartweizen und der Schafskäse kann auch durch Mozzarella ausgetauscht werden.

Rettichscheiben, marinierte I

Vegetarisch

4 Portionen

Pro Portion: E: 1 g, F: 3 g, Kh: 2 g, kJ: 161, kcal: 38, BE: 0,0

Zum Vorbereiten:

10 g Sesamsamen, geschält

400 g Rettich
3–5 EL Speiseöl
Salz
3 EL Obstessig
etwas gem. Kreuzkümmel (Cumin)
3 Radieschen

Zubereitungszeit: 45 Minuten, ohne Abkühl- und Durchziehzeit

1. Zum Vorbereiten Sesamsamen in einer Pfanne ohne Fett unter Wenden goldbraun rösten, auf einen Teller geben und erkalten lassen.

2. Rettich schälen und in dünne Scheiben schneiden oder hobeln. Jeweils etwas von dem Speiseöl in einer Pfanne erhitzen. Die Rettichscheiben darin portionsweise von beiden Seiten anbraten, herausnehmen und auf Küchenpapier abtropfen lassen. Die Rettichscheiben mit Salz bestreuen.

3. Den gerösteten Sesamsamen mit Essig, wenig Salz und Kreuzkümmel verrühren. Die Rettichscheiben darunterheben und zugedeckt mindestens 30 Minuten durchziehen lassen.

4. Radieschen putzen, abspülen, abtrocknen und in feine Würfel schneiden. Die Schnittlauchhalme abspülen, trocken tupfen, in lange Röllchen schneiden.

5. Zum Anrichten die Rettichscheiben leicht überlappend auf einen Teller legen und mit Radieschenwürfeln und Schnittlauchröllchen bestreuen.

Tipp: Die Rettichscheiben eignen sich für ein bayerisches Buffet. Dazu passen z. B. Laugenbrezeln, Leberkäse und Obatzter (Rezept Seite 184).

Rindfleischröllchen | Für Gäste

32 Stück

Pro Stück: E: 6 g, F: 6 g, Kh: 1 g, kJ: 343, kcal: 82, BE: 0,0

200 g Chinakohl
3 EL Speiseöl
50 g Parmesan, am Stück
50 g Semmelbrösel
2 Eier (Größe M)
2 EL gehackte Petersilie
8 sehr dünne Scheiben Rindfleisch, (je etwa 100 g, aus der Keule)
Salz
gem. Pfeffer
3 EL Speiseöl

Für die Marinade:

2 Knoblauchzehen
3 EL Speiseöl
1–2 EL Zitronensaft
2 EL gehackte Petersilie
1 Römersalat

Außerdem:

8 kleine Bögen Alufolie

Zubereitungszeit: 70 Minuten, ohne Abkühlzeit
Garzeit: 20–25 Minuten

1. Vom Chinakohl die welken Blätter entfernen. Chinakohl halbieren und den Strunk entfernen. Den Chinakohl in sehr feine Streifen schneiden, abspülen und gut abtropfen lassen oder trocken schleudern.

2. Das Speiseöl in einem Topf erhitzen. Die Chinakohlstreifen darin andünsten, dann den Topf von der Kochstelle nehmen. Käse fein reiben und mit Semmelbröseln, Eiern und Petersilie unter die Chinakohlstreifen rühren.

3. Den Backofen vorheizen.
Ober-/Unterhitze: etwa 200 °C
Heißluft: etwa 180 °C

4. Die Rindfleischscheiben auf eine Arbeitsplatte legen, mit Salz und Pfeffer bestreuen. Auf jeder Rindfleischscheibe etwas von der Chinakohlmasse gleichmäßig verteilen. Die Fleischscheiben jeweils von der kurzen Seite her aufrollen.

5. Die Alufolie-Bögen jeweils mit etwas Speiseöl bestreichen. Jedes Fleischröllchen in einem Bogen Alufolie einwickeln, dabei die Folie locker, aber dicht verschließen. Die Fleischpäckchen auf ein Backblech legen. Das Backblech in den vorgeheizten Backofen schieben. Fleischröllchen **20–25 Minuten garen.**

6. Die Fleischpäcken vom Backblech nehmen und in der Folie erkalten lassen. Dann die Folie entfernen. Die Fleischröllchen in jeweils 4 Scheiben schneiden.

7. Für die Marinade Knoblauch abziehen und durch eine Knoblauchpresse drücken oder sehr fein würfeln. Speiseöl mit dem Zitronensaft und den Knoblauchwürfeln verrühren, mit Salz und Pfeffer würzen. Zuletzt die Petersilie unterrühren.

8. Römersalat putzen und die welken Blätter entfernen. Die Salatblätter lösen, waschen, gut abtropfen lassen oder trocken schleudern.

9. Die Salatblätter auf einer großen Servierplatte anrichten. Die Rindfleischröllchen dekorativ darauflegen und mit der Marinade beträufeln.

Roastbeefhappen | Schnell – für Gäste

16 Stück

Pro Stück: E: 5 g, F: 2 g, Kh: 6 g, kJ: 243, kcal: 58, BE: 0,5

4 Scheiben Graubrot
30 g Remoulade (aus der Tube)
8 Scheiben Roastbeefaufschnitt

etwas glatte Petersilie
einige abgetropfte Kapern (aus dem Glas)

Zubereitungszeit: 10 Minuten

1. Jede Graubrotscheibe mit etwas von der Remoulade bestreichen, dann jede Scheibe in 4 gleich große Häppchen schneiden.

2. Die Rostbeefscheiben halbieren und dekorativ zusammenfalten. Die Brothäppchen mit den Roastbeefscheiben belegen.

3. Petersilie abspülen, trocken tupfen und die Blättchen von den Stängeln zupfen. Die Roastbeefhappen mit Petersilienblättchen und Kapern garnieren.

Rohkostplatte mit Schmand-Kräuter-Sauce | Preiswert

8 Portionen

Pro Portion: E: 5 g, F: 16 g, Kh: 7 g, kJ: 833, kcal: 199, BE: 0,5

Für die Sauce:

400 g Schmand (Sauerrahm)
2 EL Kräuteressig
3 EL Olivenöl
etwa 7 EL Milch
50 g TK-Kräutermischung
Salz, gem. Pfeffer
1–2 Prisen Zucker

450 g Staudensellerie
2 Kohlrabi (je etwa 250 g)
400 g Cocktailtomaten
250 g braune Champignons
1 dickes Bund Radieschen (etwa 18 Stück)

Zubereitungszeit: 50 Minuten

1. Für die Sauce Schmand mit Essig, Olivenöl, Milch und gefrorenen Kräutern verrühren, mit Salz, Pfeffer und Zucker würzen. Die Schmand-Kräuter-Sauce zum Durchziehen beiseitestellen.

2. Inzwischen Sellerie putzen und die harten Außenfäden abziehen. Den Sellerie abspülen und abtropfen lassen. Sellerie in mundgerechte Stücke schneiden, dabei dicke Stangen evtl. längs halbieren. Die Kohlrabi schälen, abspülen, abtropfen lassen und erst in Scheiben, dann in Stifte schneiden.

3. Die Tomaten abspülen, abtrocknen, halbieren und evtl. die Stängelansätze herausschneiden. Pilze putzen, evtl. kurz abspülen und trocken tupfen. Die Pilze in Scheiben schneiden.

4. Radieschen putzen und die Wurzelenden abschneiden. Anschließend die Radieschen abspülen, abtrocknen und in Scheiben schneiden.

5. Die Gemüsesorten auf einer großen Platte anrichten. Die Schmand-Kräuter-Sauce nochmals mit den Gewürzen abschmecken. Die Sauce entweder über der Rohkostplatte verteilen oder getrennt servieren.

Tipps: Die Rohkostplatte lässt sich für eine Party 2–3 Stunden vorher zubereiten. Dann das Gemüse mit einem feuchten Küchentuch zugedeckt in den Kühlschrank stellen – so trocknet es nicht aus. Die Tomaten am besten erst kurz vor dem Servieren halbieren. Die Kräutermischung durch frische, gehackte Kräuter – je 1 Esslöffel Petersilie, Schnittlauch und Dill – ersetzen.

Rohkostsalat mit Barbecue-Spießen I

Für die Party

8 Portionen

Pro Portion: E: 13 g, F: 12 g, Kh: 14 g, kJ: 938, kcal: 224, BE: 1,0

Für die Barbecue-Spieße:

375 g Schweinefilet, ohne Haut und Sehnen
2 EL Sojasauce
2 EL Tomatenketchup
1 EL Paprikapulver edelsüß
1 EL scharfes Currypulver

Für den Rohkostsalat:

15 g frischer Ingwer
5 EL Limettensaft
3 EL mittelscharfer Senf
4 EL Ahornsirup
5 EL Olivenöl
Salz
400 g Fenchelknollen
75 g Kokosfruchtfleisch
250 g Möhren
1 grüner Apfel, z. B. Granny Smith
100 g Römersalat
8 Basilikumblätter

4 EL Speiseöl

Außerdem:

8 kleine Schaschlikspieße

Zubereitungszeit: 60 Minuten, ohne Marinier- und Durchziehzeit
Garzeit: etwa 5 Minuten

1. Für die Barbecue-Spieße das Schweinefilet mit Küchenpapier trocken tupfen und in 24 etwa gleich große Würfel schneiden. Die Sojasauce mit Ketchup, Paprika- und Currypulver in einer Schüssel mischen. Schweinefiletwürfel hinzugeben, mit der Marinade mischen und zugedeckt mindestens 1 Stunde in den Kühlschrank stellen.

2. Für den Rohkostsalat den Ingwer schälen und fein reiben. Den Limettensaft mit Senf, Ahornsirup, Olivenöl, Salz und fein geriebenem Ingwer verrühren.

3. Die Fenchelknollen putzen, abspülen, abtropfen lassen und auf einem Gemüsehobel in sehr dünne Scheiben hobeln. Vom Kokosfruchtfleisch die braune Haut mit einem Sparschäler entfernen. Kokosfruchtfleisch auf einer Haushaltsreibe fein reiben.

4. Die Möhren putzen, schälen, abspülen, abtropfen lassen und auf der Haushaltsreibe grob raspeln. Den Apfel heiß abspülen, abtrocknen und bis zum Kerngehäuse auf der Haushaltsreibe ebenfalls grob raspeln.

5. Fenchel, Kokosfruchtfleisch, Möhren- und Apfelraspel in einer Schüssel mit der Limetten-Vinaigrette vermischen und mindestens 30 Minuten durchziehen lassen.

6. Den Salat putzen, abspülen, gut abtropfen lassen oder trocken schleudern. Salatblätter in feine Streifen schneiden. Basilikumblätter abspülen, trocken tupfen und ebenfalls in feine Streifen schneiden. Salat- und Basilikumstreifen zugedeckt in den Kühlschrank stellen und kurz vor dem Servieren unter den Rohkostsalat mischen.

7. Jeweils 3 Schweinefiletwürfel auf einen Schaschlikspieß stecken. Das Speiseöl in einer Pfanne erhitzen. Die Spieße evtl. portionsweise darin bei mittlerer Hitze rundum jeweils etwa 5 Minuten braten. Die Barbecue-Spieße erkalten lassen und mit dem Rohkostsalat servieren.

Rohkost-Schnittchen I

Einfach

4 Portionen

Pro Portion: E: 15 g, F: 30 g, Kh: 50 g, kJ: 2208, kcal: 530, BE: 4,0

Für den Belag:

4–5 Radieschen
1 Salatgurke
3 hart gekochte Eier (Größe M)
2–3 Tomaten
½ Kästchen Kresse

80 g runde Weißbrotscheiben
60 g Knäckebrot
200 g Graubrot, in Scheiben
75 g Kräuterbutter
125 g Kräuterquark

Zum Garnieren:

je 25 g Mayonnaise und Remoulade (aus der Tube)
50 g Möhrenraspel
einige Schnittlauchröllchen
Salz
gem. Pfeffer

Zubereitungszeit: 25 Minuten

1. Für den Belag Radieschen putzen, waschen und trocken tupfen. Die Gurke abspülen und abtrocknen. Die Eier pellen. 1 Radieschen in Stifte, restliche Radieschen und Gurke in dünne Scheiben schneiden. Die Eier in schmale Spalten schneiden.

2. Die Tomaten abspülen, abtrocknen, halbieren und die Stängelansätze herausschneiden. Die Tomaten in Scheiben schneiden. Kresse abspülen, trocken tupfen und mit einer Küchenschere vom Beet schneiden.

3. Die Brotscheiben nach Belieben abwechselnd mit Kräuterbutter und -quark bestreichen und mit den vorbereiteten Rohkostzutaten belegen.

4. Nach Belieben die Weißbrotscheiben zum Beispiel abwechselnd mit Tomaten- und Gurkenscheiben belegen, dann mit etwas Mayonnaise oder Remoulade garnieren.

5. Die Knäckebrotscheiben zum Beispiel mit Gurkenscheiben belegen, mit einigen Möhrenraspeln oder Radieschenstiften und Schnittlauchröllchen garnieren.

6. Die Graubrotscheiben zuerst dachziegelartig mit Gurkenscheiben belegen, dann einige Möhrenraspel darauf verteilen. Die Schnittchen mit Schnittlauchröllchen bestreuen. Brotscheiben mit Salz und Pfeffer bestreuen.

Tipps: Die Brotscheiben zusätzlich mit je einem Salatblatt belegen. Knäckebrot direkt vor dem Servieren zubereiten, es weicht sehr schnell durch.

Rote-Bete-Aufstrich I

Mit fruchtiger Note

etwa 600 g

Insgesamt: E: 22 g, F: 13 g, Kh: 82 g, kJ: 2275, kcal: 542, BE: 7,0

140 g abgetropfte Ananasstücke (aus der Dose)
200 g gekochte Rote Bete (vakuumverpackt)
5 abgetropfte Sardellenfilets, in Öl
100 g Knollensellerie
1 Bund Schnittlauch
2 EL Semmelbrösel
Saft von
1 Orange
4 EL Ananassaft (aus der Dose)
20 g Kürbiskerne
1 EL Hefeflocken (aus dem Reformhaus)
½ gestr. TL Zucker
Salz, gem. Pfeffer

Zubereitungszeit: 30 Minuten

1. Von den Ananasstücken den Saft auffangen. Die Ananasstücke und die Rote Bete in kleine Würfel schneiden. Sardellen in Stücke schneiden.

2. Sellerie schälen und in sehr kleine Würfel schneiden. Schnittlauch abspülen, trocken tupfen und in feine Röllchen schneiden.

3. Die Rote-Bete-Würfel und die Sardellenstücke in einen hohen Rührbecher geben und pürieren. Die Semmelbrösel unterrühren. Von dem aufgefangenen Ananassaft 4 Esslöffel abmessen. Anschließend zuerst Ananaswürfel, Orangensaft und abgemessenen Ananassaft unter die Rote-Bete-Masse rühren, dann Selleriewürfel, Kürbiskerne und Hefeflocken.

4. Den Rote-Bete-Aufstrich mit Zucker, Salz und Pfeffer würzen, die Schnittlauchröllchen unterheben. Den Aufstrich in gründlich gereinigte, gespülte und getrocknete Gläser füllen. Die Gläser mit Deckeln fest verschließen und in den Kühlschrank stellen.

Tipps: Dazu schmecken rustikales Bauernbrot oder Vollkornbrötchen. Im Kühlschrank ist der Rote-Bete-Aufstrich etwa 5 Tage haltbar.

Rote-Bete-Sülzchen mit Matjes I

Etwas Besonderes

6 Stück

Pro Stück: E: 10 g, F: 16 g, Kh: 10 g, kJ: 930, kcal: 223, BE: 1,0

6 Blatt weiße Gelatine
200 ml Gemüsebrühe
500 g gekochte Rote Bete (vakuumverpackt)
60 g rote Zwiebeln
200 g Crème fraîche
2 EL Zitronensaft
2 TL Sahnemeerrettich
1 EL Zucker
Salz
gem. Pfeffer
1 Bund Dill
etwa 200 g Matjesfilet

Zubereitungszeit: 30 Minuten, ohne Kühlzeit

1. Gelatine nach Packungsanleitung einweichen. Die Gelatine leicht ausdrücken und in der Gemüsebrühe in einem Topf bei schwacher Hitze unter Rühren auflösen.

2. Rote Bete fein würfeln. Zwiebeln abziehen, halbieren und ebenfalls fein würfeln. Zwiebel- und Rote-Bete-Würfel mit Crème fraîche, Zitronensaft, Sahnemeerrettich und Zucker verrühren, dann mit Salz und Pfeffer kräftig abschmecken.

3. Den Dill abspülen, trocken tupfen und die Spitzen von den Stängeln zupfen. Einige Spitzen zum Garnieren beiseitelegen, restliche Spitzen fein schneiden. Brühe-Gelatine-Flüssigkeit nach und nach mit der Rote-Bete-Mischung verrühren. Den Dill unterrühren.

4. Etwa die Hälfte der Rote-Bete-Mischung in 6 Tassen oder Gläser (kalt ausgespült) füllen. Je 1 Matjesstück darauflegen. Die restliche Mischung gleichmäßig auf die Tassen oder Gläser verteilen. Jeweils mit 1 Matjesstück belegen und dieses leicht eindrücken.

5. Die Tassen oder Gläser zugedeckt mindestens 3 Stunden in den Kühlschrank stellen.

6. Die Tassen oder Gläser kurz in heißes Wasser tauchen und dann stürzen. Die Rote-Bete-Sülzchen mit Dillspitzen garniert servieren.

Tipp: Im Kühlschrank sind die Rote-Bete-Sülzchen 4–5 Tage haltbar.

Rote Grütze | Klassisch – fruchtig

6 Portionen

Pro Portion (ohne Sauce): E: 2 g, F: 1 g, Kh: 43 g, kJ: 871, kcal: 208, BE: 3,5

250 g Brombeeren
250 g Johannisbeeren
250 g Himbeeren
250 g Erdbeeren
35 g Speisestärke
100–150 g Zucker
500 ml (1/2 l) Fruchtsaft, z. B. Sauerkirsch- oder Johannisbeersaft

evtl. Bourbon-Vanille-Sauce (Fertigprodukt aus dem Kühlregal) oder Vanilleeis

Zubereitungszeit: 20 Minuten, ohne Kühlzeit

1. Brombeeren verlesen, evtl. kurz abspülen und gut abtropfen lassen. Die Johannisbeeren kurz abspülen und gut abtropfen lassen. Die Beeren von den Rispen streifen. Himbeeren verlesen und nach Möglichkeit nicht abspülen. Erdbeeren abspülen, gut abtropfen lassen, entstielen und je nach Größe der Früchte halbieren oder vierteln.

2. Speisestärke mit Zucker in einer kleinen Schale mischen und mit 4 Esslöffeln von dem Saft anrühren. Restlichen Saft in einem Topf zum Kochen bringen. Angerührte Speisestärke in den von der Kochstelle genommenen Saft rühren und dann unter Rühren nochmals aufkochen lassen.

3. Den Topf von der Kochstelle nehmen. Die vorbereiteten Beeren unterrühren. Rote Grütze erkalten lassen. Dann in eine Glasschale oder in Dessertschälchen füllen und zugedeckt in den Kühlschrank stellen.

4. Die rote Grütze nach Belieben mit Vanille-Sauce oder Vanilleeis anrichten und servieren.

Tipps: Rote Grütze mit steif geschlagener Schlagsahne oder als süße Mahlzeit für 4 Portionen mit Milch servieren. Sie eignet sich gut als Party-Dessert. Sie können die Grütze auch sehr gut mit einer Tiefkühl-Beerenmischung zubereiten. Gefrorene Früchte dann in den heißen, angedickten Saft rühren.

Sahnequark mit Beilagen I

Einfach – für Gäste

6 Portionen

Pro Portion: E: 22 g, F: 26 g, Kh: 21 g,
kJ: 1719, kcal: 411, BE: 2,0

750 g Magerquark
250 g Schlagsahne (mind. 30 % Fett)

25 g Walnusskerne
25 g Haselnusskerne
25 g Paranusskerne
25 g Pinienkerne
25 g gehackte Mandeln
2 EL flüssiger Honig
1 EL Orangenmarmelade oder Aprikosenkonfitüre
1 EL Kirschkonfitüre
1 EL Kümmelsamen
1 große Zwiebel
1–2 Gewürzgurken
1 kleine, grüne Paprikaschote
1/4 Bio-Salatgurke
1 Bund Schnittlauch
1 TL abgetropfte Kapern (aus dem Glas)

1–2 schöne, große Salatblätter, z. B. Kopf- oder Eisbergsalat

Zubereitungszeit: 25 Minuten

1. Quark in einer Schüssel glatt rühren. Die Sahne steif schlagen und unter den Quark heben. Sahnequark zugedeckt in den Kühlschrank stellen.

2. Walnuss-, Haselnuss-, Paranuss- und Pinienkerne grob hacken, mit den Mandeln vermengen und in ein Schälchen geben.

3. Honig, Orangenmarmelade oder Aprikosenkonfitüre, Kirschkonfitüre und Kümmelsamen jeweils in kleine Schälchen füllen.

4. Zwiebeln abziehen, halbieren und in feine Würfel schneiden. Gewürzgurken ebenfalls fein würfeln.

5. Paprikaschote halbieren, entstielen, entkernen und die weißen Scheidewände entfernen. Schoten abspülen, abtropfen lassen und in feine Würfel schneiden. Die Salatgurke abspülen, halbieren, entkernen und ebenfalls fein würfeln.

6. Schnittlauch abspülen, trocken tupfen und in Röllchen schneiden.

7. Die Zwiebel-, Gewürzgurken-, Paprika- und Salatgurkenwürfel sowie die Schnittlauchröllchen und die Kapern jeweils in kleine Schälchen füllen.

8. Zum Anrichten die Salatblätter abspülen und trocken tupfen. Die Salatblätter in die Mitte einer großen Servierplatte legen, den Sahnequark dekorativ daraufgeben. Die Schälchen mit den verschieden Zutaten darumstellen.

Tipps: Stellen Sie Salz, Pfeffer und Zucker für Ihre Gäste bereit. Servieren Sie dazu verschiedene Brot- und Brötchensorten.

Sahnige Likörcreme auf Ingwerbananen I

Raffiniert – mit Alkohol

4–6 Portionen

Pro Portion: E: 5 g, F: 21 g, Kh: 35 g, kJ: 1561, kcal: 373, BE: 3,0

Für die Ingwerbananen:

3 Bananen
3 Ingwerpflaumen (aus dem Glas)
3–4 EL Orangensaft
2–3 EL Orangenlikör

Für die Likörcreme:

1 geh. TL gem., weiße Gelatine
2 EL kaltes Wasser
½ Dr. Oetker Bourbon-Vanilleschote
125 ml (⅛ l) Milch
2 Eigelb (Größe M)
1 EL Zucker
3 EL Orangenlikör
250 g Schlagsahne (mind. 30 % Fett)

Zum Garnieren:

etwas Borkenschokolade

Zubereitungszeit: 30 Minuten, ohne Durchzieh-, Quell- und Abkühlzeit

1. Für die Ingwerbananen die Bananen schälen, längs halbieren, in Scheiben schneiden. Ingwerpflaumen in kleine Würfel schneiden, mit Bananenscheiben, Orangensaft und Likör vermengen, gut durchziehen lassen.

2. Gelatine mit Wasser verrühren und etwa 10 Minuten quellen lassen. Die Vanilleschote längs aufschneiden und das Mark herausschaben. Vanillemark und -stange in die Milch geben und aufkochen. Die Milch etwas abkühlen lassen. Die Vanilleschote entfernen.

3. Die Milch in eine Metallschüssel geben, Eigelb und Zucker hinzufügen. Die Zutaten im heißen Wasserbad 6–7 Minuten aufschlagen, bis die Masse dicklich ist. Gelatine dazugeben und unter Rühren darin auflösen.

4. Die Schüssel in ein kaltes Wasserbad setzen, die Masse gelegentlich durchschlagen, bis sie zu gelieren beginnt.

5. Den Likör unterrühren. Sahne steif schlagen und unterheben. Die Ingwerbananen in 4–6 Gläser verteilen, die Creme auf die Bananen geben und mindestens 1 Stunde zugedeckt in den Kühlschrank stellen. Das Dessert mit Borkenschokolade garnieren.

Salat-Quartett | Für die Party

je 10 Portionen

Pro Portion: E: 7 g, F: 2 g, Kh: 2 g, kJ: 223, kcal: 53, BE: 0,0 (Gurkentatar);
E: 6 g, F: 3 g, Kh: 10 g, kJ: 407, kcal: 97, BE: 0,5 (Hähnchen-Ananas-Salat);
E: 11 g, F: 5 g, Kh: 14 g, kJ: 591, kcal: 141, BE: 1,0 (Linsensalat);
E: 4 g, F: 9 g, Kh: 5 g, kJ: 486, kcal: 116, BE: 0,5 (Wurstsalat)

Für das Gurkentatar:

1 Salatgurke
2 Forellenfilets (je etwa 125 g)
Salz, gem. Pfeffer
1 Bund Dill
250 g Joghurt (3,5 % Fett)
3 EL Zitronensaft
1 EL ger. Meerrettich

Für den Hähnchen-Ananas-Salat:

1 kg frisches Ananasfruchtfleisch
2 Hähnchenbrustfilets (je etwa 120 g)
3 rote Chilischoten
3 EL Speiseöl
1 EL brauner Zucker
3 EL japanische Sojasauce
4 Frühlingszwiebeln

Für den Linsensalat:

400 g TK-Cocktail-Shrimps (gekocht, geschält, glasiert)
200 g rote Linsen
1 Bund Koriander
2 Bio-Orangen (unbehandelt, ungewachst)
1 Knoblauchzehe
2 EL Weißweinessig
4 EL Olivenöl

Für den Wurstsalat:

4 Wiener Würstchen
1 Salatgurke
285 g abgetropfter Gemüsemais (aus der Dose)
1 Schalotte
1 Bund Schnittlauch
1 EL Rotweinessig
1 TL mittelscharfer Senf
3 EL Olivenöl
Zucker

Zubereitungszeit: 2 1/2 Stunden, ohne Auftau-, Kühl- und Marinierzeit

1. Für das **Gurkentatar** die Gurke schälen, längs halbieren und entkernen. Die Gurkenhälften klein würfeln und in eine Schüssel geben. Forellenfilets in Würfel schneiden und mit den Gurkenwürfeln mischen, mit Salz und Pfeffer abschmecken.

2. Dill abspülen, trocken tupfen und die Spitzen von den Stängeln zupfen. 10 Dillspitzen zum Garnieren beiseitelegen. Restliche Spitzen klein schneiden. Den Joghurt mit Zitronensaft und Meerrettich glatt rühren. Den Dill unterrühren. Die Sauce mit Salz und Pfeffer abschmecken und in 10 Trinkbechern verteilen. Das Gurkentatar daraufgeben, mit den beiseitegelegten Dillspitzen garnieren und bis zum Servieren zugedeckt in den Kühlschrank stellen.

3. Für den **Hähnchen-Ananas-Salat** Ananasfruchtfleisch in kleine Würfel schneiden. Die Hähnchenbrustfilets unter fließendem kalten Wasser abspülen, trocken tupfen, in kleine Würfel schneiden. Chilischoten abspülen, trocken tupfen und fein würfeln.

4. Speiseöl in einer Pfanne erhitzen. Die Hähnchenwürfel darin von allen Seiten anbraten. Chiliwürfel unterrühren und kurz mit anbraten. Braunen Zucker und Sojasauce unterrühren. Hähnchenwürfel mit Salz abschmecken, aus der Pfanne nehmen, abkühlen lassen.

5. Die Frühlingszwiebeln putzen, abspülen, abtropfen lassen und in feine Scheiben schneiden. Frühlingszwiebelscheiben und Ananaswürfel mit den Hähnchenwürfeln mischen. Den Salat in 10 Bechern verteilen und gekühlt servieren.

6. Für den **Linsensalat** die Shrimps nach Packungsanleitung auftauen lassen. Wasser in einem Topf zum Kochen bringen. Die Linsen darin etwa 2 Minuten ko-

chen, dann in ein Sieb geben, mit kaltem Wasser abspülen und abtropfen lassen. Linsen in eine Schüssel geben, mit Salz würzen. Shrimps unter fließendem kalten Wasser abspülen und trocken tupfen. Anschließend die Shrimps mit den Linsen mischen. Koriander abspülen, trocken tupfen und die Blättchen von den Stängeln zupfen.

7. Die Orangen heiß abwaschen, abtrocknen und die Schale abreiben. Die Orangen halbieren und den Saft auspressen. Orangenschale und -saft in eine Schüssel geben. Knoblauch abziehen, fein hacken und hinzugeben. Den Essig unterrühren, das Olivenöl unterschlagen. Die Marinade mit Salz und Pfeffer würzen und unter den Linsensalat rühren. Den Salat mit Salz würzen und zugedeckt kalt stellen.

8. Korianderblättchen kurz vor dem Servieren unter den Salat heben. Den Salat in 10 Bechern verteilen und kalt servieren.

9. Für den **Wurstsalat** die Würstchen in Scheiben schneiden. Die Gurke schälen, längs halbieren und entkernen. Gurkenhälften klein würfeln und mit dem Mais in einer Schüssel mischen, mit Salz und Pfeffer würzen.

10. Die Schalotte abziehen und klein würfeln. Schnittlauch abspülen, trocken tupfen (einige Schnittlauchhalme zum Garnieren beiseitelegen) und in feine Röllchen schneiden. Den Rotweinessig mit Senf in einer Schüssel verrühren, Olivenöl unterschlagen. Schalottenwürfel und Schnittlauchröllchen unterrühren, mit Salz, Pfeffer und 1 Prise Zucker würzen.

11. Die Sauce unter die Salatzutaten rühren. Den Salat 1–2 Stunden marinieren.

12. Den Salat in 10 Bechern verteilen, mit den beiseitegelegten Schnittlauchhalmen garnieren und gekühlt servieren.

Sandwich-Variationen | Raffiniert

je 12 Stück

Pro Stück: E: 2 g, F: 2 g, Kh: 8 g, kJ: 265, kcal: 63, BE: 0,5 (Ricotta-Rucola-Sandwich);
E: 4 g, F: 5 g, Kh: 12 g, kJ: 443, kcal: 106, BE: 1,0 (Gorgonzola-Birnen-Sandwich);
E: 4 g, F: 1 g, Kh: 12 g, kJ: 320, kcal: 76, BE: 1,0 (Mango-Putenbrust-Sandwich);
E: 4 g, F: 3 g, Kh: 9 g, kJ: 312, kcal: 74, BE: 0,5 (Roastbeef-Sandwich)

24 Scheiben Sandwichtoast

Für Ricotta-Rucola-Sandwiches:

60 g vorbereiteter, klein gezupfter Rucola (Rauke)
125 g Ricotta (ital. Frischkäse)
Salz, gem. Pfeffer
4 Cocktailtomaten, in Scheiben

Für Gorgonzola-Birnen-Sandwiches:

230 g abgetropfte Birnenhälften (aus der Dose)
3 EL Birnensaft (aus der Dose)
150 g Gorgonzola
Paprikapulver edelsüß
3 abgespülte und trocken getupfte Salatblätter

Für Mango-Putenbrust-Sandwiches:

100 g Mangofruchtfleisch, gewürfelt
2 EL Mango-Chutney
1 EL Zitronensaft
1 Banane
3 abgespülte und trocken getupfte Salatblätter
150 g Putenbrustaufschnitt, gewürfelt

Für Roastbeef-Sandwiches:

2 geh. EL Sahnemeerrettich
3 abgespülte und trocken getupfte Salatblätter
6 Scheiben Roastbeefaufschnitt
2 hart gekochte Eier, in Scheiben
3 mittelgroße Gewürzgurken, in Scheiben

Zubereitungszeit: 45 Minuten, ohne Kühlzeit

1. Von den Sandwichscheiben Rinden abschneiden.

2. Für **Ricotta-Rucola-Sandwiches** die Hälfte des Rucolas mit Ricotta pürieren, mit Salz und Pfeffer würzen. Die Creme auf 6 Sandwichscheiben streichen, 3 davon zusätzlich mit dem restlichen Rucola und den Tomaten belegen. Die anderen Sandwichscheiben darauflegen.

3. Für **Gorgonzola-Birnen-Sandwiches** Birnenhälften klein würfeln. Birnensaft mit Gorgonzola pürieren. Birnenwürfel unterheben, mit Pfeffer und Paprika würzen. Auf 3 Sandwichscheiben etwas Creme streichen, Salatblätter darauf verteilen und die restliche Creme darauf verstreichen. Mit weiteren 3 Sandwichscheiben bedecken.

4. Für **Mango-Putenbrust-Sandwiches** die Mangowürfel mit dem Mango-Chutney verrühren, mit Salz, Pfeffer und Zitronensaft würzen. Die Banane schälen, klein würfeln und ebenfalls unterrühren.

5. Mangomasse auf 6 Sandwichscheiben streichen. 3 Sandwichscheiben zusätzlich mit je 1 Salatblatt belegen. Die Putenbrust auf den Salatblättern verteilen und mit je 1 bestrichenen Sandwichscheibe bedecken.

6. Für **Roastbeef-Sandwiches** 6 Sandwichscheiben mit Sahnemeerrettich bestreichen, 3 Sandwichscheiben zusätzlich jeweils mit 1 Salatblatt und 2 Scheiben Roastbeef belegen.

7. Die Eier und Gewürzgurken darauf verteilen und mit den restlichen 3 Sandwichscheiben bedecken.

8. Alle Sandwiches fest andrücken, in Frischhaltefolie wickeln, etwa 1 Stunde beschweren (z.B. mit einem Schneidbrett und Konservendosen) und in den Kühlschrank stellen.

9. Sandwiches aus der Folie nehmen und zweimal diagonal durchschneiden, sodass jeweils 4 kleine Sandwiches entstehen. Die Sandwiches auf einer Platte anrichten.

Sardinenaufstrich

Schnell – einfach

etwa 450 g

Insgesamt: E: 39 g, F: 49 g, Kh: 19 g, kJ: 2828, kcal: 676, BE: 1,0

200 g Zucchini
1 Zwiebel
3 EL Olivenöl
180 g abgetropfte Sardinen, in Öl (aus der Dose)
50 g abgetropfte, getrocknete Tomaten, in Öl
1 EL abgetropfte Kapern (aus dem Glas)
Salz, gem. Pfeffer

Zubereitungszeit: 25 Minuten, ohne Abkühlzeit

1. Die Zucchini abspülen, abtrocknen und die Enden abschneiden. Die Zucchini in kleine Würfel schneiden. Die Zwiebel abziehen, halbieren und ebenfalls fein würfeln.

2. Olivenöl in einer Pfanne erhitzen und die Zucchini- und Zwiebelwürfel darin unter Rühren anbraten, anschließend abkühlen lassen.

3. Sardinen, Tomaten und Kapern in feine Stücke schneiden.

4. Sardinen-, Tomaten- und Kapernstücke zu der Zucchini-Zwiebel-Mischung geben. Die Zutaten gut verrühren und mit Salz und Pfeffer würzen.

5. Den Sardinenaufstrich in gründlich gereinigte, gespülte und getrocknete Gläser füllen. Die Gläser mit Deckeln fest verschließen und in den Kühlschrank stellen.

Tipps: Dazu schmeckt frisches Roggen- oder Kürbiskernbrot besonders lecker. Im Kühlschrank hält sich der Sardinenaufstrich etwa 5 Tage.

Schafskäseröllchen I

Vegetarisch – mit Alkohol

15 Stück

Pro Stück: E: 5 g, F: 16 g, Kh: 2 g, kJ: 759, kcal: 182, BE: 0,0

Für die Schafskäsefüllung:

375 g Schafskäse
150 g Crème fraîche
1 Knoblauchzehe
1 EL abgetropfter, grüner Pfeffer, in Lake (aus dem Glas)
einige Basilikumblättchen

15 große Mangoldblätter (etwa 700 g)
Salz

Für die Marinade:

125 ml (1/4 l) Weißwein
1 EL Zitronensaft
125 ml (1/4 l) Olivenöl
gem. Pfeffer
1 Prise Zucker

Zubereitungszeit: 25 Minuten, ohne Marinierzeit

1. Für die Füllung Schafskäse fein zerbröseln und in eine Schüssel geben. Crème fraîche unterrühren.

2. Knoblauch abziehen und durch eine Knoblauchpresse drücken oder sehr fein würfeln. Die Pfefferkörner zerdrücken. Basilikumblättchen abspülen, trocken tupfen und evtl. etwas kleiner schneiden.

3. Knoblauch, Pfefferkörner und Basilikumblättchen unter die Schafskäsemasse rühren.

4. Die Mangoldblätter abspülen. Die Stiele keilförmig aus den Blättern schneiden. Die Blätter in kochendem Salzwasser etwa 2 Minuten blanchieren. Mangoldblätter in ein Sieb geben, mit kaltem Wasser abschrecken und gut abtropfen lassen.

5. Die Mangoldblätter nebeneinander auf eine Arbeitsplatte legen. Jeweils etwa 1 Esslöffel von der Schafskäsemasse daraufgeben, dann die Blätter aufrollen. Die Schafskäseröllchen in eine Auflaufform legen.

6. Für die Marinade Wein mit Zitronensaft verrühren, das Olivenöl unterschlagen. Die Marinade mit Salz, Pfeffer und Zucker würzen, dann über die Schafskäseröllchen gießen. Die Schafskäseröllchen zugedeckt etwa 1 Stunde durchziehen lassen.

7. Die Schafskäseröllchen aus der Marinade nehmen und auf einer Servierplatte anrichten.

Beilage: Servieren Sie die Schafskäseröllchen mit einem **Tomatensalat** (Foto). Dafür 500–750 g Tomaten kreuzweise einschneiden, mit kochendem Wasser übergießen. Nach 1–2 Minuten herausnehmen und mit kaltem Wasser abschrecken. Tomaten enthäuten, halbieren, entkernen und die Stängelansätze herausschneiden. Die Tomaten in Würfel schneiden. 10 abgespülte, trocken getupfte und fein geschnittene Basilikumblättchen mit Tomatenwürfeln in eine Schüssel geben und vermengen. Mit Salz, Pfeffer und Zucker würzen. 1 Knoblauchzehe abziehen, durch eine Knoblauchpresse drücken oder sehr fein würfeln und mit 1–2 Esslöffeln Olivenöl verrühren und zu den Tomatenwürfeln geben. Den Tomatensalat kurz durchziehen lassen und in eine Schüssel geben.

Schafskäse-Spinat-Brot I

Etwas aufwendiger

20 Scheiben

Pro Scheibe: E: 6 g, F: 5 g, Kh: 23 g, kJ: 668, kcal: 160, BE: 2,0

etwa 100 g TK-Blattspinat
200 g Schafskäse

Für den hellen Hefeteig:

500 g Weizenmehl (Type 550)
1 Pck. Dr. Oetker Trockenbackhefe
1 gestr. TL Zucker
175 ml warmes Wasser
1 ½ gestr. TL Salz
½ TL gem. Pfeffer
100 g Crème fraîche

Für den Spinat-Hefeteig:

50 g Crème fraîche
2 EL gehackte Petersilie
100 g Weizenmehl (Type 550)

Zum Bestreuen:

einige Sonnenblumenkerne

Zubereitungszeit: 40 Minuten, ohne Auftau- und Teiggehzeit
Backzeit: etwa 35 Minuten

1. Den Spinat nach Packungsanleitung in einer Rührschüssel auftauen lassen. Den Schafskäse würfeln.

2. Für den hellen Hefeteig Mehl in eine Rührschüssel geben und mit Trockenbackhefe sorgfältig vermischen. Zucker, Wasser, Salz, Pfeffer und Crème fraîche hinzufügen. Die Zutaten mit Handrührgerät mit Knethaken zunächst kurz auf niedrigster, dann auf höchster Stufe in etwa 5 Minuten zu einem glatten Teig verarbeiten. Ein Drittel des Hefeteiges für den Spinat-Hefeteig abnehmen.

3. Für den Spinat-Hefeteig Spinat und Crème fraîche mit einem Pürierstab pürieren. Den abgenommenen Teig mit der Spinatmasse, Petersilie und dem Mehl gut verkneten. Zuletzt den Schafskäse unterarbeiten. Den hellen Hefeteig mit 1–2 Esslöffeln Wasser nochmals verkneten.

4. Beide Teige zugedeckt so lange an einem warmen Ort gehen lassen, bis sie sich sichtbar vergrößert haben (etwa 30 Minuten).

5. Die gegangenen Hefeteige jeweils mit etwas Mehl bestäuben, aus der Schüssel nehmen und auf einer leicht bemehlten Arbeitsfläche kurz durchkneten. Den hellen Teig zu einem Rechteck (etwa 40 x 25 cm) ausrollen. Den Spinat-Teig zu einer etwa 35 cm langen Rolle formen, auf den hellen Teig legen und darin einwickeln (die Enden gut zusammendrücken). Die Teigrolle auf ein Backblech (mit Backpapier belegt) legen, mit etwas Wasser bestreichen und zickzackförmig einschneiden. Die Teigrolle zugedeckt nochmals so lange an einem warmen Ort gehen lassen, bis sie sich sichtbar vergrößert hat (etwa 30 Minuten).

6. Den Backofen vorheizen.
Ober-/Unterhitze: etwa 200 °C
Heißluft: etwa 180 °C

7. Die Teigoberfläche mit Wasser bestreichen und mit Sonnenblumenkernen bestreuen. Das Backblech in den vorgeheizten Backofen schieben. Das Schafskäse-Spinat-Brot **etwa 35 Minuten backen.**

8. Das Schafskäse-Spinat-Brot mit dem Backpapier auf einem Kuchenrost erkalten lassen.

Schafskäsetatar | Mediterran

etwa 350 g

Insgesamt: E: 36 g, F: 86 g, Kh: 7 g, kJ: 3927, kcal: 937, BE: 0,0

200 g Schafskäse
1 rote Zwiebel
1 Knoblauchzehe
50 g schwarze Oliven (mit Stein, trocken eingelegt)
1 Bund glatte Petersilie
3 EL Olivenöl
gem. Pfeffer

Zubereitungszeit: 20 Minuten

1. Den Schafskäse in kleine Würfel schneiden. Dann Zwiebel und Knoblauch abziehen und in feine Würfel schneiden.

2. Die Oliven entsteinen und in Stücke schneiden. Petersilie abspülen, trocken tupfen und die Blättchen von den Stängeln zupfen. Blättchen fein hacken.

3. Die Schafskäse-, Zwiebel- und Knoblauchwürfel mit dem Olivenöl verrühren, dabei den Schafskäse mit einer Gabel fein zerdrücken. Die Olivenstücke und die gehackte Petersilie unterheben. Das Schafskäsetatar mit Pfeffer abschmecken.

4. Das Schafskäsetatar in gründlich gereinigte, gespülte und getrocknete Gläser füllen. Die Gläser mit Deckeln fest verschließen und in den Kühlschrank stellen.

Tipps: Das Schafskäsetatar schmeckt herrlich auf Oliven-Ciabatta oder frischem Fladenbrot. Sie können das Tatar auch als Füllung für grüne Spitzpaprika verwenden. Im Kühlschrank ist das Schafskäsetatar etwa 4 Tage haltbar.

Schinkenmuffins mit Suppengrün I

Zum Mitnehmen – herzhaft

12 Stück

Pro Stück: E: 6 g, F: 9 g, Kh: 9 g, kJ: 589, kcal: 141, BE: 1,0

100 g TK-Suppengrün
70 g Bacon (Frühstücksspeck), in Scheiben

Für den Teig:

150 g Vollkorn-Weizenmehl
3 gestr. TL Dr. Oetker Backin
½ TL Salz
125 ml (⅛ l) Buttermilch
2 Eier (Größe M)
70 ml Olivenöl
125 g gewürfelter Katenschinken

Semmelbrösel zum Ausstreuen für die Form

Zubereitungszeit: 30 Minuten, ohne Antauzeit
Backzeit: 30–35 Minuten

1. Suppengrün antauen lassen und sehr fein hacken. Frühstücksspeck quer in dünne Streifen schneiden.

2. Den Backofen vorheizen.
Ober-/Unterhitze: etwa 180 °C
Heißluft: etwa 160 °C

3. Für den Teig Mehl, Backpulver und Salz in einer Rührschüssel mischen. Buttermilch, Eier und Olivenöl hinzufügen und mit Handrührgerät mit Rührbesen unterrühren. Den gewürfelten Kantenschinken und das Suppengrün kurz unterrühren.

4. Den Teig in eine Muffinform (für 12 Muffins, gefettet, mit Semmelbröseln ausgestreut) füllen und mit den Frühstücksspeck-Streifen bestreuen. Die Form auf dem Rost in den vorgeheizten Backofen schieben. Die Schinkenmuffins **30–35 Minuten backen.**

5. Form auf einen Kuchenrost stellen. Die Schinkenmuffins etwa 10 Minuten stehen lassen, dann aus der Form lösen und auf einen mit Backpapier belegten Kuchenrost setzen. Die Muffins erkalten lassen.

Tipps: Die Schinkenmuffins mit Schmand (Sauerrahm) oder Crème fraîche und etwas Petersilie servieren. Anstelle des tiefgekühlten Suppengrüns können Sie auch 100 g sehr klein gewürfeltes, frisches Suppengrün verwenden. Wenn Sie keine Muffinform haben, können Sie auch Papierbackförmchen verwenden. Dann jedoch immer 2 Papierbackförmchen ineinanderstellen.

Schinkenterrine | Gut vorzubereiten

4–6 Portionen

Pro Portion: E: 21 g, F: 24 g, Kh: 5 g, kJ: 1323, kcal: 316, BE: 0,5

7 Blatt weiße Gelatine
25 g Butter
1 geh. EL Weizenmehl
400 ml Kalbsfond
250 g Kochschinken, in Scheiben
Salz
gem. Pfeffer
30 g Zuckerschoten
60 g Doppelrahm-Frischkäse
200 g Schlagsahne (mind. 30 % Fett)
120 g Lachsschinken, in Scheiben

Zubereitungszeit: 50 Minuten, ohne Kühlzeit

1. Die Gelatine nach Packungsanleitung einweichen. Butter in einem Topf zerlassen. Mehl hinzugeben und unter Rühren so lange darin erhitzen, bis es hellgelb ist. Dann den Kalbsfond hinzugießen und mit einem Schneebesen gut durchschlagen, dabei darauf achten, dass keine Klümpchen entstehen.

2. Die Sauce zum Kochen bringen und etwa 2 Minuten kochen lassen, dann von der Kochstelle nehmen. Gelatine leicht ausdrücken und in der Sauce unter Rühren auflösen.

3. Vom Kochschinken 4 Scheiben beiseitelegen. Den restlichen Schinken in kleine Würfel schneiden. Die Schinkenwürfel in die Sauce einrühren und fein pürieren. Die Schinkensauce mit Salz und Pfeffer würzen. Sauce etwas abkühlen lassen.

4. Von den Zuckerschoten die Enden abschneiden, die Schoten evtl. abfädeln, abspülen und abtropfen lassen. Wasser zugedeckt in einem Topf zum Kochen bringen und die Zuckerschoten darin blanchieren. Die Zuckerschoten in ein Sieb abgießen, mit kaltem Wasser abspülen und abtropfen lassen.

5. Die 4 beiseitegelegten Schinkenscheiben überlappend aneinanderlegen, mit dem Frischkäse bestreichen und aufrollen. Sahne steif schlagen und unter die Schinkensauce heben.

6. Eine Terrinenform (etwa 1,2 l Inhalt, evtl. mit Frischhaltefolie ausgelegt) mit den Lachsschinkenscheiben auskleiden. Die Hälfte der Schinkenmasse vorsichtig in die Form geben und verstreichen. Die Form für etwa 5 Minuten in den Kühlschrank stellen.

7. Anschließend die Schinkenrolle längs mittig auf die Schinkenmasse legen. Restliche Schinkenmasse daraufgeben und glatt streichen. Die Zuckerschoten nebeneinander darauflegen und leicht andrücken. Die Terrinenform zugedeckt für mindestens 6 Stunden, am besten über Nacht, in den Kühlschrank stellen.

8. Die Schinkenterrine vorsichtig stürzen und evtl. die Frischhaltefolie entfernen.

Tipps: Dazu schmeckt Vollkorn-Toast. Die Schinkenterrine ist im Kühlschrank etwa 5 Tage haltbar.

Schnecken mit Frischkäsefüllung I

Für Gäste

je 50 Stück

Pro Stück: E: 1 g, F: 2 g, Kh: 3 g, kJ: 165, kcal: 39, BE: 0,5 (mit grüner Füllung);
E: 1 g, F: 2 g, Kh: 4 g, kJ: 166, kcal: 40, BE: 0,5 (mit roter Füllung)

Für den Knetteig:

400 g Weizenmehl (Type 550)
1 gestr. TL Dr. Oetker Backin
1 TL Salz
2 Eier (Größe M)
160 g weiche Butter oder Margarine
6 EL kaltes Wasser

Für die grüne Füllung:

1 Bund glatte Petersilie
50 g abgetropfte, grüne Oliven (ohne Stein)
1 TL gerebelter Thymian
100 g Doppelrahm-Frischkäse
20 g Weizenmehl (Type 405)
20 g ger. Parmesan
gem. Pfeffer

Für die rote Füllung:

40 g abgetropfte, getrocknete Tomaten, in Öl
100 g Doppelrahm-Frischkäse
2 TL Tomatenmark
20 g Weizenmehl
20 g ger. Parmesan

Zubereitungszeit: 75 Minuten, ohne Kühlzeit
Backzeit: etwa 20 Minuten je Backblech

1. Für den Teig Mehl mit Backpulver in einer Rührschüssel mischen. Restliche Zutaten hinzufügen und mit Handrührgerät mit Knethaken zunächst auf niedrigster, dann auf höchster Stufe gut durcharbeiten.

2. Anschließend auf einer leicht bemehlten Arbeitsfläche kurz zu einem Teig verkneten. Den Knetteig in Frischhaltefolie gewickelt etwa 1 Stunde in den Kühlschrank legen.

3. Für die **grüne Füllung** Petersilie abspülen, trocken tupfen und die Blättchen von den Stängeln zupfen. Blättchen fein hacken.

4. Die Oliven ebenfalls sehr fein hacken. Oliven, Petersilie, Thymian, Frischkäse, Mehl und Parmesan in einer Schüssel mit einer Gabel vermengen. Den grünen Frischkäse mit Pfeffer würzen.

5. Für die **rote Füllung** die Tomaten fein hacken. Tomatenstücke mit Frischkäse, Tomatenmark, Mehl und Parmesan mit einer Gabel vermengen. Die Füllung mit Pfeffer würzen.

6. Den Teig in 2 Portionen teilen. Jede Teigportion zu einem Rechteck (je etwa 30 x 50 cm) ausrollen. Auf ein Teigrechteck die grüne Füllung geben und mit einem Messer glatt streichen, dabei rundherum einen etwa 1 cm breiten Rand frei lassen.

7. Die rote Füllung ebenso auf dem anderen Teigrechteck verstreichen.

8. Jedes Teigrechteck von der Längsseite her aufrollen und in der Mitte quer durchschneiden. Die Teigrollen auf ein Schneidbrett legen, mit Frischhaltefolie zudecken und mindestens 3 Stunden in den Kühlschrank stellen.

9. Den Backofen vorheizen.
Ober-/Unterhitze: etwa 180 °C
Heißluft: etwa 160 °C

10. Die Rollen nacheinander mit einem Sägemesser in etwa 1 cm breite Scheiben schneiden. Die Scheiben auf Backbleche (mit Backpapier belegt) legen.

11. Die Backbleche nacheinander (bei Heißluft zusammen) in den vorgeheizten Backofen schieben. Die Schnecken **etwa 20 Minuten je Backblech backen.**

12. Die Schnecken mit dem Backpapier von den Backblechen auf Kuchenroste ziehen und erkalten lassen.

Schneller Reissalat | Für die Party

4 Portionen

Pro Portion: E: 9 g, F: 25 g, Kh: 54 g, kJ: 1996, kcal: 477, BE: 4,5

400 ml	*Wasser*
1/2 gestr. TL	*Salz*
200 g	*Langkornreis*
280 g	*abgetropfte Erbsen (aus der Dose)*
400 g	*Farmersalat (aus der Tüte)*
70 ml	*Apfelsaft*
1 Kästchen	*Kresse*
	Salz, gem. Pfeffer, Zucker

Zubereitungszeit: 20 Minuten, ohne Abkühl- und Durchziehzeit

1. Wasser in einem Topf zugedeckt zum Kochen bringen. Salz und Langkornreis dazugeben und aufkochen lassen. Den Reis bei schwacher Hitze zugedeckt nach Packungsanleitung garen.

2. Reis abkühlen lassen, dabei gelegentlich umrühren. Die Erbsen in einem Sieb mit kaltem Wasser abspülen und gut abtropfen lassen. Farmersalat evtl. abspülen und trocken tupfen. Dann mit Erbsen, Reis und Apfelsaft mischen.

3. Die Kresse abspülen und gut abtropfen lassen. Zwei Drittel der Kresse mit einer Küchenschere vom Beet schneiden und unterheben.

4. Reissalat mit Salz, Pfeffer und Zucker abschmecken und zugedeckt kalt stellen. Den Reissalat mindestens 30 Minuten durchziehen lassen.

5. Den Reissalat mit der restlichen Kresse garniert gleich portionsgerecht in Trinkbechern anrichten.

Tipps: Der Salat schmeckt auch mit Naturreis (Vollkornreis) anstelle von Langkornreis. Dann den Reis nach Packungsanleitung zubereiten. Anstelle von Farmersalat können Sie auch Waldorfsalat verwenden und anstelle von Kresse 1/2 Bund Schnittlauch abspülen, trocken tupfen und in Röllchen schneiden.

Schnittchen nach Gyrosart I

Für die Party
10 Stück

Pro Stück: E: 21 g, F: 12 g, Kh: 18 g, kJ: 1111, kcal: 266, BE: 1,5

10 kleine Putenschnitzel (je etwa 75 g)
Gyros-Gewürzmischung
6 EL Olivenöl
1 Ciabatta (etwa 300 g)
5 EL Olivenöl
10 Salatblätter, z. B. Friséesalat
200 g Zaziki (aus dem Kühlregal)

Zubereitungszeit: 30 Minuten, ohne Abkühlzeit

1. Die Putenschnitzel unter fließendem kalten Wasser abspülen, trocken tupfen und mit der Gyros-Gewürzmischung bestreuen.

2. Etwas von dem Olivenöl in einer großen Pfanne erhitzen. Die Putenschnitzel darin portionsweise von beiden Seiten 5–7 Minuten braten und anschließend erkalten lassen.

3. Das Ciabatta in 10 Scheiben schneiden. Restliches Olivenöl in einer großen Pfanne erhitzen. Die Ciabatta-Scheiben darin von beiden Seiten knusprig braten, herausnehmen und erkalten lassen.

4. Die Salatblätter abspülen und trocken tupfen. Je 1 Salatblatt auf 1 Ciabattascheibe legen, das Zaziki darauf verteilen und mit je 1 Putenschnitzel belegen.

Schnitzelchen mit Papaya-Guacamole I

Für die Party

8 Portionen

Pro Portion: E: 15 g, F: 8 g, Kh: 13 g, kJ: 786, kcal: 188, BE: 1,0

Für die Papaya-Guacamole:

1 Papaya (etwa 400 g)
100 g Cocktailtomaten
4 Stängel Koriander
2 Bio-Limetten (unbehandelt, ungewachst)
Salz
Cayennepfeffer

Für die Schnitzelchen:

1 Ei (Größe L)
3 EL Sambal Oelek
50 g Cornflakes
50 g Tortilla-Chips
400 g Putenschnitzel

etwas Weizenmehl
8 EL Speiseöl

Zubereitungszeit: 40 Minuten
Garzeit: etwa 4 Minuten

1. Für die Papaya-Guacamole die Papaya schälen, längs halbieren. Die Kerne mit einem Löffel herausschaben. Das Papayafruchtfleisch grob zerschneiden.

2. Tomaten abspülen, abtrocknen, halbieren und evtl. die Stängelansätze herausschneiden.

3. Koriander abspülen, trocken tupfen und die Blättchen von den Stängeln zupfen.

4. Papayafruchtfleisch, Tomatenhälften und Korianderblättchen im Blitzhacker so hacken, dass die Guacamole noch leicht stückig ist.

5. Limetten heiß abwaschen, abtrocknen. 1 Limette zum Garnieren beiseitelegen. Von der anderen Limette die Schale fein abreiben, dann die Limette halbieren, den Saft auspressen und 3 Esslöffel davon abmessen.

6. Limettenschale und abgemessenen Saft zu der Papaya-Guacamole geben und unterrühren. Die Papaya-Guacamole mit Salz und Cayennepfeffer leicht scharf würzen.

7. Für die Schnitzelchen Ei mit Sambal Oelek verquirlen. Cornflakes und Tortilla-Chips mischen und im Blitzhacker zu groben Bröseln zerkleinern.

8. Die Putenschnitzel unter fließendem kalten Wasser abspülen, trocken tupfen und in 16 kleine Schnitzelchen schneiden. Die Putenschnitzelchen mit Salz würzen und so in dem Mehl wenden, dass sie nur dünn gemehlt sind.

9. Die gemehlten Schnitzelchen durch die Sambal-Oelek-Ei-Masse ziehen, dann mit den Cornflakes-Tortilla-Bröseln panieren.

10. Das Speiseöl in einer Pfanne erhitzen. Die Schnitzelchen darin, evtl. portionsweise, bei starker Hitze von jeder Seite in etwa 2 Minuten goldbraun braten.

11. Die Schnitzelchen auf Küchenpapier abtropfen und erkalten lassen.

12. Beiseitegelegte Limette in 8 Mini-Spalten schneiden. Die Schnitzelchen mit der Papaya-Guacamole und den Limettenspalten portionsweise anrichten.

Schoko-Tarteletts I

Süßer Genuss – mit Alkohol

8 Stück

Pro Stück: E: 7 g, F: 25 g, Kh: 48 g, kJ: 1938, kcal: 463, BE: 4,0

Für den Knetteig:

300 g Weizenmehl
70 g Puderzucker
100 g weiche Butter
2 Eigelb (Größe M)

Hülsenfrüchte zum Blindbacken
1 Ei

Für die Schokoladencreme:

120 g Edelbitter-Schokolade (etwa 80 % Kakaoanteil)
70 ml Milch (3,5 % Fett)
55 g Butter
70 g Zucker
1 Eigelb (Größe M)
4 EL brauner Rum

Goldstaub oder Blattgold

Zubereitungszeit: 60 Minuten, ohne Kühlzeit
Backzeit: etwa 15 Minuten

1. Für den Teig das Mehl mit Puderzucker in einer Rührschüssel mischen. Restliche Zutaten hinzufügen und mit Handrührgerät mit Knethaken zunächst kurz auf niedrigster, dann auf höchster Stufe gut durcharbeiten. Anschließend auf einer leicht bemehlten Arbeitsfläche kurz zu einem Teig verkneten. Den Teig in Frischhaltefolie gewickelt etwa 2 Stunden in den Kühlschrank legen.

2. Den Teig auf einer leicht bemehlten Arbeitsfläche dünn ausrollen. Mit einer runden Ausstechform daraus 8 Kreise (je Ø etwa 10 cm) ausstechen. Die Teigkreise in 8 Tartelettförmchen (je Ø etwa 8 cm, gefettet) legen und fest andrücken. Den Teigboden mit einer Gabel mehrmals einstechen. Die Förmchen zugedeckt etwa 30 Minuten in den Kühlschrank stellen.

3. Den Backofen vorheizen.
Ober-/Unterhitze: etwa 180 °C
Heißluft: etwa 160 °C

4. Die Förmchen mit Backpapier auslegen und mit Hülsenfrüchten füllen. Die Förmchen auf dem Rost in den vorgeheizten Backofen schieben. Die Tarteletts **etwa 10 Minuten vorbacken.** Die Hülsenfrüchte und das Backpapier entfernen.

5. Das Ei verquirlen und die Tarteletts damit bestreichen. Die Förmchen wieder auf dem Rost in den heißen Backofen schieben. Die Tarteletts **bei gleicher Backofentemperatur in etwa 5 Minuten goldbraun backen.**

6. Die Förmchen aus dem Backofen nehmen und die Tarteletts in den Förmchen auf einem Kuchenrost erkalten lassen.

7. Für die Schokoladencreme Schokolade fein hacken. Die Milch in einem Topf erwärmen. Den Topf von der Kochstelle nehmen und die fein gehackte Schokolade darin unter Rühren auflösen. Die Schokoladenmilch etwas kälter als lauwarm abkühlen lassen.

8. Die Butter mit dem Zucker weiß-schaumig schlagen. Das Eigelb unterrühren. Schokoladenmilch und zuletzt den Rum unterrühren.

9. Die Tarteletts vorsichtig aus den Förmchen lösen, mit der Schokoladencreme füllen. Die Schoko-Tarteletts zugedeckt etwa 3 Stunden in den Kühlschrank stellen und etwa 20 Minuten vor dem Servieren aus dem Kühlschrank nehmen. Die Schoko-Tarteletts mit Goldstaub oder Blattgold garnieren.

Hinweis: Für die Schokoladencreme nur 1 ganz frisches Eigelb verwenden, das nicht älter als 5 Tage ist (Legedatum beachten!). Die Schoko-Tarteletts im Kühlschrank aufbewahren und innerhalb von 24 Stunden verzehren.

Tipp: Statt Goldstaub oder Blattgold können Sie die Schoko-Tarteletts auch mit 60 g Edelbitter-Schokoladenraspeln bestreuen oder mit etwas Kakaopulver bestäuben.

Schweineöhrchen, pikante I

Für Kinder – einfach

etwa 50 Stück

Pro Stück: E: 2 g, F: 3 g, Kh: 3 g, kJ: 214, kcal: 51, BE: 0,0

450 g TK-Blätterteig (10 quadratische Platten)

Zum Bestreichen:

2 Eier
etwa 150 g frisch ger. Parmesan
1 TL Paprikapulver edelsüß

Zubereitungszeit: 40 Minuten, ohne Auftau- und Kühlzeit
Backzeit: etwa 15 Minuten je Backblech

1. Blätterteigplatten nebeneinander zugedeckt nach Packungsanleitung auftauen lassen. Die einzelnen Teigplatten jeweils auf einer leicht bemehlten Arbeitsfläche zu einem Rechteck (je etwa 5 x 20 cm) ausrollen.

2. Den Backofen vorheizen.
Ober-/Unterhitze: etwa 200 °C
Heißluft: etwa 180 °C

3. Zum Bestreichen die Eier verschlagen. Parmesan und Paprika unterrühren. Die Käsemasse mit einem Messer dünn auf die beiden Teigrechtecke streichen.

4. Jedes Teigrechteck in gut 1 cm breite Streifen schneiden (etwa 5 Streifen je Rechteck). Die Teigstreifen von beiden Enden aus zur Mitte hin aufrollen, sodass die Rollen aneinanderstoßen. Die Rollen gut zusammendrücken.

5. Die Schweineöhrchen auf Backbleche (mit Backpapier belegt) legen. Dabei genügend Abstand zwischen den Schweineöhrchen lassen. Die Backbleche nacheinander (bei Heißluft zusammen) in den vorgeheizten Backofen schieben. Die Schweineöhrchen **etwa 15 Minuten je Backblech backen**, dabei das Gebäck nach 10 Minuten Backzeit umdrehen.

6. Die Schweineöhrchen mit dem Backpapier auf Kuchenrosten erkalten lassen.

Senfbraten | Dauert etwas länger

4 Portionen

Pro Portion: E: 56 g, F: 14 g, Kh: 3 g, kJ: 1512, kcal: 360, BE: 0,0

1 kg Kotelettstück mit Filet vom Schwein (ohne Knochen)
Salz
gem. Pfeffer

Für die Füllung:

2 Zwiebeln
1 Knoblauchzehe
2 Bund gemischte, gehackte Kräuter
2 EL scharfer Senf
2 EL französischer Gewürzsenf

Zum Garnieren:

evtl. einige vorbereitete Kerbelblättchen

Außerdem:

Küchengarn
1 Stück Bratfolie oder Bratschlauch

Zubereitungszeit: 25 Minuten, ohne Abkühlzeit
Garzeit: etwa 60 Minuten

1. Das Kotelettstück unter fließendem kalten Wasser abspülen und trocken tupfen. Das Fleisch mit einem scharfen Messer längs tief einschneiden. Fleischstück mit Salz und Pfeffer einreiben.

2. Den Backofen vorheizen.
Ober-/Unterhitze: etwa 200 °C
Heißluft: etwa 180 °C

3. Für die Füllung Zwiebeln abziehen, halbieren und in kleine Würfel schneiden. Knoblauch abziehen und durch eine Knoblauchpresse drücken oder sehr fein würfeln.

4. Die Kräuter abspülen, trocken tupfen und die Blättchen von den Stängeln zupfen. Blättchen grob hacken. Beide Sorten Senf mit den Kräutern, Zwiebelwürfeln und dem Knoblauch verrühren.

5. Gut zwei Drittel der Kräutermasse in die Fleischtasche füllen. Das Fleischstück rundherum mit der restlichen Kräutermasse bestreichen und mit Küchengarn umwickeln.

6. Das Fleischstück auf ein großes Stück Bratfolie oder in den Bratschlauch geben und auf ein Backblech legen. Die Bratfolie oder den Bratschlauch nach Packungsanleitung verschließen. Das Backblech in den vorgeheizten Backofen schieben. Den Senfbraten **etwa 60 Minuten garen.**

7. Den Senfbraten aus dem Backofen nehmen und kurze Zeit ruhen lassen. Dann die Folie aufschneiden. Den Braten herausnehmen und erkalten lassen. Das Küchengarn entfernen.

8. Den Braten in Scheiben schneiden und auf einer Platte anrichten. Nach Belieben mit Kerbelblättchen garnieren.

Sesam-Curry-Kräcker | Für Gäste

etwa 65 Stück

Pro Stück: E: 1 g, F: 2 g, Kh: 3 g,
kJ: 147, kcal: 35, BE: 0,5

Für den Knetteig:

275 g Weizenmehl
1 gestr. TL Salz
1 gestr. EL Currypulver
200 g Schmand (Sauerrahm)
70 g weiche Butter oder Margarine

1 Eigelb
2 EL Milch
30 g Sesamsamen, geschält

Zubereitungszeit: 60 Minuten, ohne Kühlzeit
Backzeit: etwa 15 Minuten je Backblech

1. Für den Teig das Mehl mit Salz und Curry in einer Rührschüssel mischen. Die restlichen Zutaten hinzufügen und mit Handrührgerät mit Knethaken zunächst kurz auf niedrigster, danach auf höchster Stufe gut durcharbeiten.

2. Anschließend auf einer leicht bemehlten Arbeitsfläche kurz zu einem Teig verkneten. Den Knetteig zu 2 Rollen formen, in Frischhaltefolie wickeln und etwa 30 Minuten in den Kühlschrank legen.

3. Eine Hälfte des Teiges auf einer leicht bemehlten Arbeitsfläche etwa 2 mm dünn zu einem Rechteck (etwa 30 x 36 cm) ausrollen. Das Teigrechteck in etwa 30 Quadrate (etwa 6 x 6 cm) schneiden. Die Teigquadrate auf Backbleche (mit Backpapier belegt) legen. Dabei etwas Abstand zwischen den Quadraten lassen. Die Quadrate mit einer Gabel mehrmals einstechen.

4. Den Backofen vorheizen.
Ober-/Unterhitze: etwa 200 °C
Heißluft: etwa 180 °C

5. Den restlichen Teig auf die gleiche Weise verarbeiten. Die Teigreste nochmals zusammenkneten und so lange ausrollen, bis der Teig aufgebraucht ist.

6. Das Eigelb mit der Milch verquirlen. Die Quadrate damit bestreichen und mit Sesamsamen bestreuen. Die Backbleche nacheinander (bei Heißluft zusammen) in den vorgeheizten Backofen schieben. Die Sesam-Curry-Kräcker **etwa 15 Minuten je Backblech backen.**

7. Die Sesam-Curry-Kräcker mit dem Backpapier von den Backblechen auf Kuchenroste ziehen und erkalten lassen.

Tipp: Die Sesam-Curry-Kräcker schmecken besonders lecker, wenn Sie dazu einen Dip aus leicht gesalzenem Sahnejoghurt servieren.

Sesam-Falafel mit Salat und Joghurt-Dip | Exotisch

24 Portionen

Pro Portion: E: 3 g, F: 8 g, Kh: 7 g, kJ: 482, kcal: 115, BE: 0,5

200 g	*getrocknete Kichererbsen*
4	*Frühlingszwiebeln*
je ½ Bund	*Minze, Dill, glatte Petersilie und Koriander*
200 g	*abgetropfte, weiße Bohnen (aus der Dose)*
	Salz, gem. Pfeffer
1 EL	*gem. Kreuzkümmel (Cumin)*
1 EL	*Dr. Oetker Backin*
2 EL	*Wasser*
40 g	*Sesamsamen, ungeschält*
etwa 1 l	*Speiseöl, z. B. Sonnenblumenöl*

Für den Joghurt-Dip und den Salat:

500 g	*Sahnejoghurt (10 % Fett)*
1 EL	*gem. Kreuzkümmel (Cumin)*
450 g	*Cocktailtomaten*
450 g	*Radieschen*
5 EL	*Zitronensaft*
6 EL	*Olivenöl*

Zubereitungszeit: 60 Minuten, ohne Einweich-, Ausback- und Abkühlzeit

1. Die Kichererbsen etwa 12 Stunden in kaltem Wasser einweichen. Anschließend gut abtropfen lassen.

2. Frühlingszwiebeln putzen, abspülen und abtropfen lassen. Die Hälfte davon in feine Scheiben schneiden. Restliche Frühlingszwiebeln beiseitelegen.

3. Minze, Dill, Petersilie und Koriander abspülen und trocken tupfen. Von jeder Kräutersorte ein Drittel abnehmen, jeweils die Blättchen von den Stängeln zupfen und grob hacken. Restliche Kräuter beiseitelegen.

4. Bohnen in einem Sieb kalt abspülen und sehr gut abtropfen lassen. Bohnen, Kichererbsen, Frühlingszwiebelscheiben, gehackte Kräuter, Salz, reichlich Pfeffer und Kreuzkümmel sehr fein pürieren.

5. Das Backpulver in dem Wasser auflösen, zum Bohnenpüree geben und mit den Händen gleichmäßig unter die Masse mischen. Aus der Bohnenpüree-Masse 24 glatte Kugeln formen. Jeweils eine Kugelseite fest in den Sesam drücken.

6. Speiseöl in einem Topf auf etwa 175 °C erhitzen. Die Falafel darin in 2–3 Portionen jeweils 4–5 Minuten goldbraun backen. Die fertigen Falafel auf Küchenpapier abtropfen und erkalten lassen.

7. Für den Joghurt-Dip und den Salat Joghurt mit Kreuzkümmel und Salz verrühren.

8. Restliche Frühlingszwiebeln in sehr feine Scheiben schneiden. Tomaten abspülen, abtrocknen und evtl. die Stängelansätze herausschneiden. Radieschen putzen, abspülen und abtropfen lassen. Radieschen und Tomaten in kleine Stücke schneiden.

9. Von den restlichen Kräutern die Blättchen von den Stängeln zupfen und evtl. etwas kleiner hacken. Tomaten, Radieschen, Frühlingszwiebeln und Kräuter in eine Schüssel geben, mit Zitronensaft und Olivenöl mischen und mit etwas Salz und Pfeffer würzen. Die Sesam-Falafel portionsweise mit dem Salat und dem Joghurt anrichten.

Spargel-Melonen-Suppe I

Etwas Besonderes – mit Alkohol

4 Portionen

Pro Portion: E: 5 g, F: 0 g, Kh: 21 g, kJ: 486, kcal: 115, BE: 1,5

500 g	*grüner Spargel*
375 ml (3/8 l)	*Wasser*
1 gestr. TL	*Salz*
2	*reife Galia-Melonen*
2 cl	*weißer Portwein*
1–2 TL	*Limettensaft*
evtl.	*Zucker oder*
	etwas Honig
	Salz, gem. Pfeffer
einige Stängel	*Kerbel*
	grob gem. Pfeffer

Zubereitungszeit: 45 Minuten, ohne Kühlzeit

1. Vom grünen Spargel das untere Drittel schälen und die unteren Enden abschneiden. Den Spargel abspülen, abtropfen lassen und knapp mit Salzwasser bedeckt in einem Topf zum Kochen bringen. Spargel zugedeckt in etwa 5 Minuten bissfest garen. Spargelstangen in ein Sieb geben, mit kaltem Wasser abschrecken und abtropfen lassen.

2. Die Spargelspitzen abschneiden und beiseitelegen. Die Spargelstangen in kleine Stücke schneiden.

3. Die Melonen halbieren und die Kerne entfernen. Das Fruchtfleisch mit einem Esslöffel herauslösen. Die Melonenhälften zugedeckt kalt stellen.

4. Melonenfruchtfleisch und Spargelstücke mit Portwein und Limettensaft in einer hohen Rührschüssel fein pürieren. Die Suppe evtl. mit Zucker oder Honig süßen und etwa 1 Stunde zugedeckt in den Kühlschrank stellen.

5. Die gut gekühlte Suppe mit Salz und Pfeffer abschmecken und in die Melonenhälften füllen.

6. Kerbel abspülen, trocken tupfen und in kleinere Stängel zupfen. Die Spargelspitzen auf der Suppe verteilen. Die Spargel-Melonen-Suppe mit grob gemahlenem Pfeffer bestreuen und mit Kerbel garnieren.

Spargeltarte | Für Gäste

12 Portionen

Pro Portion: E: 8 g, F: 14 g, Kh: 24 g, kJ: 1081, kcal: 259, BE: 2,0

Für den Hefeteig:

150 ml warmes Wasser
21 g frische Hefe
1 Prise Zucker
350 g Weizenmehl
20 g ger. Parmesan
1 gestr. TL Salz
50 ml Olivenöl

Für den Belag:

750 g grüner Spargel
Salz

Für den Guss:

2 Eier (Größe M)
200 g Schlagsahne (mind. 30 % Fett)
200 ml Milch (3,5 % Fett)
gem. Pfeffer
ger. Muskatnuss
50 g ger. Parmesan

Zubereitungszeit: 60 Minuten, ohne Teiggehzeit
Backzeit: etwa 35 Minuten

1. Für den Teig das Wasser mit der zerbröckelten Hefe und dem Zucker in einer Rührschüssel verrühren. Die Hälfte des Mehls unterrühren. Das restliche Mehl, Parmesan und Salz daraufstreuen. Das Olivenöl hinzugießen. Den Teig zugedeckt etwa 20 Minuten an einen warmen Ort gehen lassen.

2. Wenn das aufgestreute Mehl Risse zeigt, die Zutaten mit Handrührgerät mit Knethaken zunächst kurz auf niedrigster, danach auf höchster Stufe zu einem glatten Teig verkneten. Den Hefeteig etwa 10 Minuten ruhen lassen.

3. Teig leicht mit Mehl bestäuben, aus der Schüssel nehmen und auf der leicht bemehlten Arbeitsfläche zu einer runden Platte (Ø etwa 34 cm) ausrollen. Die Teigplatte in eine Springform (Ø 28 cm, Boden mit Backpapier belegt, den Rand mit Butter bestrichen) legen und einen etwa 3 cm hohen Rand andrücken.

4. Den Backofen vorheizen.
Ober-/Unterhitze: etwa 200 °C
Heißluft: etwa 180 °C

5. Für den Belag von dem Spargel das untere Drittel schälen und die Enden abschneiden. Salzwasser in einem Topf zum Kochen bringen. Den Spargel darin etwa 2 Minuten blanchieren, mit einer Schaumkelle herausnehmen, in ein Sieb geben, mit kaltem Wasser abspülen und abtropfen lassen. Den Spargel kreisförmig auf den Teig legen.

6. Für den Guss Eier mit Sahne und Milch in einer Rührschüssel verschlagen. Die Eiermilch mit Salz, Pfeffer und 1 Prise Muskat abschmecken. Den Guss auf dem Spargel verteilen, mit Parmesan bestreuen.

7. Die Form auf dem Rost in den vorgeheizten Backofen schieben. Die Spargeltarte in **etwa 35 Minuten goldbraun backen.**

8. Die Spargeltarte aus der Form lösen, auf eine Tortenplatte setzen und erkalten lassen.

Speckquiche | Herzhaft – für Gäste

14 Stücke

Pro Stück: E: 7 g, F: 12 g, Kh: 13 g, kJ: 778, kcal: 186, BE: 1,0

Für den Knetteig:

200 g Weizenmehl
1 gestr. TL Dr. Oetker Backin
1/2 gestr. TL Salz
3 EL kalte Milch oder kaltes Wasser
100 g Butter oder Margarine

Für den Belag:

3 Zwiebeln
250 g Schinkenspeck
2 Eier (Größe M)
150 g Crème fraîche
3 EL Milch
1 Msp. gem. Pfeffer
Kümmelsamen
25 g TK-Petersilie

Zubereitungszeit: 45 Minuten, ohne Abkühlzeit
Backzeit: etwa 40 Minuten

1. Für den Teig das Mehl mit Backpulver in einer Rührschüssel mischen. Restliche Zutaten hinzufügen und mit Handrührgerät mit Knethaken zunächst kurz auf niedrigster, dann auf höchster Stufe gut durcharbeiten.

2. Anschließend auf einer leicht bemehlten Arbeitsfläche kurz zu einem Teig verkneten. Sollte er kleben, ihn in Frischhaltefolie gewickelt eine Zeit lang in den Kühlschrank legen.

3. Den Backofen vorheizen.
Ober-/Unterhitze: etwa 180 °C
Heißluft: etwa 160 °C

4. Zwei Drittel des Teiges auf der leicht bemehlten Arbeitsfläche zu einer runden Platte (Ø etwa 30 cm) ausrollen. Die Teigplatte in eine Tarteform (Ø 28 cm, Boden gefettet) legen. Den Teigboden mehrmals mit einer Gabel einstechen. Die Form auf dem Rost in den vorgeheizten Backofen schieben. Den Quicheboden **etwa 10 Minuten vorbacken.**

5. Form auf einen Kuchenrost stellen. Den Quicheboden etwas abkühlen lassen.

6. Restlichen Teig zu einer langen Rolle formen, auf den vorgebackenen Boden legen und so an die Form drücken, dass ein etwa 2 cm hoher Rand entsteht.

7. Für den Belag Zwiebeln abziehen und halbieren. Zwiebelhälften und Schinkenspeck in kleine Würfel schneiden. Eier mit Crème fraîche, Milch, Pfeffer und Kümmelsamen gut verrühren. Petersilie, Zwiebel- und Schinkenwürfel hinzugeben und unterrühren.

8. Die Speck-Zwiebel-Masse auf den vorgebackenen Quicheboden geben, glatt streichen. Die Form wieder auf dem Rost in den heißen Backofen schieben. Die Speckquiche **bei gleicher Backofentemperatur in etwa 30 Minuten fertig backen.**

9. Die Form auf einen Kuchenrost stellen. Die Speckquiche in der Form erkalten lassen.

Tipp: Dazu schmeckt ein frischer, grüner Salat.

Speckschnecken | Für Gäste

40 Stück

Pro Stück: E: 2 g, F: 4 g, Kh: 5 g, kJ: 243, kcal: 58, BE: 0,5

Zum Vorbereiten:

100 g fetter, geräucherter Speck

Für den Knetteig:

200 g Weizenmehl (Type 550)
½ TL Dr. Oetker Backin
½ TL Salz
1 Ei (Größe M)
3 EL kaltes Wasser

Für die Füllung:

2 Bund Schnittlauch
4 EL Semmelbrösel
200 g Bacon (Frühstücksspeck), in Scheiben
gem. Pfeffer

Zubereitungszeit: 45 Minuten, ohne Kühlzeit
Backzeit: etwa 20 Minuten je Backblech

1. Zum Vorbereiten Speck in kleine Würfel schneiden und in einer Pfanne ohne Fett bei mittlerer Hitze ausbraten. Das Speckfett mit den Würfeln abkühlen lassen, bis das Fett cremig-weiß ist.

2. Für den Teig Mehl mit Backpulver in einer Rührschüssel mischen. Salz, Speckwürfel mit dem Speckfett, Ei und Wasser hinzufügen. Die Zutaten mit Handrührgerät mit Knethaken zunächst kurz auf niedrigster, dann auf höchster Stufe gut durcharbeiten.

3. Auf einer leicht bemehlten Arbeitsfläche kurz zu einem Teig verkneten. Den Teig in Frischhaltefolie gewickelt etwa 1 Stunde in den Kühlschrank legen.

4. Für die Füllung Schnittlauch abspülen, trocken tupfen und in Röllchen schneiden. Die Schnittlauchröllchen mit den Semmelbröseln mischen.

5. Den Teig auf einer leicht bemehlten Arbeitsfläche zu einem Rechteck (etwa 50 x 30 cm) ausrollen. Die

Baconscheiben nebeneinander auf den Teig legen und mit Pfeffer bestreuen. Die Schnittlauch-Semmelbrösel-Mischung darauf verteilen. Dabei rundherum einen etwa 1 cm breiten Rand frei lassen. Den Teig von der längeren Seite her aufrollen. Die Teigrolle halbieren, sodass 2 Rollen entstehen. Die Teigrollen zugedeckt etwa 1 Stunde in den Kühlschrank legen.

6. Den Backofen vorheizen.
Ober-/Unterhitze: etwa 180 °C
Heißluft: etwa 160 °C

7. Die Teigrollen mit einem scharfen Messer in etwa 1 cm breite Scheiben schneiden. Die Speckschnecken auf Backbleche (mit Backpapier belegt) legen. Die Backbleche nacheinander (bei Heißluft zusammen) in den vorgeheizten Backofen schieben. Die Speckschnecken **etwa 20 Minuten je Backblech backen.**

8. Die Schnecken sofort auf einen mit Küchenpapier belegten Kuchenrost legen und erkalten lassen.

Tipp: Die Speckschnecken lassen sich gut einfrieren und aufgetaut im Backofen 2–3 Minuten bei etwa 200 °C (Ober-/Unterhitze) aufbacken.

Spinatsalat mit Granatapfel I

Für Gäste – schnell

4 Portionen

Pro Portion: E: 3 g, F: 19 g, Kh: 9 g, kJ: 910, kcal: 217, BE: 0,5

1 kleiner, reifer Granatapfel
30 g Pinienkerne
2 Knoblauchzehen
60 g Schalotten
3 Stängel Thymian
100 g Blattspinat
6 EL Olivenöl
5 EL Balsamico-Essig
Salz, gem. Pfeffer
1 Prise Zucker

Zubereitungszeit: 20 Minuten

1. Den Granatapfel halbieren und die Kerne vorsichtig herauslösen. Die weißen Scheidewände entfernen.

2. Pinienkerne in einer Pfanne ohne Fett unter Wenden goldbraun rösten und auf einen Teller geben.

3. Knoblauch und Schalotten abziehen und in feine Würfel schneiden. Thymian abspülen, trocken tupfen und die Blättchen von den Stängeln zupfen. Die Blättchen grob hacken.

4. Spinat verlesen, gründlich waschen, gut abtropfen lassen und in breite Streifen schneiden.

5. Olivenöl mit Essig, Knoblauch-, Schalottenwürfeln und gehacktem Thymian verrühren. Das Dressing mit Salz, Pfeffer und Zucker würzen. Spinat, Pinienkerne und Granatapfelkerne unterheben. Den Spinatsalat nochmals mit den Gewürzen abschmecken.

Spinat-Tortilla-Häppchen

Vegetarisch

20 Stück

Pro Stück: E: 2 g, F: 3 g, Kh: 0 g, kJ: 162, kcal: 39, BE: 0,0

2	*Schalotten (etwa 50 g)*
1	*Knoblauchzehe*
2 EL	*Olivenöl*
125 g	*TK-Blattspinat*
	Salz
	gem. Pfeffer
	ger. Muskatnuss
6	*Eier (Größe M)*
6 EL	*Milch*

Zubereitungszeit: 30 Minuten, ohne Abkühlzeit

1. Die Schalotten abziehen, evtl. halbieren und in kleine Würfel schneiden. Den Knoblauch abziehen, durch eine Knoblauchpresse drücken oder sehr fein hacken. Von dem Olivenöl 1 Esslöffel in einer Pfanne (Ø etwa 20 cm) erhitzen. Die Schalotten- und Knoblauchwürfel darin andünsten.

2. Den gefrorenen Spinat hinzugeben und unter gelegentlichem Rühren andünsten. Die Zutaten zugedeckt bei schwacher Hitze etwa 10 Minuten garen.

3. Den garen Spinat mit Salz, Pfeffer und Muskatnuss würzen, mit einer Gabel vorsichtig auflockern und die Flüssigkeit verdampfen lassen. Den Spinat aus der Pfanne nehmen.

4. Die Eier mit der Milch verschlagen und mit Salz würzen. Restliches Olivenöl in der Pfanne erhitzen. Die Eiermilch in die Pfanne gießen und den Spinat darauf verteilen. Die Spinat-Tortilla zugedeckt bei schwacher Hitze in etwa 15 Minuten stocken lassen.

5. Die Spinat-Tortilla auf einen Teller geben und erkalten lassen. Anschließend die Tortilla in etwa 3 ½ cm große Häppchen schneiden.

Tipps: Die Spinat-Tortilla-Häppchen mit kleinen Holzspießen als Fingerfood servieren. Etwas bunter werden die Tortilla-Häppchen, wenn Sie zusätzlich ½ rote Paprikaschote abspülen, abtropfen lassen, in sehr kleine Würfel schneiden und mit dem Spinat in der Pfanne dünsten.

Spinat- und Weizenwraps I

Zum Mitnehmen

24 Stück

Pro Stück: E: 5 g, F: 18 g, Kh: 32 g, kJ: 1324, kcal: 316, BE: 2,5

Für die Spinatwraps:

1	*Lollo bionda*
1 kleines Bund	*Koriander*
200 g	*Mayonnaise*
50 g	*Mango-Chutney*
1 gestr. TL	*Currypulver*
	Salz, gem. Pfeffer
12	*Spinatwraps (Tortilla-Fladen mit Spinat)*
490 g	*abgetropfte Ananasstücke (aus der Dose)*
400 g	*abgetropfte Sojabohnenkeimlinge (aus dem Glas)*

Für die Weizenwraps:

1	*Lollo bionda*
1 Bund	*glatte Petersilie*
je 1	*rote, grüne und gelbe Paprikaschote (je etwa 200 g)*
1	*große Zwiebel*
200 g	*Mayonnaise*
8 EL	*süße Chilisauce*
12	*Wraps (Tortilla-Weizenmehl-Fladen)*

Zubereitungszeit: 70 Minuten

1. Für die **Spinatwraps** Salat putzen, abspülen, gut abtropfen lassen oder trocken schleudern. Koriander abspülen, trocken tupfen und die Blättchen von den Stängeln zupfen.

2. Mayonnaise mit Mango-Chutney und Currypulver verrühren, mit Salz und Pfeffer würzen.

3. Spinatwraps nacheinander mit jeweils 1 Salatblatt, etwas Curry-Mayonnaise, Ananasstücken, Sojabohnenkeimlingen und Korianderblättchen belegen und fest aufrollen.

4. Für die **Weizenwraps** Salat putzen, abspülen, gut abtropfen lassen oder trocken schleudern. Petersilie abspülen, trocken tupfen und die Blättchen von den Stängeln zupfen. Paprikaschoten halbieren, entstielen, entkernen und die weißen Scheidewände entfernen. Die Schoten abspülen, abtropfen lassen und in dünne Streifen schneiden. Zwiebel abziehen, halbieren und ebenfalls in dünne Streifen schneiden.

5. Die Mayonnaise mit der Chilisauce glatt rühren und mit Pfeffer würzen.

6. Die Weizenwraps nacheinander mit jeweils 1 Salatblatt, etwas Chili-Mayonnaise, Paprika- und Zwiebelstreifen und Petersilie belegen. Wraps fest aufrollen.

Tipps: Die Wraps im Ganzen oder in diagonale Stücke geschnitten als Fingerfood servieren. Wenn Sie keine Spinatwraps bekommen, können Sie auch Weizenwraps verwenden.

Studentenfutter | Fruchtig

8 Portionen

Pro Portion: E: 7 g, F: 16 g, Kh: 20 g, kJ: 1049, kcal: 251, BE: 2,0

100 g abgezogene, ganze Mandeln
100 g Cashewkerne
25 g Pistazienkerne
2 EL flüssiger Honig
1 EL Olivenöl
1 EL Sesamsamen
1 TL Garam Masala (indische Gewürzmischung)
1 TL Paprikapulver edelsüß
Salz
50 g getrocknete Datteln
50 g getrocknete Aprikosen
50 g getrocknete Soft-Feigen

Zubereitungszeit: 30 Minuten, ohne Abkühlzeit

1. Den Backofen vorheizen.
Ober-/Unterhitze: etwa 200 °C
Heißluft: etwa 180 °C

2. Die Mandeln, Cashew- und Pistazienkerne in eine Schüssel geben. Die Nusskernmischung mit Honig, Olivenöl, Sesam, Garam Masala und Paprikapulver gut vermischen.

3. Die Nusskernmischung auf einem Backblech (gefettet, mit Backpapier belegt) verteilen. Das Backblech in den vorgeheizten Backofen schieben. Die Nusskernmischung 7–8 Minuten rösten. Dabei die Mischung immer wieder mit einem Pfannenwender wenden.

4. Die Nusskernmischung vorsichtig mit dem Backpapier von dem Backblech auf eine Platte ziehen und noch heiß mit Salz bestreuen. Die Nusskernmischung erkalten lassen, dann in ein Schüssel geben.

5. Datteln, Aprikosen und Feigen klein schneiden, zu der Nusskernmischung geben und untermengen.

Süßer Couscous | Raffiniert

8 Portionen

Pro Portion: E: 3 g, F: 6 g, Kh: 496 g, kJ: 1070, kcal: 256, BE: 4,0

750 g	Sauerkirschen
750 ml (3/4 l)	Apfelsaft
1/2 Pck.	Dr. Oetker Pudding-Pulver Vanille-Geschmack
2–4 EL	Zucker
1/4	Zimtstange
175 ml	Wasser
1 Pck.	Dr. Oetker Vanillin-Zucker
200 g	Couscous (Instant)
2–3 EL	Butter oder Margarine
evtl. 1–2 EL	Mandelsirup
einige	frische Minzeblättchen

Zubereitungszeit: 20 Minuten, ohne Abkühlzeit
Garzeit: etwa 8 Minuten

1. Die Kirschen abspülen, abtropfen lassen, entstielen und entsteinen. 375 ml (3/8 l) Apfelsaft abmessen. Pudding-Pulver mit etwa 4 Esslöffeln des abgemessenen Saftes anrühren. 1–2 Esslöffel Zucker in einem kleinen Topf bei schwacher bis mittlerer Hitze goldgelb schmelzen. Den restlichen, abgemessenen Apfelsaft hinzugießen und den Karamell loskochen. Angerührtes Pudding-Pulver einrühren und unter Rühren kurz aufkochen lassen.

2. Kirschen und Zimtstange zu der Puddingmasse geben und kurz aufkochen lassen. Karamellkirschen erkalten lassen. Zimtstange entfernen.

3. Den restlichen Apfelsaft, Wasser und Vanillin-Zucker in einem Topf zum Kochen bringen. Couscous unter Rühren einstreuen und auf der ausgeschalteten Kochstelle unter gelegentlichem Rühren 8–10 Minuten ausquellen lassen. Den Topf von der Kochstelle nehmen. Couscous abkühlen lassen.

4. Die Butter oder Margarine in einer Pfanne erhitzen. Restlichen Zucker und Couscous hinzugeben, etwa 3 Minuten unter Rühren knusprig braten.

5. Couscous mit Karamellkirschen anrichten, eventuell mit Mandelsirup beträufeln und mit abgespülten, trocken getupften Minzeblättchen garnieren.

Tipp: Als Hauptgericht reicht die Rezeptmenge für 4–5 Portionen.

Süßkartoffel-Chips mit Salsa Frita | Würzig

8–10 Portionen

Pro Portion: E: 1 g, F: 7 g, Kh: 12 g, kJ: 482, kcal: 115, BE: 1,0

Für die Salsa Frita:

450 g Tomaten
½–1 rote Chilischote
1 Zwiebel
4 EL Olivenöl
Salz
1 EL gem. Piment (Nelkenpfeffer)
3 Stängel Koriander
1 Bio-Limette (unbehandelt, ungewachst)

Für die Süßkartoffel-Chips:

3 Süßkartoffeln (je etwa 150 g)
etwa 1 l Speiseöl, z. B. Sonnenblumenöl

Zubereitungszeit: 45 Minuten, ohne Abkühl- und Ausbackzeit
Garzeit: etwa 10 Minuten

1. Für die Salsa Frita die Tomaten kreuzweise einschneiden und mit kochendem Wasser übergießen. Nach 1–2 Minuten herausnehmen und mit kaltem Wasser abschrecken. Tomaten enthäuten, halbieren und die Stängelansätze herausschneiden. Tomaten mit den Kernen in 1 cm große Stücke schneiden.

2. Die Chilischote abspülen, abtrocknen, entstielen und mit den Kernen fein hacken. Die Zwiebel abziehen, halbieren und fein würfeln.

3. Das Olivenöl in einem kleinen Topf erhitzen. Fein gehackte Chilischote und Zwiebelwürfel darin kräftig andünsten. Die Tomatenstücke dazugeben, mit Salz und Piment würzen. Die Sauce im offenen Topf bei mittlerer Hitze etwa 10 Minuten garen. Den Topf von der Kochstelle nehmen und die Salsa Frita erkalten lassen.

4. Koriander abspülen, trocken tupfen und die Blättchen von den Stängeln zupfen. Blättchen grob zerschneiden. Die Limette heiß abwaschen, abtrocknen und die Schale fein abreiben. Die Limette halbieren, den Saft auspressen und 2 Esslöffel davon abmessen. Koriander, Limettenschale und -saft unter die erkaltete Salsa Frita rühren.

5. Die Süßkartoffeln schälen und der Länge nach auf einem Gemüsehobel in sehr dünne Scheiben (etwa 2 mm dünn) hobeln.

6. Das Speiseöl in einem Topf auf etwa 175 °C erhitzen. Die Süßkartoffeln darin portionsweise in jeweils etwa 3 Minuten goldbraun frittieren. Die fertigen Süßkartoffel-Chips auf Küchenpapier abtropfen und erkalten lassen.

7. Die Süßkartoffel-Chips leicht mit Salz würzen und mit der Salsa Frita servieren.

Tafelspitzsülze I

Gut vorzubereiten – mit Alkohol

8 Portionen

Pro Portion: E: 14 g, F: 2 g, Kh: 1 g, kJ: 392, kcal: 94, BE: 0,0

12 Blatt	*weiße Gelatine*
500 ml (½ l)	*Rinderfond oder -brühe*
200 ml	*Weißwein, z. B. Grauburgunder*
	Salz
	gem. Pfeffer
	ger. Muskatnuss
2 EL	*frisch gehackte, glatte Petersilie*
300 g	*gekochter Tafelspitz, in Würfel geschnitten (von etwa 600 g rohem Tafelspitz)*
80 g	*blanchierte Möhrenwürfel*
80 g	*blanchierte Selleriewürfel*
60 g	*blanchierte Wirsingwürfel*

Zubereitungszeit: 25 Minuten, ohne Kühlzeit

1. Gelatine nach Packungsanleitung einweichen.

2. Ein Drittel des Rinderfonds oder der -brühe erhitzen. Gelatine leicht ausdrücken und unter Rühren in dem heißen Fond auflösen. Restlichen Fond und Wein unterrühren. Die Gelatineflüssigkeit mit Salz, Pfeffer und Muskat würzen. Die Petersilie unterrühren.

3. Etwas von der Gelatineflüssigkeit in eine Kasten- oder Terrinenform (etwa 25 x 11 cm, mit Frischhaltefolie ausgelegt) gießen, sodass ein etwa ½ cm hoher Spiegel entsteht. Die Form in den Kühlschrank stellen und die Gelatineflüssigkeit fest werden lassen.

4. Tafelspitz- und Gemüsewürfel mischen, etwa ein Drittel davon in die Form auf den Spiegel geben und mit Gelatineflüssigkeit bedecken. Die Form wieder in den Kühlschrank stellen, bis die Gelatineflüssigkeit fest geworden ist. Diesen Vorgang wiederholen, bis alle Zutaten verbraucht sind. Die Tafelspitzsülze noch etwa 2 Stunden zugedeckt in den Kühlschrank stellen.

5. Zum Stürzen die Form kurz in heißes Wasser tauchen. Die Tafelspitzsülze auf eine Platte stürzen und in Scheiben schneiden.

Tipp: Die Tafelspitzsülze mit Remouladensauce, Salat und Bauernbrot servieren.

Tarteletts, gefüllte | Für die Party

12 Stück

Pro Stück: E: 6 g, F: 13 g, Kh: 17 g, kJ: 846, kcal: 202, BE: 1,5

300 g Champignons
3 EL Zitronensaft
Salz
gem. Pfeffer
1 TL getrocknete, italienische Kräuter
2 EL Crème fraîche
6 Scheiben Mortadella
12 Tarteletts für salzige Füllungen (Ø etwa 6 cm, fertig gekauft)
6 Scheiben Salami, möglichst mit Wellenrand

Zum Garnieren:
einige Basilikumblättchen
einige Rosmarinnadeln

Zubereitungszeit: 25 Minuten, ohne Durchziehzeit

1. Champignons putzen, evtl. kurz abspülen und trocken tupfen. Champignons in dünne Scheiben schneiden. Die Champignonscheiben mit Zitronensaft beträufeln, mit Salz und Pfeffer bestreuen. Die Kräuter unterrühren und die Champignonmischung 3–4 Stunden durchziehen lassen.

2. Crème fraîche unter die durchgezogenen Champignonscheiben rühren. Die Champignon-Crème-fraîche-Füllung mit Salz und Pfeffer abschmecken.

3. Aus den Mortadellascheiben mit einer runden Ausstechform mit Wellenrand (Ø 8–9 cm) runde Scheiben ausstechen. Die einzelnen Mortadellascheiben bis zur Mitte hin einschneiden, jeweils zu einer Tüte formen und in 6 Tarteletts legen.

4. Die Salamischeiben ebenfalls bis zur Mitte hin einschneiden, jeweils genauso zu einer Tüte formen und in die restlichen Tarteletts legen.

5. Jeweils etwas von der vorbereiteten Champignon-Crème-fraîche-Füllung kurz vor dem Anrichten auf die Mortadella- und Salamischeiben geben.

6. Zum Garnieren Basilikumblättchen und Rosmarinnadeln abspülen und trocken tupfen. Die gefüllten Tarteletts mit den Kräutern garnieren.

Terrine von frischem Gemüse I

Vegetarisch – dauert etwas länger

12 Scheiben

Pro Scheibe: E: 6 g, F: 16 g, Kh: 4 g, kJ: 769, kcal: 184, BE: 0,5

100 g Möhrenwürfel
100 g Knollenselleriewürfel
100 g Porreewürfel
100 g Brokkoliröschen
100 g Blumenkohlröschen
100 g Kohlrabiwürfel
Salz

400 g Schlagsahne (mind. 30 % Fett)
6 Eier (Größe M)
2 EL gehackte Petersilie
gem. Pfeffer
ger. Muskatnuss

Für die Sauce:

4 EL Crème fraîche
4 EL feine Paprikawürfel
1 EL Schnittlauchröllchen

Zubereitungszeit: 25 Minuten
Garzeit: etwa 70 Minuten

1. Den Backofen vorheizen.
Ober-/Unterhitze: etwa 180 °C
Heißluft: etwa 160 °C

2. Die Gemüsezutaten in kochendem Salzwasser etwa 3 Minuten kochen, in ein Sieb geben, mit kaltem Wasser abschrecken und abtropfen lassen. Das Gemüse in eine längliche Terrinen- oder Auflaufform (etwa 1,2 l Inhalt, mit kaltem Wasser ausgespült) geben.

3. Die Sahne mit Eiern und gehackter Petersilie verschlagen. Die Eiersahne mit Salz, Pfeffer und Muskat würzen. Die Eiersahne auf dem Gemüse in der Form verteilen. Die Form auf dem Rost in den vorgeheizten Backofen schieben. Das Gemüse **etwa 70 Minuten garen.**

4. Für die Sauce in der Zwischenzeit Crème fraîche mit Paprikawürfeln und Schnittlauchröllchen verrühren. Die Crème-fraîche-Sauce mit Salz und Pfeffer würzen.

5. Die Form auf einen Kuchenrost stellen, die Terrine erkalten lassen. Zum Servieren die Form kurz in heißes Wasser tauchen, dann die Terrine vorsichtig auf eine Platte stürzen, in Scheiben schneiden und mit der Crème-fraîche-Sauce auf Tellern anrichten.

Thairöllchen | Exotisch

16 Stück

Pro Stück: E: 5 g, F: 5 g, Kh: 5 g, kJ: 362, kcal: 87, BE: 0,5

- *12 küchenfertige Garnelen (je etwa 20 g)*
- *1 EL Olivenöl*
- *1 EL Fisch- oder Sojasauce*
- *1 TL Sesamöl*

Für die Erdnusssauce:

- *80 g Erdnussbutter*
- *100 ml ungesüßte Kokosmilch*
- *1 TL rote Currypaste*
- *1 EL Sojasauce*
- *2 EL Limettensaft*
- *Salz*

- *300 g frisches Ananasfruchtfleisch*
- *1/2 rote Paprikaschote*
- *100 g Bio-Salatgurke*
- *100 g Mungobohnensprossen*
- *1/2 Bund Koriander*
- *8 Blätter Reispapier (Ø je 15 1/2 cm)*
- *etwas Sojasauce*

Zubereitungszeit: 60 Minuten, ohne Abkühlzeit

1. Die Garnelen unter fließendem kalten Wasser abspülen, trocken tupfen und in etwa 1 cm große Stücke schneiden. Das Olivenöl in einer Pfanne erhitzen. Die Garnelenstücke darin bei starker Hitze von allen Seiten etwa 1 Minute anbraten. Fisch- oder Sojasauce und Sesamöl hinzugeben. Die Garnelenmasse aus der Pfanne in eine Schüssel geben und erkalten lassen.

2. Für die Sauce die Erdnussbutter mit Kokosmilch, Currypaste, Sojasauce und Limettensaft verrühren. Die Sauce mit Salz würzen.

3. Von der Ananas Blatt- und Strunkende entfernen. Ananas schälen, vierteln und den mittleren Strunk entfernen. Ananas (300 g) in Streifen schneiden.

4. Paprikaschotenhälfte entstielen, entkernen und die weißen Scheidewände entfernen. Schotenhälfte abspülen, abtropfen lassen und in feine Streifen schneiden. Gurke abspülen, abtrocknen und mit der Schale in feine Streifen schneiden.

5. Sprossen in ein Sieb geben, mit kaltem Wasser abspülen und abtropfen lassen. Koriander abspülen und trocken tupfen. Die Blättchen von den Stängeln zupfen. Einige Blättchen zum Garnieren beiseitelegen. Die restlichen Blättchen grob zerschneiden.

6. Die vorbereiteten Garnelen mit Ananas-, Paprika-, Gurkenstreifen, Sprossen und Koriander vermischen.

7. Die Reispapierblätter einzeln etwa 45 Sekunden in lauwarmes Wasser tauchen, bis die Blätter weich sind.

8. Je 1 Reisblatt auf ein Geschirrtuch legen. Jeweils ein Achtel der Garnelen-Gemüse-Mischung in die Mitte des Reisblattes geben und mithilfe des Geschirrtuches stramm aufrollen. Auf diese Weise insgesamt 8 Röllchen zubereiten.

9. Die Thairöllchen mit einem scharfen Messer quer halbieren, auf einer Platte anrichten und mit den beiseitegelegten Korianderblättchen garnieren. Die Erdnusssauce und etwas Sojasauce zum Dippen dazureichen.

Tomaten mit Ziegenkäse und Orangen-Pinien-Honig I

Für Gäste

12 Portionen

Pro Portion: E: 2 g, F: 14 g, Kh: 10 g, kJ: 725, kcal: 174, BE: 1,0

12 kleine Strauchtomaten (je etwa 40 g)
½ Bund Basilikum
6 EL Olivenöl
200 g Ziegenfrischkäse
6 EL Tapenade (schwarze Olivenpaste)

Für den Orangen-Pinien-Honig:

1 Bio-Orange (unbehandelt, ungewachst)
40 g Pinienkerne
6 EL Akazienhonig
Salz
gem., schwarzer Pfeffer

Zubereitungszeit: 35 Minuten, ohne Abkühlzeit
Garzeit: 18–20 Minuten

1. Die Tomaten abspülen, abtrocknen und jeweils einen Deckel abschneiden. Die Tomaten am besten mit einem Kugelausstecher aushöhlen und umgedreht auf Küchenpapier gut abtropfen lassen.

2. Den Backofen vorheizen.
Ober-/Unterhitze: etwa 200 °C
Heißluft: etwa 180 °C

3. Basilikum abspülen, trocken tupfen und die Blättchen von den Stängeln zupfen. 12 schöne und möglichst große Basilikumblättchen davon beiseitelegen. Restliche Basilikumblättchen fein schneiden und mit 3 Esslöffeln von dem Olivenöl mischen.

4. Den Ziegenfrischkäse zerbröckeln, zu dem Basilikumöl geben und die Zutaten mischen.

5. In jede Tomate zunächst etwas von der Tapenade geben, anschließend jeweils etwas von der Käsemischung darauf verteilen und mit den Tomatendeckeln belegen.

6. Tomaten auf ein Backblech (mit Backpapier belegt) setzen und mit dem restlichen Olivenöl beträufeln. Backblech in den vorgeheizten Backofen (1. Schiene von unten) schieben. Die Tomaten **18–20 Minuten garen.**

7. Das Backblech auf einen Kuchenrost stellen. Die Tomaten erkalten lassen.

8. Für den Orangen-Pinien-Honig die Orange heiß abwaschen und abtrocknen. Mit einem Zestenreißer etwa ein Viertel der Orangenschale in feinen Streifen abziehen. Die Orange halbieren, den Saft auspressen und 4 Esslöffel davon abmessen.

9. Die Pinienkerne in einer Pfanne ohne Fett unter Wenden goldbraun rösten. Honig, Orangensaft und -schale zu den gerösteten Pinienkernen geben. Die Zutaten vorsichtig mit Salz und Pfeffer würzen. Den Orangen-Pinien-Honig unter Rühren einmal kurz aufkochen lassen, anschließend erkalten lassen.

10. Zum Servieren die beiseitegelegten Basilikumblätter auf 12 kleine Teller legen. Jeweils 1 Tomate daraufsetzen und mit dem Orangen-Pinien-Honig beträufeln.

Tipp: Statt gekaufter Tapenade, können Sie für die Tomaten auch die Olivenpaste von Seite 185 selbst zubereiten und die Tomaten damit füllen.

Tomaten-Mozzarella-Spieße I

Für die Party

10–12 Stück

Pro Stück: E: 4 g, F: 7 g, Kh: 2 g, kJ: 363, kcal: 87, BE: 0,0

200 g Cocktailtomaten
1 Mini-Salatgurke
200 g abgetropfte Mini-Mozzarella-Kugeln
Salz, gem. Pfeffer
2 EL weißer Balsamico-Essig
4 EL Olivenöl
1–2 Stängel Basilikum

Außerdem:

10–12 kleine Holzspieße

Zubereitungszeit: 10 Minuten, ohne Marinierzeit

1. Die Cocktailtomaten abspülen, abtrocknen und evtl. die Stängelansätze herausschneiden.

2. Die Gurke abspülen, abtrocknen und auf einem Küchenhobel längs in dünne Scheiben schneiden.

3. Mozzarella-Kugeln, Tomaten und Gurkenscheiben abwechselnd auf Holzspieße stecken. Die Spieße mit Salz und Pfeffer würzen, mit Essig und Olivenöl beträufeln und etwa 10 Minuten marinieren.

4. Basilikum abspülen, trocken tupfen und die Blättchen von den Stängeln zupfen.

5. Die Tomaten-Mozzarella-Spieße mit den Basilikumblättchen bestreuen.

Tomaten-Oliven-Crostini I

Mediterran

48 Stück

Pro Stück: E: 1 g, F: 4 g, Kh: 5 g, kJ: 261, kcal: 62, BE: 0,5

2	*Knoblauchzehen*
etwa 120 ml	*Olivenöl*
12 Scheiben	*Sandwichtoast*
150 g	*abgetropfte, grüne Oliven (ohne Stein)*
600 g	*Tomaten*
1 Bund	*Basilikum*
	Salz
	gem. Pfeffer
30 g	*Parmesan, am Stück*

Zubereitungszeit: 35 Minuten
Backzeit: 7–8 Minuten

1. Den Backofen vorheizen.
Ober-/Unterhitze: etwa 200 °C
Heißluft: etwa 180 °C

2. Knoblauch abziehen und durch eine Knoblauchpresse drücken oder sehr fein hacken. Die Hälfte des Olivenöls mit dem Knoblauch verrühren.

3. Die Sandwichtoast-Scheiben jeweils in 4 gleich große Würfel schneiden. Die Toast-Würfel mit dem Knoblauchöl beträufeln und auf ein Backblech (mit Backpapier belegt) legen.

4. Backblech in den vorgeheizten Backofen schieben. Die Toast-Würfel **etwa 5 Minuten backen.**

5. Das Backblech auf einen Kuchenrost stellen.

6. Die Oliven in feine Ringe schneiden. Tomaten abspülen, abtrocknen, halbieren und die Stängelansätze herausschneiden. Die Tomatenhälften in feine Würfel schneiden.

7. Basilikum abspülen, trocken tupfen und die Blättchen von den Stängeln zupfen. Die Blättchen in feine Streifen schneiden.

8. Die Tomatenwürfel mit den Olivenringen und den Basilikumstreifen in einer Schüssel vermengen. Die Zutaten mit Salz und Pfeffer würzen.

9. Jeweils etwas von der Tomaten-Oliven-Mischung auf jeweils 1 Toast-Würfel verteilen. Den Parmesan fein reiben und auf die Toast-Würfel streuen. Dann die Crostini mit dem restlichen Olivenöl beträufeln.

10. Das Backblech wieder in den heißen Backofen schieben. Die Tomaten-Oliven-Crostini **bei gleicher Backofentemperatur in 2–3 Minuten überbacken.**

11. Das Backblech auf einen Kuchenrost stellen. Die Tomaten-Oliven-Crostini darauf erkalten lassen.

Tipps: Wenn es noch etwas schneller gehen soll, können Sie auch fertig gekaufte Olivenringe aus dem Glas verwenden und das frische Basilikum durch 2–3 Esslöffel TK-Basilikum ersetzen. Die Tomaten-Oliven-Crostini erst kurze Zeit vor dem Servieren zubereiten.

Tomatenpesto I

Vegetarisch – einfach

etwa 400 g

Insgesamt: E: 26 g, F: 133 g, Kh: 41 g, kJ: 6140, kcal: 1467, BE: 3,0

3 Knoblauchzehen
1 Bund Basilikum
20 g Parmesan, am Stück
150 g abgetropfte, getrocknete Tomaten, in Öl
30 g gehobelte Mandeln
100 ml Olivenöl
Salz, gem. Pfeffer

Zubereitungszeit: 20 Minuten

1. Knoblauch abziehen und durch eine Knoblauchpresse drücken. Basilikum abspülen, trocken tupfen und die Blättchen von den Stängeln zupfen. Parmesan fein reiben.

2. Tomaten, Mandeln und Basilikumblättchen sehr fein hacken und in eine Schüssel geben. Knoblauch, Parmesan und Olivenöl hinzufügen und unterrühren. Das Tomatenpesto mit Salz und Pfeffer würzen.

Tipps: Das Tomatenpesto passt gut zu kaltem Fleisch, Gemüsesalat oder schmeckt als Aufstrich auf frischem Baguette, Ciabatta oder Landbrot. Das Tomatenpesto lässt sich gut vorbereiten: Geben Sie es in ein Schraubglas, gießen Sie etwas Olivenöl darauf und verschließen Sie das Glas. So hält sich das Tomatenpesto im Kühlschrank etwa 3 Wochen.

Tortellini-Salat | Preiswert

4 Portionen

Pro Portion: E: 21 g, F: 24 g, Kh: 41 g, kJ: 1932, kcal: 461, BE: 3,0

500 g frische Tortellini mit Käsefüllung (aus dem Kühlregal)
250 g Tomaten
150 g Kochschinken, in Scheiben

Für die Salatsauce:

1 Knoblauchzehe
½ Bund Schnittlauch
3–4 EL weißer Balsamico-Essig
Salz, gem. Pfeffer
1 Prise Zucker
4–5 EL Olivenöl

Zubereitungszeit: 30 Minuten, ohne Abkühl- und Durchziehzeit

1. Die Tortellini nach Packungsanleitung zubereiten, dann in ein Sieb geben, kurz mit kaltem Wasser abspülen, abtropfen und erkalten lassen.

2. Tomaten abspülen, abtrocknen, vierteln und die Stängelansätze herausschneiden. Tomaten entkernen und in Spalten schneiden. Schinken in kleine Stücke schneiden.

3. Für die Salatsauce Knoblauch abziehen und durch eine Knoblauchpresse drücken oder sehr fein hacken. Schnittlauch abspülen und trocken tupfen. Schnittlauch in feine Röllchen schneiden.

4. Essig mit Knoblauch verrühren, mit Salz, Pfeffer und Zucker würzen. Das Olivenöl unterschlagen, den Schnittlauch unterrühren.

5. Tortellini, Schinken- und Tomatenwürfel mit der Sauce in einer Schüssel vorsichtig mischen und zugedeckt etwa 30 Minuten durchziehen lassen.

6. Den Tortellini-Salat evtl. nochmals mit Salz und Pfeffer abschmecken.

Tipps: Der Tortellini-Salat kann als vegetarische Variante auch ohne Schinken zubereitet werden. Ersetzen Sie dann den Schinken durch 250 g frische, geputzte, in Scheiben geschnittene Champignons.

Toskana-Kartoffel-Salat I

Einfach – kalorienarm

4 Portionen

Pro Portion: E: 8 g, F: 14 g, Kh: 29 g, kJ: 1169, kcal: 281, BE: 2,5

Für die Sauce:

175 ml	*heiße Gemüsebrühe*
3–3 1/2 EL	*Zitronensaft*
2–3 EL	*Olivenöl*
	Salz, gem. Pfeffer
1 Prise	*Zucker*
750 g	*gegarte, mittelgroße Pellkartoffeln, z. B. vom Vortag*
300 g	*abgetropfte, gemischte Antipasti, z. B. Paprika, Tomaten, Zucchini, Zwiebeln (aus dem Kühlregal oder aus der Kühltheke)*
etwa 6 Stängel	*Basilikum*
40 g	*Parmesan, am Stück*

Zubereitungszeit: 20 Minuten, ohne Durchziehzeit

1. Für die Sauce Brühe mit Zitronensaft in einer großen Salatschüssel verrühren. Das Olivenöl unterschlagen. Die Sauce mit Salz, Pfeffer und Zucker würzen.

2. Die Pellkartoffeln pellen, in Spalten schneiden und unter die Sauce mischen. Den Salat etwa 5 Minuten durchziehen lassen, dabei gelegentlich umrühren.

3. Das Antipasti-Gemüse evtl. etwas kleiner schneiden und unter den Kartoffelsalat heben. Den Salat mit Salz und Pfeffer abschmecken.

4. Basilikum abspülen, trocken tupfen und die Blättchen von den Stängeln zupfen. Blättchen evtl. in grobe Streifen schneiden. Parmesan grob raspeln. Den Toskana-Kartoffel-Salat mit Parmesan und Basilikum bestreuen.

Tipps: Zum Mitnehmen den Salat und den Käse getrennt verpacken. Wer es besonders eilig hat, kann auch vorgegarte Kartoffeln (aus dem Kühlregal) verwenden.

Tunfischcocktail | Schnell – mit Alkohol

4 Portionen

Pro Portion: E: 18 g, F: 23 g, Kh: 6 g,
kJ: 1294, kcal: 311, BE: 0,5

300 g abgetropfter Tunfisch, in eigenem Saft (aus der Dose)
3 Schalotten

Für die Cocktailsauce:
150 g Crème fraîche
1 EL mittelscharfer Senf
2 EL Tomatenketchup
1 EL Weinbrand
1 Knoblauchzehe
Worcestersauce
Salz
1 Prise Zucker
1 EL gehackter Dill

Zum Garnieren:
einige Salatblätter, z. B. Eisbergsalat
1 EL abgetropfte Kapern (aus dem Glas)

Zubereitungszeit: 20 Minuten

1. Den gut abgetropften Tunfisch mit einer Gabel zerpflücken. Die Schalotten abziehen, evtl. halbieren und in sehr feine Würfel schneiden.

2. Für die Cocktailsauce Crème fraîche mit Senf, Tomatenketchup und Weinbrand verrühren.

3. Knoblauch abziehen, durch eine Knoblauchpresse drücken oder sehr fein hacken. Knoblauch unter die Crème-fraîche-Masse rühren, mit Worcestersauce, Salz und Zucker würzen. Den Dill zuletzt unter die Cocktailsauce rühren.

4. Zum Garnieren die Salatblätter abspülen, trocken tupfen oder trocken schleudern und auf flache Dessertteller oder in Cocktailgläsern anrichten. Den vorbereiteten Tunfisch daraufgeben, mit Schalottenwürfeln und Kapern bestreuen. Den Tunfisch mit der Cocktailsauce begießen.

Tipp: Servieren Sie den Tunfischcocktail als Vorspeise mit frischem Baguette oder Fladenbrot und selbst gemachter Kräuterbutter (Rezepte Seite 145)

Tunfischspieße I

Für Gäste – gut vorzubereiten
8 Stück

Pro Stück: E: 12 g, F: 15 g, Kh: 3 g, kJ: 805, kcal: 192, BE: 0,0

400 g	*ganz frischer Tunfisch*
je 1	*rote, grüne und gelbe Paprikaschote (etwa 600 g)*
1	*Zucchini (etwa 220 g)*
4 EL	*Olivenöl*
etwa 20	*große, grüne Oliven (mit Paprika oder Frischkäse gefüllt)*

Für die Marinade:

etwas	*Limettensaft*
25 g	*TK-Kräuter der Provence*
	Salz
	gem. Pfeffer

Außerdem:

8	*Schaschlikspieße*

Zubereitungszeit: 60 Minuten, ohne Durchziehzeit

1. Den Tunfisch unter fließendem kaltem Wasser abspülen, trocken tupfen und in etwa 2 1/2 cm große Würfel schneiden.

2. Die Paprikaschoten halbieren, entstielen, entkernen und die weißen Scheidewände entfernen. Schoten abspülen, abtropfen lassen und in mundgerechte Stücke schneiden.

3. Die Zucchini abspülen, abtrocknen und die Enden abschneiden. Die Zucchini in etwas dickere Scheiben schneiden.

4. Etwas von dem Olivenöl in einer Pfanne – nach Möglichkeit in einer Grillpfanne – erhitzen. Die Tunfischwürfel, Paprikastücke und Zucchinischeiben portionsweise darin bei schwacher Hitze unter mehrmaligem Wenden garen. Die Zutaten zusammen in eine Schüssel geben. Oliven in dickere Scheiben schneiden, dazugeben und unterrühren.

5. Für die Marinade Limettensaft mit den Kräutern der Provence verrühren, mit Salz und Pfeffer würzen. Das restliche Olivenöl unterschlagen. Die Marinade über die vorbereiteten Zutaten geben und unterrühren. Das Tunfisch-Gemüse zugedeckt 1–2 Stunden durchziehen lassen.

6. Tunfischwürfel, Paprikastücke, Zucchinischeiben und Oliven abwechselnd auf Schaschlikspieße stecken. Die Tunfischspieße auf einer Platte anrichten.

Tipps: Wenn Sie keine Schaschlikspieße zur Hand haben, können Sie das Tunfischgemüse auch als Antipasti-Salat servieren. Dazu schmeckt knuspriges Ciabatta mit Knoblauch- oder Kräuterbutter.

Tunfischtarte | Mediterran

14 Stücke

Pro Stück: E: 7 g, F: 13 g, Kh: 9 g, kJ: 738, kcal: 176, BE: 1,0

Zum Vorbereiten:

50 g abgetropfte, schwarze Oliven (ohne Stein)
280 g abgetropfter Tunfisch, in Öl (aus der Dose)

Für den Teig:

100 g Weizenmehl (Type 550)
50 g Maisgrieß (Polenta)
2 gestr. TL Dr. Oetker Backin
1 gestr. TL Salz
½ TL Paprikapulver edelsüß
50 ml Buttermilch
2 Eier (Größe M)
100 ml Olivenöl
30 g abgetropfte Kapern (aus dem Glas)

Semmelbrösel zum Ausstreuen für die Form

Zubereitungszeit: 45 Minuten, ohne Abkühlzeit
Backzeit: etwa 35 Minuten

1. Zum Vorbereiten die Oliven in dünne Scheiben schneiden. Den Tunfisch mit einer Gabel in Stücke zupfen.

2. Den Backofen vorheizen.
Ober-/Unterhitze: etwa 180 °C
Heißluft: etwa 160 °C

3. Für den Teig das Mehl mit Maisgrieß, Backpulver, Salz und Paprikapulver in einer Rührschüssel mischen. Buttermilch, Eier und das Olivenöl dazugeben und mit Handrührgerät mit Rührbesen unterrühren. Die Kapern, zwei Drittel der Tunfischstücke und zwei Drittel der Olivenscheiben mit einem Löffel kurz unter den Teig rühren.

4. Den Teig in eine Tarteform (Ø 26–28 cm, gefettet, mit Semmelbröseln ausgestreut) geben, glatt streichen. Die restlichen Olivenscheiben darauf verteilen. Die Form auf dem Rost in den vorgeheizten Backofen schieben und die Tarte **etwa 35 Minuten backen.**

5. Die Form auf einen Kuchenrost stellen. Den restlichen Tunfisch auf der Tarte verteilen. Die Tunfischtarte in der Form erkalten lassen.

Tipp: Die Tunfischtarte in mehreren kleinen Förmchen backen und mit Tomatenspalten und etwas Thymian anrichten.

„Vitello-Tonnato"-Tatar I

Edle Vorspeise

10–12 Portionen

Pro Portion: E: 11 g, F: 12 g, Kh: 2 g, kJ: 663, kcal: 158, BE: 0,0

60 g	*Rucola (Rauke)*
40 g	*abgetropfte, getrocknete Tomaten, in Öl*
3 Stängel	*Basilikum*
9 EL	*Olivenöl*
	Salz
1	*Bio-Zitrone (unbehandelt, ungewachst)*
175 g	*Fenchelknollen*
2	*kleine Schalotten*
1	*kleine Knoblauchzehe*
50 g	*abgetropfter Tunfisch, im eigenen Saft (aus der Dose)*
20 g	*Schmand (Sauerrahm)*
	Cayennepfeffer
15 g	*abgetropfte Kapern (aus dem Glas)*
450 g	*Kalbsfilet (ohne Häute und Sehnen)*
3 Stängel	*glatte Petersilie*
	gem. Pfeffer
25 g	*Parmesan, am Stück*

Zubereitungszeit: 60 Minuten

1. Rucola verlesen und dicke Stängel abschneiden. Rucola abspülen, gut abtropfen lassen oder trocken schleudern und evtl. etwas kleiner zupfen. Die Tomaten fein schneiden.

2. Basilikum abspülen, trocken tupfen und die Blättchen von den Stängeln zupfen. Die Blättchen in einen hohen Rührbecher geben und mit 5 Esslöffeln von dem Olivenöl mit dem Pürierstab sehr fein pürieren. Das Basilikumöl mit Salz würzen, durch ein feines Sieb in ein Glas gießen und fest verschlossen in den Kühlschrank stellen.

3. Die Zitrone heiß abwaschen und abtrocknen. Die Hälfte der Zitronenschale fein abreiben. Die Zitrone halbieren, den Saft auspressen, 4 Esslöffel davon abmessen und beiseitestellen.

4. Fenchelknollen putzen, abspülen, abtropfen lassen, halbieren und in sehr feine Würfel schneiden. Schalotten abziehen, evtl. halbieren und ebenfalls in sehr feine Würfel schneiden.

5. Die Fenchel- und Schalottenwürfel mit 1 ½ Esslöffeln von dem beiseitegestellten Zitronensaft mischen. Fenchel-Schalotten-Mischung zugedeckt in den Kühlschrank stellen.

6. Knoblauch abziehen und fein würfeln. Tunfisch mit Knoblauch, Schmand, Salz und Cayennepfeffer in einem hohen Rührbecher mischen und sehr fein pürieren.

7. Die Kapern unterrühren. Die Tunfischcreme zugedeckt in den Kühlschrank stellen.

8. Das Kalbsfilet mit Küchenpapier trocken tupfen und mit einem Messer oder im Blitzhacker fein hacken.

9. Petersilie abspülen, trocken tupfen und die Blättchen von den Stängeln zupfen. Blättchen grob hacken und unter das Fleisch mischen.

10. Das Kalbsfilet-Tatar zugedeckt in den Kühlschrank stellen.

11. Kurz vor dem Servieren das Kalbsfilet-Tatar mit der Fenchel-Schalotten-Mischung, dem restlichem Olivenöl sowie Salz und Pfeffer mischen.

12. Das Kalbsfilet-Tatar mithilfe von runden Dessertringen (Ø etwa 4 ½ cm) auf kleinen Tellern anrichten.

13. Die Tunfischcreme auf dem Kalbsfilet-Tatar verteilen. Den vorbereiteten Rucola mit den Tomaten mischen und dekorativ darauf anrichten.

14. Den restlichen Zitronensaft mit etwas Salz unter das Basilikumöl mischen und alles damit beträufeln. Den Parmesan dünn darüberhobeln.

Tipp: Dazu passt frisches, knuspriges Baguette.

Walnuss-Käse-Crostini mit Pfeffer-Feigen I

Etwas Besonderes

20 Stück

Pro Stück: E: 4 g, F: 9 g, Kh: 13 g, kJ: 601, kcal: 143, BE: 1,0

225 g Baguette
60 g Walnusskerne
7 EL Olivenöl
1 EL frische Thymianblättchen
75 g getrocknete Soft-Feigen
200 g frische Feigen (etwa 5 Stück)
4 EL flüssiger Honig
2 EL Balsamico-Essig
Salz, gem., schwarzer Pfeffer
200 g Blauschimmelkäse
20 schöne Basilikumblättchen

Zubereitungszeit: 35 Minuten, ohne Abkühlzeit

1. Den Backofengrill vorheizen.

2. Das Baguette in 20 je etwa 1 cm dicke Scheiben schneiden. Die Baguettescheiben auf ein Backblech (mit Backpapier belegt) legen.

3. Walnusskerne, Olivenöl und abgespülte, trocken getupfte Thymianblättchen im Blitzhacker nicht zu fein hacken. Die Walnusspaste auf den Baguettescheiben verteilen.

4. Das Backblech unter den heißen Backofengrill (mittlere Schiene) schieben. Die Baguettescheiben in etwa 3 Minuten goldbraun rösten.

5. Die Crostini mit dem Backpapier von dem Backblech auf einen Kuchenrost ziehen und erkalten lassen.

6. Getrocknete Feigen in sehr kleine Würfel schneiden. Die frischen Feigen abspülen, abtrocknen und ebenfalls in kleine Würfel schneiden. Alle Feigenwürfel mit Honig und Balsamico-Essig mischen, mit etwas Salz und Pfeffer würzen.

7. Dann den Blauschimmelkäse in 20 kleine Spalten schneiden.

8. Pfeffer-Feigen-Kompott auf den Walnuss-Crostini verteilen. Jeweils 1 Käsespalte auf das Pfeffer-Feigen-Kompott legen. Die Basilikumblättchen abspülen und trocken tupfen. Die Walnuss-Käse-Crostini mit den Basilikumblättchen garnieren.

Wassermelonen-Gurken-Suppe I

Scharf – schnell

8–10 Portionen

Pro Portion: E: 3 g, F: 6 g, Kh: 7 g, kJ: 401, kcal: 96, BE: 0,5

1	*Salatgurke (etwa 475 g)*
1 ½ kg	*Wassermelone*
½–1	*rote Chilischote*
	Salz
100 g	*Fetakäse*
20	*frische Minzeblätter*
8–10 TL	*Olivenöl*

Zubereitungszeit: 20 Minuten

1. Die Gurke schälen und in grobe Stücke schneiden. Die Melone in Spalten schneiden, das Fruchtfleisch von der Schale schneiden und die Kerne entfernen. Das Fruchtfleisch in grobe Würfel schneiden.

2. Die Chilischote abspülen, abtrocknen und entstielen. Die Chilischote mit den Kernen sehr fein hacken. Die Gurken-, Melonenstücke, fein gehackte Chilischote und etwas Salz in der Küchenmaschine mit dem Schneidmesser fein pürieren. Die Suppe bis zum Servieren zugedeckt in den Kühlschrank stellen.

3. Fetakäse zerkrümeln. Die Minzeblätter abspülen, trocken tupfen und in grobe Stücke schneiden.

4. Die Wassermelonen-Gurken-Suppe zum Servieren in Tassen oder Gläser füllen. Den Fetakäse und die Minze daraufstreuen und mit dem Olivenöl beträufeln.

Tipp: Dazu schmecken Gemüse-Chips aus der Tüte (erhältlich z. B. im Bio-Laden).

Weißkohlsalat | Klassisch

8–12 Portionen

Pro Portion: E: 4 g, F: 10 g, Kh: 8 g, kJ: 576, kcal: 137, BE: 0,0

1–1 ½ kg Weißkohl
300 g Gemüsezwiebeln
1 TL Kümmelsamen
5 EL Speiseöl, z. B. Sonnenblumenöl
150 g Speckwürfel (aus dem Kühlregal)

Für die Marinade:

5 EL Weißweinessig
1 TL Selleriesalz
1 TL Salz
½ TL gem. Pfeffer
1–2 EL Zucker
1–2 TL ger. Meerrettich (aus dem Glas)

Zubereitungszeit: 30 Minuten, ohne Durchziehzeit

1. Von dem Weißkohl die äußeren welken Blätter entfernen. Den Kohl vierteln, den Strunk herausschneiden, den Kohl in feine Streifen schneiden oder hobeln. Die Kohlstreifen abspülen und abtropfen lassen. Die Zwiebeln abziehen, halbieren und in feine Streifen schneiden. Die Kohl- und Zwiebelstreifen in eine große Schüssel geben. Kümmel mit ein paar Tropfen von dem Speiseöl auf einem Brett grob hacken.

2. Einen Esslöffel von dem Speiseöl in einer Pfanne erhitzen. Die Speckwürfel darin knusprig braten, herausnehmen und auf Küchenpapier abtropfen lassen.

3. Für die Marinade restliches Speiseöl mit Essig, Selleriesalz, Salz, Pfeffer, Zucker und Meerrettich in einen Topf geben. Die Zutaten einmal aufkochen.

4. Die heiße Marinade über den Weißkohlsalat geben, gut vermengen und den Salat zugedeckt etwa 60 Minuten durchziehen lassen.

5. Den Weißkohlsalat vor dem Servieren nochmals mit Salz, Pfeffer, Meerrettich und Zucker abschmecken und mit den Speckwürfeln bestreuen.

Tipps: Zum Hacken des Kümmels wird das Speiseöl verwendet, damit der Kümmel beim Hacken nicht wegspringt. Nach Belieben den Salat mit kross gebratenen Baconscheiben (Frühstücksspeck) belegen.

Westfälische Erdbeeren I

Schnell – raffiniert

8 Portionen

Pro Portion: E: 5 g, F: 23 g, Kh: 27 g, kJ: 1415, kcal: 341, BE: 2,0

1 kg Erdbeeren
4 Scheiben Pumpernickel
600 g Crème fraîche
3 EL Milch
4 EL flüssiger Honig
etwas Zitronensaft

Zubereitungszeit: 25 Minuten, ohne Abkühlzeit

1. Erdbeeren abspülen, gut abtropfen lassen, entstielen und in ein Schüssel geben. Die Erdbeeren zugedeckt kalt stellen.

2. Die Pumpernickelscheiben fein reiben oder mit den Händen fein zerbröseln. Die Pumpernickelbrösel in einer Pfanne ohne Fett unter Wenden rösten und auf einen Teller geben. Die Pumpernickelbrösel erkalten lassen.

3. Die Crème fraîche mit der Milch und dem Honig in einer Rührschüssel verrühren. Die Erdbeeren in Portionsschälchen oder kleine Gläser füllen, jeweils mit etwas von der Crème-fraîche-Sauce anrichten und mit den Pumpernickelbröseln bestreuen.

Wildsalat | Schnell – edel

4 Portionen

Pro Portion: E: 24 g, F: 13 g, Kh: 9 g, kJ: 1066, kcal: 255, BE: 0,5

300 g gebratenes Wildfleisch, z. B. Rehrücken
2 Zwiebeln
Salz
185 g abgetropfte Pfifferlinge (aus dem Glas)

Für die Salatsauce:

2 EL Weißweinessig
2–3 EL Schlagsahne (mind. 30 % Fett)
2 EL Preiselbeeren (aus dem Glas)
3 EL Speiseöl
gem. Pfeffer
1 Prise Zucker

Zum Garnieren:

4 Stängel Thymian

Zubereitungszeit: 25 Minuten, ohne Durchziehzeit

1. Das Wildfleisch in Streifen schneiden. Die Zwiebeln abziehen und in sehr dünne Scheiben schneiden. Die Zwiebelscheiben in kochendem Salzwasser etwa 2 Minuten garen. Dann in ein Sieb geben, mit kaltem Wasser abschrecken und abtropfen lassen.

2. Die Wildfleischstreifen mit den Zwiebelscheiben und den Pfifferlingen in einer Schüssel vermengen.

3. Für die Sauce Weißweinessig mit Sahne und Preiselbeeren in einer Schüssel verrühren, das Speiseöl unterschlagen. Die Sauce mit Salz, Pfeffer und Zucker würzen und zu den Salatzutaten geben. Die Sauce vorsichtig untermengen.

4. Wildsalat zugedeckt 1–2 Stunden im Kühlschrank durchziehen lassen, dann evtl. nochmals mit Salz, Pfeffer und Zucker abschmecken.

5. Zum Garnieren die Thymianstängel abspülen und trocken tupfen. Den Wildsalat in Portionsschälchen geben und mit den Thymianstängeln garnieren.

Würstchen im Briocheteig I

Klassisch

10 Portionen

Pro Portion: E: 18 g, F: 49 g, Kh: 44 g, kJ: 2880, kcal: 690, BE: 3,5

Für den Briocheteig:

450 g Weizenmehl
42 g frische Hefe
60 g Zucker
50 ml warmes Wasser
300 g weiche Butter
6 Eier (Größe M)
1 gestr. TL Salz

2 luftgetrocknete Würstchen (je etwa 250 g), z. B. luftgetrocknete Mettwurst oder Cabanossi

Zubereitungszeit: 40 Minuten, ohne Teiggeh- und Abkühlzeit
Backzeit: etwa 45 Minuten

1. Für den Teig das Mehl in eine Rührschüssel geben und in die Mitte eine Vertiefung eindrücken. Die Hefe hineinbröckeln, Zucker und Wasser hinzufügen. Mit einem kleinen Teil des Mehls mit einer Gabel vorsichtig verrühren und zugedeckt etwa 1 Stunde an einem warmen Ort gehen lassen.

2. Abschließend restliche Zutaten hinzufügen und mit Handrührgerät mit Knethaken zunächst kurz auf niedrigster, dann auf höchster Stufe in etwa 5 Minuten zu einem glatten Teig verarbeiten. Den Teig zugedeckt so lange an einem warmen Ort gehen lassen, bis er sich sichtbar vergrößert hat (etwa 1 Stunde).

3. In der Zwischenzeit Würstchen mit einer Gabel einstechen und in einem Topf mit Wasser bedeckt zum Kochen bringen. Die Würstchen etwa 30 Minuten bei schwacher Hitze kochen lassen. Die Würstchen aus dem Topf nehmen und etwas abkühlen lassen.

4. Den gegangenen Teig leicht mit Mehl bestäuben, aus der Schüssel nehmen und auf der leicht bemehlten Arbeitsfläche nochmals kurz durchkneten. Den Teig halbieren. Jede Teighälfte zu einer etwa 60 cm langen Rolle formen und mit der Teigrolle etwa 15 cm breit ausrollen. Jeweils 1 Würstchen schräg auf das Teigstück legen und in den Teig einrollen. Die Teigrollen mit Abstand auf ein Backblech (mit Backpapier belegt) legen und nochmals zugedeckt etwa 20 Minuten an einem warmen Ort gehen lassen.

5. In der Zwischenzeit den Backofen vorheizen.
Ober-/Unterhitze: etwa 200 °C
Heißluft: etwa 180 °C

6. Backblech in den vorgeheizten Backofen schieben. Würstchen im Briocheteig **etwa 45 Minuten backen.**

7. Die Würstchen im Briocheteig mit dem Backpapier von dem Backblech auf einen Kuchenrost ziehen und erkalten lassen.

Tipp: Die Würstchen im Briocheteig können vorbereitet werden und anschließend zugedeckt und ungebacken über Nacht im Kühlschrank aufgehen. Dann die Würstchen im Briocheteig vor dem Servieren bei der im Rezept angegebenen Backofentemperatur und Backzeit backen.

Wurstkörbchen mit bunten Bohnen I

Raffiniert
24 Stück

Pro Stück: E: 6 g, F: 8 g, Kh: 5 g, kJ: 492, kcal: 117, BE: 0,5

250 g	abgetropfte Kidneybohnen (aus der Dose)
250 g	abgetropfte, weiße Riesenbohnen (aus der Dose)
250 g	abgetropfte, grüne Bohnenkerne (Flageolets, aus der Dose)
6–8 EL	Flüssigkeit von den Bohnen (aus der Dose)
4 EL	Speiseöl
2–3 EL	Speiseessig
	Salz
	gem. Pfeffer
24 Scheiben	Katenwurst, mit Pelle
1 Bund	Petersilie
einige	Salatblätter

Zubereitungszeit: 40 Minuten, ohne Abkühlzeit

1. Von allen Bohnensorten die Flüssigkeit auffangen, mischen und 6–8 Esslöffel davon abmessen. Die abgemessene Flüssigkeit mit Speiseöl und Speiseessig verrühren, mit Salz und Pfeffer pikant würzen. Kidney-, Riesenbohnen und grüne Bohnenkerne untermischen.

2. Eine Pfanne ohne Fett erhitzen. Die Wurstscheiben darin portionsweise nur ganz kurz braten. Durch die Hitze zieht sich die Pelle zusammen und es entstehen kleine Körbchen. Die Wurstkörbchen aus der Pfanne nehmen und erkalten lassen.

3. Petersilie abspülen, trocken tupfen und die Blättchen von den Stängeln zupfen. Blättchen fein hacken. Nach Belieben die Salatblätter abspülen, trocken tupfen oder gut abtropfen lassen.

4. Die Bohnenmischung in die erkalteten Wurstkörbchen füllen und auf den Salatblättern anrichten. Die Wurstkörbchen mit Petersilie bestreuen und servieren.

Tipps: Anstelle der Katenwurst können Sie auch Pfeffersalami verwenden. Nach Belieben zusätzlich 1–2 abgezogene, fein gewürfelte Zwiebeln und 1 abgezogene, durch eine Knoblauchpresse gedrückte Knoblauchzehe unter die Bohnenmischung rühren.

Wurstsalat mit Senfdressing | Deftig

4 Portionen

Pro Portion: E: 12 g, F: 29 g, Kh: 9 g, kJ: 1445, kcal: 346, BE: 0,0

300 g Fleischwurst
4 Frühlingszwiebeln
je 1 gelbe und rote Paprikaschote
1 rote Chilischote

Für das Senfdressing:

2 TL gekörnte Hühner- oder Gemüsebrühe
3–4 EL Rotweinessig
3–4 EL Speiseöl, z. B. Sonnenblumenöl
2 EL scharfer Senf
Salz
gem. Pfeffer
1 Prise Zucker oder etwas Honig

einige gehackte Kräuter, z. B. Petersilie, Schnittlauch, Kerbel

Zubereitungszeit: 20 Minuten

1. Fleischwurst in dünne Scheiben schneiden.

2. Die Frühlingszwiebeln putzen, abspülen, abtropfen lassen und in sehr feine Scheiben schneiden. Die Paprikaschoten halbieren, entstielen, entkernen und die weißen Scheidewände entfernen. Die Schotenhälften abspülen, abtropfen lassen und in grobe Würfel schneiden. Chilischote halbieren, entstielen, entkernen, abspülen, abtropfen lassen und in kleine Würfel schneiden.

3. Die vorbereiteten Salatzutaten in einer Schüssel vermischen.

4. Für das Dressing gekörnte Brühe mit Essig und Speiseöl in einem kleinen Topf aufkochen. Dressing etwas abkühlen lassen. Senf unterrühren, mit Salz, Pfeffer und Zucker oder Honig abschmecken.

5. Das Dressing mit den gehackten Kräutern unter den Wurstsalat mischen und in einer Schale anrichten.

Tipps: Der Salat schmeckt auch sehr lecker, wenn Sie zusätzlich etwa 150 g in Streifen geschnittenen Eisbergsalat unter den Wurstsalat mischen. Reichen Sie als Beilage frisches Bauernbrot dazu.

Yufkaschalen mit Gyros

Etwas aufwendiger
12 Stück

Pro Stück: E: 10 g, F: 9 g, Kh: 17 g, kJ: 803, kcal: 192, BE: 1,0

24 runde Yufkateigblätter (Ø 20–30 cm, hauchdünne Teigblätter)
etwas Speiseöl, z. B. Sonnenblumenöl

Für die Joghurtsauce:
3 Knoblauchzehen
250 g griechischer Sahnejoghurt (etwa 10 % Fett)
2 EL Olivenöl
Salz
gem. Pfeffer

Für die Gyrosfüllung:
1 EL Olivenöl
300 g Gyrosfleisch (fertig mariniert)
4 mittelgroße Tomaten
150 g Schafskäse
½ Bund glatte Petersilie
etwas gerebelter Oregano

Außerdem:
12 kleine Stücke Alufolie

Zubereitungszeit: 40 Minuten
Backzeit: 12–15 Minuten

1. Den Backofen vorheizen.
Ober-/Unterhitze: etwa 180 °C
Heißluft: etwa 160 °C

2. Je 2 Yufkateigblätter aufeinanderlegen. Aus den Teigblättern 12 runde Platten (Ø etwa 12 cm) ausstechen und in eine Muffinform (für 12 Muffins, gefettet) legen.

3. Die Alufolienstücke jeweils zusammendrücken (knüllen) und auf die Teigblätter in den Mulden der Muffinform geben, damit ein Hohlraum für die Schalen entsteht. Die Form auf dem Rost in den vorgeheizten Backofen schieben. Die Yufkaschalen **12–15 Minuten backen.**

4. Für die Sauce in der Zwischenzeit Knoblauch abziehen und durch eine Knoblauchpresse drücken oder sehr fein hacken.

5. Den Joghurt mit dem Knoblauch verrühren. Das Olivenöl unterschlagen. Die Sauce mit Salz und Pfeffer würzen.

6. Für die Füllung jeweils etwas Olivenöl in einer Pfanne erhitzen. Das Gyros darin portionsweise etwa 5 Minuten unter Wenden anbraten.

7. Die Tomaten abspülen, abtrocknen, halbieren und die Stängelansätze herausschneiden. Die Tomaten in Würfel schneiden, den Schafskäse ebenfalls würfeln.

8. Petersilie abspülen, trocken tupfen und die Blättchen von den Stängeln zupfen. Die Blättchen in feine Streifen schneiden.

9. Gyros mit Tomaten-, Käsewürfeln und Petersilienstreifen vermischen, mit Pfeffer und Oregano nachwürzen.

10. Die Yufkaschalen vorsichtig aus den Förmchen lösen und auf einem mit Backpapier belegten Kuchenrost erkalten lassen.

11. Die Gyrosfüllung in den Yufkaschalen verteilen und mit der Joghurtsauce servieren.

Tipp: Auch ohne Muffinform können Sie diesen Snack zubereiten. Dafür die Fleischfüllung laut Rezept, aber ohne Tomatenwürfel, zubereiten. Teigblätter wie beschrieben vorbereiten, nicht kleiner schneiden. Die Fleischfüllung darauf verteilen, dabei die Ränder frei lassen. Die Ränder zur Mitte einklappen, die Yufkateigblätter zu Röllchen (Börek) zusammenrollen und mit etwas Olivenöl bestreichen. Die Teigröllchen auf ein Backblech (mit Backpapier belegt) legen und im vorgeheizten Backofen bei gleicher Backofentemperatur 12–15 Minuten knusprig backen.

Zartweizensalat | Mediterran

4 Portionen

Pro Portion: E: 15 g, F: 19 g, Kh: 55 g, kJ: 1887, kcal: 451, BE: 4,0

250 g Zartweizen
4 mittelgroße Tomaten
8 abgetropfte, getrocknete Tomaten, in Öl
4 Frühlingszwiebeln
10 Stängel Basilikum
4 EL kleine, rotbraune Oliven (ohne Stein)
6 EL Olivenöl
Salz, gem. Pfeffer
8 Scheiben Südtiroler Speck oder Frühstücksspeck (etwa 55 g)

Zubereitungszeit: 25 Minuten, ohne Abkühlzeit

1. Zartweizen nach Packungsanleitung zubereiten und erkalten lassen.

2. Tomaten abspülen, abtrocknen, vierteln und die Stängelansätze herausschneiden. Tomaten entkernen. Das Fruchtfleisch würfeln.

3. Getrocknete Tomaten in feine Streifen schneiden.

4. Frühlingszwiebeln putzen, abspülen, abtropfen lassen und in Scheiben schneiden. Basilikum abspülen, trocken tupfen und die Blättchen von den Stängeln zupfen. Einige Blättchen zum Garnieren beiseitelegen. Die restlichen Blättchen fein schneiden.

5. Den Zartweizen mit Tomatenwürfeln, getrockneten Tomatenstreifen, Frühlingszwiebelscheiben, fein geschnittenen Basilikumblättchen, Oliven und 2 Esslöffeln von dem Olivenöl vermischen. Den Salat mit Salz und Pfeffer abschmecken.

6. Das restliche Olivenöl in einer kleinen Pfanne erhitzen. Die Speckscheiben darin kross braten, dann aus der Pfanne nehmen und kurz auf Küchenpapier legen.

7. Den Salat mit Speckscheiben und den beiseitegelegten Basilikumblättchen anrichten.

Tipps: Statt des Olivenöls können Sie auch das Öl von den getrockneten Tomaten verwenden. Zartweizen wird aus Hartweizen hergestellt. Durch seine schonende Verarbeitung bleiben Ballaststoffe, Vitamine und Mineralstoffe erhalten. Statt mit Zartweizen schmeckt der Salat auch mit Langkornreis sehr gut.

Zaziki | Preiswert – klassisch
etwa 450 g

Insgesamt: E: 11 g, F: 12 g, Kh: 15 g, kJ: 904, kcal: 217, BE: 1,0

150 g Salatgurke
2 Knoblauchzehen
300 g Joghurt (3,5 % Fett)
Salz, gem. Pfeffer

Zubereitungszeit: 15 Minuten, ohne Durchziehzeit

1. Die Gurke abspülen, abtrocknen und schälen. Die Gurke längs halbieren, das Kerngehäuse mit einem Löffel entfernen. Die Gurke fein raspeln. Den Knoblauch abziehen und durch eine Knoblauchpresse drücken oder sehr fein hacken.

2. Joghurt in einer Schüssel glatt rühren. Gurkenraspel und Knoblauch hinzufügen und unterrühren.

3. Das Zaziki zugedeckt in den Kühlschrank stellen und gut durchziehen lassen, anschließend mit Salz und Pfeffer abschmecken und servieren.

Zitronencreme | Fruchtig – erfrischend

4 Portionen

Pro Portion: E: 4 g, F: 24 g, Kh: 35 g, kJ: 1662, kcal: 398, BE: 3,0

4 Blatt weiße Gelatine
150 ml Zitronensaft
(von etwa 3 Zitronen)
125 g Zucker
150 g Joghurt (3,5 % Fett)
300 g gut gekühlte Schlagsahne
(mind. 30 % Fett)

Zubereitungszeit: 30 Minuten, ohne Kühlzeit

1. Gelatine nach Packungsanleitung einweichen. Den Zitronensaft in einem Topf erwärmen.

2. Gelatine gut ausdrücken und unter Rühren in dem heißen Zitronensaft auflösen, dann den Zucker einrühren. Die Gelatineflüssigkeit etwas abkühlen lassen und anschließend mit dem Joghurt verrühren.

3. Die Joghurt-Gelatine-Masse mit Frischhaltefolie zugedeckt in den Kühlschrank stellen, bis sie anfängt zu gelieren, dabei ab und zu umrühren.

4. Sobald die Masse anfängt dicklich zu werden, die Sahne steif schlagen und unterheben. Die Zitronencreme in Portionsgläser oder eine Glasschale füllen und zugedeckt mindestens 3 Stunden in den Kühlschrank stellen.

Tipp: Die Zitronencreme mit geschlagener Schlagsahne oder mit Zitronen-, Limetten- oder Orangenfilets garniert servieren.

Zucchini-Melonen-Salat I

Fruchtig – für Gäste

4 Portionen

Pro Portion: E: 5 g, F: 22 g, Kh: 19 g, kJ: 1233, kcal: 294, BE: 1,5

300 g Zucchini
70 ml Weißweinessig
3 EL flüssiger Honig
60 ml Olivenöl
50 ml kaltes Wasser
Salz
gem. Pfeffer
1 Honigmelone (etwa 600 g)
1 Bund Kerbel
50 g Pinienkerne

Zubereitungszeit: 25 Minuten

1. Die Zucchini abspülen, abtrocknen und die Enden abschneiden. Zucchini in etwa 1/2 cm dicke Scheiben schneiden und in eine Schüssel geben.

2. Essig mit Honig, Olivenöl und Wasser verrühren, mit Salz und Pfeffer würzen. Die Zucchinischeiben mit der Marinade übergießen, die Zutaten mischen. Zucchinischeiben etwa 15 Minuten stehen lassen.

3. In der Zwischenzeit die Honigmelone halbieren und die Kerne herauslösen. Die Melonenhälften vierteln, schälen und in etwa 1/2 cm dicke Scheiben schneiden. Kerbel abspülen, trocken tupfen und die Blättchen von den Stängeln zupfen. Einige Blättchen zum Garnieren beiseitelegen. Restliche Blättchen fein hacken.

4. Die Pinienkerne in einer Pfanne ohne Fett unter Wenden goldbraun rösten und auf einen Teller geben.

5. Melonenscheiben, fein gehackten Kerbel und geröstete Pinienkerne zu den Zucchinischeiben geben. Die Zutaten gut vermengen. Den Zucchini-Melonen-Salat mit den beiseitegelegten Kerbelblättchen garnieren.

Tipp: Wenn Sie möchten, können Sie das Fruchtfleisch auch vorsichtig aus den Melonenhälften herausschneiden und die Melonenhälften als „Schüsseln" für den Salat verwenden.

Zwiebelkuchen | Klassisch

20 Stücke

Pro Stück: E: 5 g, F: 22 g, Kh: 19 g, kJ: 1233, kcal: 294, BE: 1,5

Für den Hefeteig:

400 g Weizenvollkornmehl
1 Pck. Dr. Oetker Trockenbackhefe
1 gestr. TL Zucker
1 gestr. TL Salz
4 EL Speiseöl, z. B. Sonnenblumenöl
etwa 250 ml (1/4 l) lauwarme Milch (3,5 % Fett)

Für den Belag:

1 1/2 kg Gemüsezwiebeln
2 EL Speiseöl, z. B. Sonnenblumenöl
Salz, gem. Pfeffer
gerebelter Oregano
1 Knoblauchzehe
1 TL Kümmelsamen
350 g durchwachsener Speck
200 g mittelalter Gouda
3 Eier (Größe M)
2 EL Crème fraîche

Zubereitungszeit: 60 Minuten, ohne Teiggehzeit
Backzeit: etwa 40 Minuten

1. Für den Teig Mehl in eine Rührschüssel geben und mit Trockenbackhefe sorgfältig vermischen. Zucker, Salz, Speiseöl und Milch hinzufügen. Die Zutaten mit Handrührgerät mit Knethaken zunächst kurz auf niedrigster, dann auf höchster Stufe in etwa 5 Minuten zu einem glatten Teig verarbeiten. Den Teig zugedeckt so lange an einem warmen Ort gehen lassen, bis er sich sichtbar vergrößert hat (etwa 30 Minuten).

2. Für den Belag Zwiebeln abziehen, halbieren und in Streifen schneiden. Das Speiseöl in einer großen Pfanne erhitzen. Zwiebelstreifen darin andünsten, mit Salz und Pfeffer würzen, dann den Oregano unterrühren. Knoblauch abziehen und durch eine Knoblauchpresse drücken oder sehr fein hacken. Den Knoblauch und Kümmel ebenfalls unter die Zwiebeln rühren. Die Zwiebelmasse etwas abkühlen lassen.

3. Den Speck in Würfel schneiden, den Käse fein raspeln. Speck, Käse, Eier und Crème fraîche unter die Zwiebelmasse rühren. Die Zwiebelmasse nochmals mit Salz und Pfeffer abschmecken.

4. Den Teig kurz auf einer leicht bemehlten Arbeitsfläche durchkneten, dann in einem tiefen Backblech oder einer Fettpfanne (30 x 40 cm, gefettet) ausrollen. Den Teig an den Seiten etwas hochdrücken. Die Zwiebelmasse auf den Teig geben und glatt streichen.

5. Den Teig zugedeckt nochmals an einem warmen Ort etwa 15 Minuten gehen lassen.

6. Den Backofen vorheizen.
Ober-/Unterhitze: etwa 200 °C
Heißluft: etwa 180 °C

7. Das Backblech in den vorgeheizten Backofen schieben. Den Zwiebelkuchen **etwa 40 Minuten backen.**

8. Das Backblech auf einen Kuchenrost stellen. Den Zwiebelkuchen darauf erkalten lassen.

Tipp: Der Zwiebelkuchen schmeckt frisch am besten.

Zwiebelsalat I

Preiswert – einfach

12 Portionen

Pro Portion: E: 8 g, F: 16 g, Kh: 12 g, kJ: 951, kcal: 228, BE: 0,5

3 kleine Gemüsezwiebeln (etwa 1 kg)
50 ml Weißweinessig
1 gestr. TL Salz
2 EL Zucker
360 g abgetropfte Gewürzgurken (aus dem Glas)
500 g Fleischwurst
4 Äpfel (etwa 500 g)

Für die Marinade:

375 g Salatcreme (10 % Fett)
300 g Joghurt (3,5 % Fett)

Zubereitungszeit: 45 Minuten, ohne Durchziehzeit

1. Die Gemüsezwiebeln abziehen, halbieren und in schmale Streifen schneiden. Die Zwiebelstreifen in eine große Schüssel geben. Essig mit Salz und Zucker gut verrühren. Die Zwiebelscheiben damit übergießen.

2. Die Zwiebelscheiben mit einem Teller beschweren und die Schüssel mit Frischhaltefolie bedecken. Die Zwiebelscheiben etwa 2 Stunden durchziehen lassen (Zwiebelscheiben müssen nicht kalt gestellt werden).

3. Die Zwiebelscheiben in ein Sieb geben und gut abtropfen lassen. Die Gewürzgurken in schmale Streifen schneiden.

4. Von der Fleischwurst die Pelle abziehen. Fleischwurst zuerst in Scheiben, dann in schmale Streifen schneiden. Äpfel schälen, vierteln, entkernen und in Stifte schneiden.

5. Die Zwiebelscheiben wieder in die Schüssel geben. Gurken-, Fleischwurststreifen und Apfelstifte hinzugeben und gut untermengen.

6. Für die Marinade Salatcreme mit Joghurt verrühren und unter den Zwiebelsalat mischen. Zwiebelsalat mit Frischhaltefolie zugedeckt im Kühlschrank mindestens 1 Stunde durchziehen lassen.

Tipps: Den Zwiebelsalat vor dem Servieren mit Schnittlauchröllchen bestreuen. Der Salat kann gut am Vortag zubereitet werden und zugedeckt im Kühlschrank über Nacht durchziehen.

Antipasti, Tapas und Häppchen

Pasten, Terrinen und Sülzen

Pikantes Gebäck & Brotspezialitäten

Salate und Gemüse

Saucen, Dips und Aufstriche

Schnittchen, Canapés und Sandwiches

Snacks und Knabbereien

Süßes

Für Fragen, Vorschläge oder Anregungen stehen Ihnen der Verbraucherservice der Dr. Oetker Versuchsküche Telefon: 00800 71 72 73 74 Mo.–Fr. 8:00–18:00 Uhr, Sa. 9:00–15:00 Uhr (gebührenfrei in Deutschland) oder die Mitarbeiter des Dr. Oetker Verlages Telefon: +49 (0) 521 52 06 51 Mo.–Fr. 9:00–15:00 Uhr zur Verfügung.

Oder schreiben Sie uns:
Dr. Oetker Verlag KG, Am Bach 11, 33602 Bielefeld oder besuchen Sie uns im Internet unter www.oetker-verlag.de oder www.oetker.de.

Umwelthinweis Dieses Buch und der Einband wurden auf chlorfrei gebleichtem Papier gedruckt. Die Einschrumpffolie – zum Schutz vor Verschmutzung – ist aus umweltfreundlichem und recyclingfähigem PE-Material.

Redaktion Christina Langner

Innenfotos Walter Cimbal, Hamburg (S. 21, 30–33, 40, 46, 55, 61, 68, 71, 72, 91, 107, 139, 151, 163, 184, 190, 191, 207, 208, 219, 223, 236, 241, 257, 261, 269–271, 281)
Fotostudio Diercks – Thomas Diercks/Kai Boxhammer/Christiane Krüger, Hamburg (S. 5, 6, 11, 13–16, 24, 26, 29, 39, 43, 44, 48, 56–60, 63, 73–77, 81, 82, 85, 89, 93–96, 99, 100, 105, 106, 109, 110, 113–115, 117, 120, 122–125, 132, 134–136, 141, 143, 144, 147, 148, 152, 155, 159, 164, 167, 168,175, 177, 178, 185, 187, 188, 192, 194, 201, 204, 211, 216, 224, 226, 233, 234, 237, 239, 243, 246, 248–250, 252, 255, 256, 263, 265–268, 272, 275, 276, 278)
Ulli Hartmann, Halle/Westf. (S. 9, 23, 36, 50, 84, 88, 90, 97, 98, 111, 112, 121, 137, 176, 180, 199, 200, 212, 217, 254, 280)
Bela Hoche, Hamburg (S. 64, 103, 131, 157, 171, 262)
Ulrich Kopp, Sindelfingen (S. 206, 242)
Bernd Lippert (S. 138, 154)
Janne Peters, Hamburg (S. 7, 18, 49, 52, 65, 133, 182, 215, 247, 253, 273)
Antje Plewinski, Berlin (S. 19, 25, 34, 35, 37, 69, 78, 79, 92, 119, 126, 145, 149, 160, 173, 183, 196, 203, 205, 209, 220, 229, 230, 238, 240, 245, 259, 277)
Christiane Pries (S. 47)
Hans-Joachim Schmidt, Hamburg (S. 38, 53, 66, 86, 87, 102, 116, 118, 153, 165, 169, 172, 193, 260)
Axel Struwe, Bielefeld (S. 41, 51, 62, 67, 101, 108, 128, 129, 140, 142, 156, 181, 202, 213, 214, 222, 225, 227, 231)
Norbert Toelle, Bielefeld (S. 12, 70, 197)
Brigitte Wegner, Bielefeld (S. 10, 17, 27, 28, 42, 127, 158, 186, 189, 195, 210, 232, 244, 251, 258, 279)

Lektorat no:vum, Susanne Noll, Leinfelden-Echterdingen

Nährwertberechnungen Nutri Service, Hennef

Grafisches Konzept und Gestaltung MDH Haselhorst, Bielefeld
Titelgestaltung kontur:design GmbH, Bielefeld
Satz MDH Haselhorst, Bielefeld
Druck und Bindung Mohn media Mohndruck GmbH, Gütersloh

ISBN: 978–3–7670–0768–0